Petra Nachbaur

vagabonda

Eine Frau und ein Pony unterwegs in Europa

Leykam

Im Banat begegnete ich zwei Frauen. Sie saßen auf der Mauerbank vor ihrem Haus, als ich mit dem Pony vorüberwanderte. Die Jüngere sah mich überrascht an, wollte eben meinen Gruß erwidern. „Vagabonda", murmelte die zweite, wandte den Blick voll Verachtung ab.

Also grüßte man mich nicht.

2007 – die Reise nach Osten

Mitte Mai 2007 zog ich mit Asterix los. Wir wanderten durch den Osten Österreichs, durch Ungarn, durch das Banat, über die Südkarpaten und durch die Walachei in Rumänien und setzten über die Donau nach Bulgarien. Unweit der Hauptstadt Sofia beendete ich im November die Reise nach Osten.

Ein Transporter brachte uns nach sechs Monaten Wanderschaft nach Graz, wo wir auf einem Pferdehof überwinterten.

2008 – die Reise nach Westen

Anfang Mai 2008 zogen wir weiter. Wir wanderten über die Ostalpen durch Österreich und Südtirol, zogen ein paar Tage durch Deutschland und bogen dann in die Schweiz ab. Wir erreichten den Jura und wanderten durch Frankreichs Westen südwärts. Nach mehreren hohen Pässen der Westalpen stiegen wir in das Piemont in Italien ab und wanderten meerwärts weiter. Wir verbrachten ein paar Tage an der Riviera, dann bog ich mit Asterix wieder ab Richtung Nordosten. Wir wanderten über den Apennin und durch die Poebene. Unweit von Venedig in den letzten Oktobertagen des Jahres, nach weiteren sechs Monaten Wanderschaft, endete die Reise nach Westen. Verschiedene Pferdetransporter brachten uns von dort nach Slowenien.

2009 – neuerlicher Aufbruch

Im Winter in Slowenien kam Amadea, das Ponyfohlen, zu uns. Wir reisen von nun an zu dritt.

Juni 2009

Freitag, Vormittag

Die Seile über dem Packen. Ich ziehe sie durch die Schlaufen am hinteren Rand des Sattels, dann wieder zurück über den Packen, fädle sie durch zwei weitere Schlaufen, rechts und links neben dem Sattelknauf durch. Asterix steht ruhig. Das haben wir viele hunderte Male gemacht. Wenn sich das Pferdchen bewegt, bevor alles fixiert ist, fällt womöglich etwas hinunter, was die Prozedur unnötig verlängert. Er kennt seinen Job.

Ich ziehe an einem der Seile. Asterix drückt dagegen und ich befestige es vor dem Sattelknauf. Das zweite Seil. Ich ziehe, das Pony drückt, eine Schlaufe reißt und ich stolpere rückwärts, lande beinahe auf dem Fohlen. „Kein Problem, alles in Ordnung", beruhige ich die Pferde, repariere provisorisch die Schlaufen und dann passt alles. Für heute wird es halten.

Ich werde die Riemen austauschen müssen. Und die Satteltaschen flicken und … Ich denke an die lange Liste, die auf dem Küchentisch liegt. In zwei Wochen geht es los. Ich habe noch Zeit.

In den ungeflickten Satteltaschen sind heute Bücher und Steine, Hafer und Holz, Gewichte, die die Tragemuskeln des Pferdchens trainieren sollen. Ich binde die beiden los. Asterix, den Weitgereisten, nehme ich an die linke Hand, Amadea, das Fohlen geht rechts. Wenn es auf der Straße eng und gefährlich wird, drängen wir das Fohlen gemeinsam nach rechts zum sicheren Straßenrand. Wenn die Hunde uns zu nahe kommen, drückt sie sich zwischen uns. Wir verlassen den Hof.

Malča, die Nachbarin, kommt aus dem Haus, hält inne und sieht uns groß an. „Samo Training! Nur ein Training", rufe ich. Sie lacht, winkt, sagt etwas, was ich nicht verstehen kann. Wir wandern los.

Die kleinen Straßen, die Weinberge, die Wälder, die Höfe. Das kleine Dorf im Norden Sloweniens. Hier bin ich im letzten Spätherbst angekommen. Nach langen Monaten der Wanderung habe ich hier den Winter verbracht und einen Teil des Frühlings. Man sagt, ich könne auch dableiben, weiter im alten Gutshof wohnen, der zu schlafen scheint, seit die alte Fana vor ein paar Monaten darin gestorben ist, der die meiste Zeit still ist, als träumte er von vergangenen, lebendigen Tagen und vielleicht von denen, die noch kommen. Breite Risse in den Mauern. Wie tiefe Falten im Gesicht einer alten Frau, müde und zufrieden von erlebten Geschichten.

Kurz vor Šentilj schlage ich eine andere Richtung ein, möchte über den Hügelkamm zurückwandern zum Hof. Asterix verweigert, stemmt seine Hufe fest in den Asphalt. Zurück will er nicht. Er will weiter. Das Fohlen nutzt die Pause, um das Gepäck zwischen die Zähne zu nehmen. Ich ziehe an der Führleine und muss lachen. Das Pferdchen ist nicht zu bewegen. Er weiß nicht, dass ich nur Steine und Bücher in unseren Taschen habe und er weiß auch nicht, dass wir erst bei Neumond loswandern, weiß nicht, dass noch Taschen zu kleben, Folien zu schneiden, Riemen auszutauschen und Gaskartuschen zu besorgen sind. Er will losziehen. Nach allem, was wir erlebt haben, will er noch immer losziehen. Wieder losziehen.

Und lachend muss ich seine Mähne schütteln, seinen Dickkopf küssen. „Bald! Bald!“ Das Fohlen knabbert an seinem Hals und mit einem tiefen Seufzer setzt er sich in Bewegung. Noch einmal wandern wir heute zum Hof zurück.

Dienstag, Nachmittag

Das Gesicht im Spiegel sieht mich stumm an. Wir haben nichts zu sagen. Draußen stehen Schachteln. Die Dinge der Sesshaftigkeit, der Bequemlichkeit, die zu verpacken sind, die auf den Dachboden geräumt werden. Ich komme wieder oder nicht. Die Stille, die wie ein Rausch die Sinne klärt. Nichts ist mehr zu sagen. Alles ist da.

Ich packe. Ich nähe. Verklebe Löcher in Planen. Zerschneide Landkarten nach meinen Bedürfnissen. Trainiere, was sich trainieren lässt. Fürchte mich. Es ist diese Furcht, die auch Freude ist. Es ist diese Atemlosigkeit mitten in Bergstürmen. Es ist wie Springen. Nach den ersten drei Wochen gibt es nichts anderes mehr. Nach den ersten drei Wochen.

Eine Landkarte liegt auf dem Küchentisch. Slowenien, Kroatien, Bosnien. Vielleicht werde ich nach Süden gehen. Es könnte sich auch noch ändern und eigentlich ist es nicht so wichtig.

„Quo vadis?", fragte ein lieber Gastgeber in Ungarn und lachte herzlich, als ich ihm das auf Ungarisch beantworten konnte. Nem tudom. Ich weiß es nicht. Er hatte mich auf der Landstraße angehalten. Hingerissen von meinem Begleiter entschuldigte er sich mit tränennassen Augen dafür, mich aufzuhalten und liebkoste das Pferd. Der ließ sich das gerne gefallen. Respektloses „Ach, ist der süß!" und Getätschel verträgt Asterix nicht, da muss ich ihn sofort festhalten, um zu verhindern, dass er grob und sogar gefährlich wird. Ehrliche Begeisterung mit Respekt schätzt er sehr. Er mochte diesen Mann.

Wohin gehst du? Eine der ersten Fragen. „Nach Osten", antwortete ich lange. Und wenn die Leute mit den vier Himmelsrichtungen Probleme hatten, zeigte ich eben zur Seite des Sonnenaufgangs.

In Ungarn kam ich ganz gut damit zurecht. Wer mehr von Geografie verstand, wusste, dass ich dann irgendwann am Ufer des schwarzen Meeres stehen würde. „Und dann?" „Wahrscheinlich nach Süden. Ich habe noch eine Weile Zeit, mir das zu überlegen."

In Rumänien musste ich es bald anders nennen. Nach Osten – das wurde nicht verstanden. Man war ja schon im Osten. Also zum Schwarzen Meer. Eine Frau, im Schatten ihrer Hausmauer in einem tiefen Sessel sitzend, rief mir zur Straße zu: „Wohin gehst du? Ich kenne mich hier gut aus." „Zum Schwarzen Meer", antwortete ich. „Wohin?" „Zum Schwarzen Meer!" Ich war stehen geblieben. Sie stutzte. Nein, da könne sie mir nicht weiterhelfen, das kenne sie nicht.

Nach der Überquerung der Südkarpaten sah ich über Tage den Zugvögeln zu, die sich sammelten, eine Art nach der anderen, um nach Süden aufzubrechen. Sie halfen mir, die offene Frage zu beantworten, wo wir die kalte Zeit verbringen könnten. Von da an, beantwortete ich das „Wohin" mit Bulgarien und Griechenland.

Ungarn, Rumänien, Bulgarien, Österreich, Deutschland, Schweiz, Frankreich, Italien, Slowenien. Der Osten. Der Westen. Natürlich kann einem etwas nur hier und etwas anderes eher dort begegnen. Aber so leicht lässt sich Europa nicht aufteilen.

In Osteuropa scheint jedes Land ein anderes zu haben, das noch gefährlicher ist. In Österreich fürchtet man sich vor dem gesamten Osten. In Ungarn fürchtet man sich vor Serbien und Rumänien. In Rumänien fürchtet man sich vor bestimmten Nachbardörfern und vor Bulgarien. In Bulgarien fürchtet man sich vor einander und vor Rumänien.

Plumpsklos sind im ländlichen Bereich Standard hinter der letzten mitteleuropäischen Stadt Szeged. Und ein gutes Stück davor schon ist es durchaus normal, dass man sich Wasser in einem Kübel von einer Wasserstelle holt, um sich zu waschen. Völlig selbstverständlich wird man dort auch gleich allein gelassen, wenn man zu erkennen gibt, dass man sich waschen möchte. Selbstständige Rasenmähroboter sind im Osten seltener oder gar nicht anzutreffen, Rasen eigentlich auch. Im Westen ist meine Art, die Seile über dem bepackten Pferd zu zurren, exotisch, im Osten sieht man sich das an, um zu wissen, wie das gehen kann. In Frankreich findet man kaum Haferflocken und in Rumänien selten Reis.

Das war es schon. Mir würden noch ein paar mehr Details einfallen. Bestimmt. Und dann war es das schon.

Menschen leben in ihren Systemen. Menschen neigen dazu, ihr System als den Mittelpunkt des Universums zu betrachten. Das andere ist ein Traum, eine Gefahr. Das andere ist dazu da, das

Eigene zu definieren und zu bewerten. Und umgekehrt. Ich stolperte von einem Universum ins nächste.

Der Westen. Der Osten. Die Traurigkeit des Westens tiefer als die Armut des Ostens. Aber überall in diesen Ländern begegnete ich strahlenden Menschen, je nach Kultur trug man das offener oder verschlossener. Überall begegnete ich guten Leuten, überall fand mich der Abschaum. Ich traf Leute, deren Denken und deren Sinne sich weit über ihr Systemchen ausbreiteten und andere, deren geistige Existenz an den Kanten einer Gartenhecke endete. Überall.

Ich werde immer wieder guten Menschen begegnen. Und anderen auch. Das Gesicht im Spiegel lächelt. Ich verlasse das Badezimmer, gehe zu den Pferden.

Mittwoch, Nacht

Ich freue mich. Ich fürchte mich. Ich freue mich.

Donnerstag, Abend

Das Zelt aufgebaut, abgebaut, wieder aufgebaut, abgebaut. Es geht leicht, es geht schnell. Es muss auch im Dunkeln, bei Windböen und bei Regen schnell gehen. Ich fette das Leder, trainiere die Ponys. Amadea, die noch nicht weiß, was auf sie zukommt. Asterix, der endlich losziehen will, der es satt hat, auf der immergleichen Koppel herumzustehen, der mir bei jeder Gelegenheit klarzumachen versucht, dass es Zeit ist. Menschen begreifen manches langsam. Mein Pferdchen bemüht sich, besonders deutlich zu sein. Es ist Zeit.

Asterix. Das Pferdchen. Alter: 11 Jahre. Stockmaß: 102 cm. Rappe. Eigensinnig. Klug. Zäh. Rasse: Shetland und Island. Geboren im Westen von Graz. Im Alter von zwei Jahren als ziemlich verrückter Jüngling in mein Leben getreten.

Wir sind verbunden. Mehr als gut für uns ist. Wir haben zuviel zusammen erlebt.

Ich habe die empfindsame Sprache der Pferde gelernt und er kennt gut die Bedürfnisse einer Menschfrau. Wir wissen, wann der andere Hunger oder Durst hat. Ich weiß, wann er ein Steinchen im Huf hat. Wir wissen, ob der andere Schmerzen hat oder ein anderes körperliches Problem und wir wissen auch wo.

Pferde können das sowieso. Sie brauchen in der Herde weder Wortsprache noch Zeichensprache, um das erst voneinander zu erfahren. Sie wissen es.

Zwölf Monate zu Fuß durch Europa. 2000 km durch Osteuropa und 3000 km durch ein paar Länder im Westen. Die Gebirge. Die Ebenen. Die Gebirge.

Ein Winter in Slowenien.
Im letzten Dezember, als ich gerade mal einen Monat sesshaft war, hier in den windischen Büheln, als die Temperaturen schon oft unter den Gefrierpunkt gefallen waren, wurde ich an manchen Tagen schier geschüttelt vor Verlangen, das Pferdchen zu bepacken und zu gehen. Zu GEHEN! Der Fönsturm trieb Bergluft und Wolkenfetzen über die Hügel und heulend widerstand ich auf der Koppel diesem unsäglichen Verlangen. Es ist Winter! Es ist Winter!

Jetzt ist Frühling. Es ist Zeit.

Samstag, Nachmittag

Der Wassersack. Die beiden Wasserflaschen. Die Schreibmappe. Die selbst gemachten Regenmäntel für die Ponys. Das Messer. Die Flöte. Ich wirble. Das Wörterbuch. Kerze. Schlafsack. Herzklopfen. Decke. Nähzeug. Reparatursack. Gaskocher. Schutzleder für die Pferdehufe. Pflöcke und Pflockseile. Halsriemen. Seife. Wäsche. Die Küchentasche.

Die Kinder unterwegs, die mich staunend fragen, wo ich denn wohne, schlafe und koche. „Hier“, antworte ich und weise auf meine Taschen und Packen. Das ist die Küche, das ist mein Bett. Kinder, die sich abends vor mein Zelt legen und mir ihre Schätze vorbeibringen oder ihre Instrumente, die mir Zeichnungen schenken und sich nicht sattsehen können am Wunder, dass man auch auf diese Weise ein gutes Essen zubereiten kann, dass man auch ohne Bett schlafen gehen und von einem Pferd geweckt werden kann.

Die Pferdchen stehen angepflockt auf der Wiese hinter dem Haus. Beide kommen gut zurecht mit Seil und Pflöcken. Wenn sich Beine und Seil verheddern, können sie sich längst selbstständig befreien. Ich sehe ihnen zu. Der Himmel. Haufenwolken verziehen sich. „Jetzt trainieren wir wirklich", denke ich und muss lachen. Still sein. Einen guten Moment einen guten Moment sein lassen. Der Grashalm zwischen meinen Fingern. Der Geruch der Erde. Eine Hummel dröhnt vorbei. Asterix schüttelt seine Mähne. Freunde, die heruntergefahren sind, um mir und den Pferden gute Wünsche mitzugeben. Sie fragen nicht, warum ich noch einmal gehe. Wieder fortgehen muss. Sie kennen meine Geschichten. Meine vielen Briefe an sie, die mir selbst mehr Halt waren als ihnen. Was habe ich ihnen schon erzählt. Heute ist ein guter Tag.

Sonntag, Mittag

Ich bin nach Osten gegangen und dachte nicht daran zurückzukehren. Ich zog durch Ungarn, Rumänien, Bulgarien. Ich kehrte zurück nach Österreich. Ich verstand nichts und zog wieder los, als der Schnee von den Bergen zu schmelzen begann, wanderte ich nach Westen. Das Pferdchen war einverstanden, also war die Richtung gut. Österreichs Alpen, Südtirol, Deutschland, Schweiz, Frankreich. Ich überquerte die Westalpen, wanderte durch Italien, wurde in dieses Haus in Slowenien eingeladen, nahm an.

Und nun. Undenkbar, nicht wieder loszuziehen.

Eine Reporterin in der Emiglia Romana fragte einmal, welches Land am schwersten war und welches am leichtesten.

So ist das nicht zu beantworten. Wenn man unbedingt pauschalieren möchte, um die grenzenlose Vielfalt menschlichen Seins zu packen, dann vielleicht in Regionen. Eine Region ist eher so oder eher so und manche Regionen sind einfach extrem unterschiedlich. Dort schickt dir ein Dorf die Hunde nach und schon das nächste macht ein Fest aus deiner Ankunft und überschüttet dich mit ihren Gaben.

Ich wusste nie, was kommen würde. Manchmal gingen wir über eine Brücke und es war vollkommen anders, manchmal war es eine Sprachgrenze und oft war es nichts, was ich als Grenze oder Übergang erkennen konnte, es war einfach plötzlich anders.

In Bulgarien war ich im Oktober und November. Ich erschrak damals vor der plötzlichen Stille, vor der Verschlossenheit der Menschen. Selbst in vielen Dörfern blieb mein Gruß unerwidert und ich konnte es nicht einmal persönlich nehmen. Stumm und ohne Blicke gingen auch Nachbarn aneinander vorbei.

Im Südosten Ungarns, in den Dörfern der Puszta, war ich oft weniger mit Menschen, als mit hohen Mauern konfrontiert.

Den Ersten, dem ich heute begegne, spreche ich an! Und dann war da aber keiner. Ein großes und durchaus bevölkertes Dorf und es gab keinen Menschen, der mir sozusagen „Opfer" wurde, der gezwungen war, mir zu helfen oder mir nicht zu helfen und beides war immer eine Geschichte.

Oft machten sich die, die mich am Abend achselzuckend weggeschickt hatten, am nächsten Morgen auf die Suche nach mir, waren ehrlich froh und erleichtert, dass ich gut untergekommen und noch am Leben und unverletzt war.

Manches braucht eben Zeit oder ein Gespräch in der Familie, die Frau vielleicht, die erschrocken fragt, wohin ich denn weitergegangen sei und dass doch hoffentlich nichts passiere.

Zwischen Abfall von der Landstraße und beschützenswerter Artgenossin liegt nicht viel. In den Augen der Menschen, denen ich über den Weg gelaufen bin, war ich alles Mögliche. Hure oder Heilige, Superstar oder Dreck. Und alles dazwischen. Was sie von mir dachten, hatte nichts mit mir zu tun. Immer erzählte sich die Geschichte der anderen.

In manchen Gegenden wurden die Kinder zu mir getragen, in der Hoffnung, dass ich sie segne. In anderen haben mich dauernd Männer an den stillsten Stellen der Landstraße abgepasst und waren erbost, dass ich nicht zu ihnen kommen wollte. Sie würden ja bezahlen! Sie würden ja schließlich bezahlen!

Es gab Gegenden, da haben uns unentwegt Reporter gefunden. Ich fragte mich schon, ob es tatsächlich so viele Fernsehstationen gibt.

Und eben auch Dreck. Die heimatlos Ziehende auf der untersten sozialen Stufe. Vagabundin. Säumerin. Pilgerin. Abenteurerin. Räuberin. Zigana. Heldin.

Die stillen Nächte. Das Wandern durch diese Länder, es bestand auch aus den Nächten.

Eine der Hauptfragen, die unterwegs an mich gestellt wurden, war: „Hast du keine Angst in der Nacht, allein da draußen, ohne Tür und ohne Schlüssel?" Das Wort „Angst" konnte ich sehr bald in den verschiedenen Sprachen, gleich nach „Pferd" und „Esel" und den Fragen nach dem Woher und Wohin.

Wenn man unterwegs ist und sich auf sich selbst verlassen muss, schult man seine Instinkte. Man weiß einfach, ob ein Platz gut ist, ob er sicher ist oder ob er grundsätzlich gefährlich ist. Es ist nicht so, dass ich es mir immer aussuchen konnte. Manchmal hatte ich keine andere Wahl, als zu bleiben, auch wenn alle Alarmglocken läuteten und meine Sinne ohne ersichtlichen Grund scharf waren, der Körper sprungbereit, der Schlaf flach.

Es gab ganz objektive Kriterien für die Wahl eines Lagerplatzes. In echter Einsamkeit oder mitten in einem Dorf, das sind grundsätzlich sichere Plätze.

Dort, wo dich keiner findet, weil eben keiner auf den Gedanken kommt, dass da eine Frau allein auf dem Berg schläft, kriegt man nur Besuch von Tieren. Das mag ich. Das sind Geschenke.

Ein Dorf ist normalerweise ein sich selbst regulierendes System. Man passt aufeinander auf.

Alles dazwischen ist grundsätzlich gefährlich. Dort, wo ich erreichbar bin, aber das System sich nicht selbst sichert, bin ich quasi auf dem Serviertablett für jede Art von Gewalt.

„Geh diesen Weg da hinauf, nach zwei Kilometern ist ein schöner Platz, da kannst du bleiben, kein Problem." Ich habe viel zu spät gelernt, in solchen Fällen auf einen Platz im Dorf zu bestehen. Wenn man schon mit mir gesprochen hatte, hatte ich ja zumindest diese Möglichkeit.

Es gab auch nächtliche Besuche mitten in Dörfern, sogar in Hausgärten. Aber die konnte ich immer abwimmeln. Im besten

Fall, ohne das ganze Dorf zu wecken. Wenn es notwendig war, wurde ich sehr laut.

Ich kann maßlos zornig werden. Das hat mir oft geholfen.

Heute bin ich ruhelos. Ich will diesen Abschied endlich hinter mir haben, will das Loslassen endlich beendet haben. Endlich gehen!

***

Als wir vor zwei Jahren loszogen, wussten wir nicht viel. Nach Osten, das wusste ich. Mein Pferdchen wusste, dass wir etwas Großes vorhatten und dass viel von ihm abhing. Ich wusste, dass die ersten Wochen die schwierigsten sein würden. Drei Wochen nicht nachdenken, egal, was passiert. Drei Monate gehen, auch wenn es Gründe gibt, es besser zu lassen. Dann gehen. Weitergehen, wenn weitergehen gut war. Und zurückkehren, wenn es Zeit war. Egal wann.

Ich brach alles ab, was man so abbrechen kann, übergab, verschenkte. Abschiede. Nichts offen lassen. Gehen in eine Richtung. Und auch die durfte sich ändern. Loslassen heißt auch das Planen lassen. Unmöglich, sich auf so etwas einzulassen mit Stricken an den Füßen. Schritt für Schritt. Gehen.

Was konnte schon passieren? Entweder man überlebt etwas oder man stirbt. Ich wollte nicht vor Angst sterben.

Als ich in den ersten Wochen meiner Wanderung in Ungarn in einer Juninacht meinem Pferd nachlief, das viel, viel schneller war in seiner Panik als ich selber laufen konnte, das abgehauen war, weil es einen nächtlichen Besucher für ein Monster hielt, als ich meinem Begleiter viele Stunden nachlief, im Nachthemdchen und barfuß, wie ich eben aus dem Schlafsack gestürzt war beim Klopfen der galoppierenden Hufe auf den Boden, machte ich mir im Laufen klar, dass es nicht zu Ende sei. Wie schmerzhaft es wäre, Asterix zu verlieren und wie schwierig, ohne das gut ausgebildete Pferd zurechtzukommen. Und dennoch. Es war nicht Zeit.

Wie aber hat alles begonnen?

Wo beginnt ein Weg?

„Warum machst du das?“ Der Mann sah mich an. Er wartete. Er wollte eine Antwort. Es war in Rumänien. Es war in der Schweiz. Anderswo.

Ich wich aus. Ich sagte irgendetwas. Ich wechselte das Thema. Ich versteckte mich hinter mangelnden Sprachkenntnissen. Ich sagte die Wahrheit. Ich sagte ein paar Standardsätze. Auch diese wechselten. Hatten ihre Lebenszeit. Für ein paar Tage oder Wochen. Wie könnte man das erklären? Wo beginnen?

November 2006

Im Keller einer Grazer Bar. Publikum und Schauspieler waren längst gegangen. Ich war allein. Das Stimmengewirr, das von oben in diese Gewölbe drang. Die Arbeit an der Performance war von unzähligen Schwierigkeiten begleitet gewesen. Manche davon waren so skurril, dass sie mich nur staunen machten. Ein Wunder nur, dass wir allabendlich ein Stück ablieferten. Es ging um „Straße". Obdachlosigkeit, Straßenkehrer, Selbstdarsteller, Überwachung usw. Von allen denkbaren Seiten und allen uns möglichen Mitteln hatten wir das Thema bearbeitet, diese Performance entwickelt. Ich saß allein an die Kulisse gelehnt, die Kellerkälte im November, ließ den Abend Revue passieren und die monatelange Arbeit davor.

Wir hatten das Wichtigste vergessen! Einfach unterschlagen. Und keinem war es aufgefallen. V. hatte doch sogar noch dieses Lied am Premierenabend gesungen: „Wozu ist die Straße da, zum ..." Mir wurde heiß. Wir hatten das Wichtigste übersehen. ICH hatte das Wichtigste übersehen. Das Publikum war zufrieden. Die Schauspieler waren zufrieden. Und keinem war es aufgefallen. Fortgehen.

Ich stand auf, rannte im Kreis, lachte und schalt mich. Und während es wie Schuppen von meinen Augen fiel, fragte ich mich wieder: Warum ist das keinem aufgefallen?

Am folgenden Abend versuchte ich es: „Wir haben das Wichtigste übersehen." „Ja, und was?" Ich gab keine Antwort. Undenkbar, dass es nicht wenigstens einer sah! Später versuchte ich es wieder. Gab Schauspielern und Technikern und Assistenten dieses Rätsel auf. Versuchte es am nächsten Abend wieder. Wer löst mir das Rätsel? Man sah mich an, als ob ich verrückt geworden wäre. Ich wartete. Gab die Hoffnung nicht auf. Eine Woche später versuchte ich es noch einmal beim Techniker, der mir doch der Nachdenklichste der Truppe schien. „Welches Rätsel?“, fragte er und da gab ich es auf.

Es brannte und ich hatte keinen Namen dafür.

Tage später. Achtzehn Kilometer trennten mich von meinem Auto, das ich holen wollte. Kein Freund in der Nähe, den ich um Hilfe bitten konnte. „Ich fahre eben mit dem Rad.“ Dem Rad fehlte Luft und weil ich mit dem Kompressor nicht richtig umgehen konnte, verlor der Reifen auch noch das bisschen Luft. Die Handpumpe hatte den falschen Ventilaufsatz. Einen anderen fand ich nicht. Ich ging zurück ins Haus, ich ging im Kreis. „Dann gehe ich eben zu Fuß.“ Ich rechnete die Zeit durch. In drei Stunden würde es dunkel sein. Das schaffe ich. Zog alte Trekkingschuhe an und ging los.

Nach einer Stunde war alles anders. Ich war glücklich. Die Wiesen, die Häuser, die Gärten, der Wald. An allem ging ich vorbei, sah es und ging weiter. „So weitergehen. Einfach so weitergehen“, dachte es in mir. Ich war glücklich. Die Hügel vor mir. Die Abenddämmerung. „Einfach so weitergehen. Geradeaus. Immer weiter.“ Ich dachte an Rucksack und Schlafsack und Zelt und unendliche Kilometer. Zu schwer. Ging seufzend weiter, ging nach Osten. Die Straße stieg an, führte durch einen Wald. „Ich habe ein Pony.“ Ich blieb stehen. Hörte dem Klang dieses Satzes nach. Schüttelte den Kopf und ging weiter. Nach der zweiten Stunde fand ich Äpfel unter einem Baum. Trotz Novemberkälte schmeckten sie wunderbar. Ich aß, ich ging, ich ertappte mich dabei, Details einer Ausrüstung durchzudenken. Ich schüttelte den Kopf. Ich ging weiter. Nach der dritten Stunde hatte ich alle primären Probleme und dazu möglichen Lösungen durchträumt. „Ich gehe nach Osten.“ Ich lachte über meine Pläne, aber weil ich glücklich war, ließ ich es gut sein.

Es brannte und ich schwieg.

Einen Tag nachdem der Theaterkeller leer geräumt und alles Material verpackt und in Lagern verstaut worden war, ging ich zum Sattler und fragte nach einem Packsattel für Ponys. Ich sprach mit niemandem darüber.

Fortgehen. Es bedeutete nicht, alles stehen und liegen zu lassen. Es bedeutete, alles zu beenden, was bis dahin mein Leben bestimmt hatte. Es bedeutete, Freunde und Familie zurückzulassen, Nachfolger zu finden, Projekte zu übergeben oder zu beenden. Es bedeutete, für meine beiden großen Pferde gute Plätze zu finden, alles zu verschenken, was ich hatte. Es bedeutete Loslassen. Ich hatte damals nicht vor, nur eine Reise zu machen. Ich ging fort, ohne zu wissen, wann und ob überhaupt ich wieder zurückkommen würde. Ich ging nicht auf eine Wanderung. Ich ging fort.

Die Vorbereitungen. Die Abschiede. Die Ausrüstung. Das Training. Wie viel darf das Pferdchen tragen? Die Tierärztin sagte: „Fünfzig Kilo." Ich beschloss, es mit zwanzig zu schaffen. Das bedeutete langes Feilen und Suchen nach leichtem Material. Die tägliche Frage dieser Monate: Was brauche ich WIRKLICH? Was ist unnötig? Was ist zwar Luxus, möchte ich aber trotzdem nicht missen? Wie viele und vor allem welche Lebensmittel brauche ich? Wie viel mag ich selber tragen? Worauf mag ich verzichten, um leichter zu wandern? Was ist eigentlich wichtig?

Zwanzig Kilo schaffte ich nicht. Ich kam auf einen Schnitt von fünfundzwanzig und war damit zufrieden. In mageren und kalten Zeiten, wenn die Vorräte recht verbraucht waren und die Kleider am Körper getragen wurden, war es entsprechend weniger. In fetten Zeiten, wenn ich mit Selbstgemachtem beschenkt worden war oder den einzigen Supermarkt in vielen Tagen fand, war es entsprechend mehr.

Nach ein paar Monaten hatte ich gelernt, beide Qualitäten zu schätzen. Wie schön war es, wenn die Küchentasche mal wieder überquoll von Essbarem! Wie schön war es aber auch, wenn wir mal wieder ganz leicht wandern konnten!

Über schwierige Passagen wählte ich Leichtigkeit. Über die Westalpen wanderten wir mit wenig Essbarem, gerade genug, um satt zu werden. Sonst nichts. Über die Karpaten ebenso, was aber keine Entscheidung war, was einfach schwierig war.

Das Pony. Wenige Tage nach den zauberhaften drei Stunden stellte ich Asterix DIE Frage. Nun. Ich habe es nicht mit Worten gemacht. Genauso wenig, wie ein Pferd mit Worten antworten kann. Er war einverstanden. Ich traute dem nicht. Wie konnte er wissen, dass es sooo lange dauern konnte? Dass er seine Freunde vielleicht nicht mehr wiedersehen würde? Asterix war von diesem Tag an verwandelt. Ich kann es nicht anders beschreiben. „Vielleicht bilde ich es mir nur ein, weil ich es gerne so hätte", dachte ich. Aber er meinte es ernst, bewies es unzählige Male.

Das Pferdchen war der heikelste Teil der Vorbereitung. Er lernte unsäglich viel in jenen Monaten. Im Februar wanderte ich mit ihm fort von seiner alten Herde zu einer neuen. Er machte keinen Muckser, als seine Freunde ihm nachwieherten, drehte sich kein einziges Mal um, machte auch in den folgenden Wochen nie einen Versuch zurückzukehren. Er war mit dabei.

Ein Ponystall in der Nähe von Gleisdorf. Er sollte sich allmählich daran gewöhnen, ohne dauerhafte Pferdebeziehungen auszukommen. Der junge Hengst der Ponyherde tobte pausenlos nach Asterix' Eintreffen. Zwei Tage später brauchte ich also wieder einen neuen Stall, wir konnten nicht bleiben. Ich fand einen Reitstall, nur etwa zehn Kilometer weiter. Dort war Platz und ich konnte sofort kommen. Unweit der Autobahn gelegen, hatte ich hier die Möglichkeit, Brücken und Tunnels zu üben. Bäche, Dickicht, alle Geländearten. Die kleine Stadt in der Nähe. Warten vor einem Supermarkt. Durch eine Menschenmenge gehen. Über Bahngeleise, Bodengitter, Stufen.

Trinken. Asterix war bisher besonders heikel mit Trinken gewesen, was für Pferde nichts Ungewöhnliches ist. Er war bisher möglichst jedem Wasser ausgewichen. Dieses Problem löste sich von selbst. Nach den Kämpfen mit dem Ponyhengst, wurde Asterix vom Besitzer des Hofes auf eine eigene Wiese gestellt, wo er von den anderen nicht gesehen werden konnte. Dort rührte er dann aber kein Wasser und kein Futter an. Als ich am nächsten Tag zu ihm kam, muss er schon ziemlich durstig gewesen sein, was ich nicht wusste. Wir wanderten los, gelangten an einen Bach und ich nahm an, dass er wie immer verweigern würde, wenn es um die Überquerung ging, dass er im besten Fall einen kräftigen Sprung über das Gewässer machen würde. Asterix ging schnurstracks in den Bach, stand mit den Vorderbeinen darin und soff.

Es wurde Mai. Bevor es wirklich losging, machten wir eine Trainingstour von drei Tagen nach Graz. Nun, mein Pferdchen hat nichts übrig für Städte. Aber das kann man sich nicht immer aussuchen …

Die letzten Tage. Die letzten Tage waren unbeschreiblich. Ich überstand sie, weil die Zeit auch ohne unser Zutun vergeht. Und weil meine Freunde mich begleiteten.

Mai 2007

Der Aufbruch. Die sehr vertrauten Wege. Die oft erwanderten Pfade. Das Gebiet, das wir noch kannten. Wälder, in denen wir noch nie waren. Neuland.

Die erste Nacht war genau richtig. Sie war schwierig. Es regnete wasserfallartig, und weil mir kein brauchbarer Hinweis von Dorfleuten gelungen war, campierten wir verbotenerweise auf einem Hof, der nur zeitweilig bewohnt war. Es regnete so heftig, dass das Zelt eingepackt blieb. Ich kroch in den Biwaksack, nachdem ich einen kleinen Platz im Schuppen von Abbruchmaterial gesäubert hatte. Asterix tobte im Freien. Im Grunde waren wir gut vorbereitet, hatten ein brauchbares Training hinter uns. Auch solche Situationen hatten für das Pferd und für mich zum Training gehört. Dennoch. Fortgehen.

Das Pferdchen riss den Pflock nicht aus. Sicherung hatte ich damals noch keine. Niemand rief die Polizei. Asterix rannte quasi die ganze Nacht im Kreis, ich selbst sah unentwegt nach, ob er noch da war. Irgendwann wurde es hell. Wie es immer hell wird.

Wir zogen weiter durch das Ilztal, kamen wieder in vertrautes Gebiet. Eine Tasse Kaffee bei einem lieben Bekannten, den ich hinter den Scheiben seiner Werkstatt entdeckte. Dann weiter nach Osten.

Ilse. Das letzte mir vertraute Gesicht im nächsten Dorf. Sie sprang auf die Straße heraus, als sie uns durch die Fenster ihres Geschäfts erblickte, wollte etwas für mich tun. Ich hatte alles, was ich brauchte. Sie umarmte mich und ich verließ ihr Städtchen. Weiter nach Osten.

Manches kann man trainieren. Das meiste muss man draußen lernen. Wie findet man eigentlich einen Lagerplatz? Ich konnte die Möglichkeiten durchdenken, die sich meiner Vorstellung eben anboten. Das magere Tages-Budget reichte nicht aus für Übernachtungskosten. Es war genug, um mich für zwei bis drei Jahre zu ernähren. Mit einer einzigen Ausnahme (ein Campingplatz in Ungarn) bezahlte ich nie für die Lagerplätze, bot es aber gerade in den ersten Wochen immer wieder an.

Ich wäre nicht fortgegangen, hätte ich nicht ein großes Vertrauen darin gehabt, dass sich schon alles fügen würde. Ich war ohne jede Romantik oder Abenteuerlust bereit, auch schwierige Zeiten durchzugehen. Wenn kein Weitergehen mehr möglich war, dann war der Weg eben zu Ende.

Die ersten Tage. Am zweiten Abend lief es weitaus besser. Leute schickten mich weiter. „Da vorne zu dem Hof, da geh hin! Das sind gute Leute." Auf dem guten Hof angekommen berichtete ich, warum ich gerade bei ihnen anfragte und konnte bleiben. Der Mann rief die Jungbäurin, die sei hier zuständig. Die Frau überlegte keinen Augenblick, mich aufzunehmen oder nicht, sie überlegte lediglich, welcher Platz der geeignetste war. Ihre Mutter hatte weniger Freude mit mir. Sie besuchte das Pferdchen auf eine Magd gestützt. Das Pferdchen gefiel ihr. Dann fiel ihr ein, dass da ja jeder kommen könne. So wurde sie wieder ins Haus geführt, wiederholte pausenlos: „Da kann ja jeder kommen!"

Die Abende waren die größte Herausforderung der ersten Wochen. Tagestouren waren wir viele gegangen, durch Dickicht und Bäche, über Autobahnbrücken und durch Fußgängerzonen, mit vollem Gepäck und bei jedem Wetter. Ein Lager zu finden an einem ganz und gar unbekannten Ort, konnten wir so wenig trainieren wie das Verhalten auf einer deutschen Fähre.

Der nächste Abend führte uns durch ein recht abweisendes Dorf. Ich war schon fast durch und kein Gesicht war einladend genug, dass ich gewagt hätte, es anzusprechen. „Verlass dich auf dein Gefühl!" Ich zwang mich dazu. Folgte ohne jede Vernunft, also auch ungestört von ihr, meinen Füßen und hielt vor einem Hof abseits der Straße.

Hans saß drinnen an seinem Küchentisch. Ich umrundete den Hof einmal. Gardinen regten sich. Oder hatte ich mich getäuscht? Ich umrundete ihn ein zweites Mal, blieb vor dem wahrscheinlichen Eingang stehen. Jetzt regten sich die Gardinen wirklich. Hans sah mich an. Die Vorhänge fielen wieder zu und ich hörte Schritte. Die Haustür wurde geöffnet. Der Mann machte große Augen, sprach alles Mögliche zugleich und Asterix bat in Pferdesprache um Aufnahme.

Hans hatte selbst vor vielen Jahren ein Pony gehabt. Mit feuchten Augen erzählte er mir die Geschichte. Sein Sohn und dessen Freund hätten es ruiniert, hätten Westernspiele im Hof veranstaltet. Wir saßen an seinem Tisch, er hatte Most aus dem Keller geholt. „Dann war es ruiniert. Vorher war es so ein braver Kerl wie deiner. Und danach war nichts mehr zu machen. Ich konnte ihn nicht einmal mehr angreifen." Er schnäuzte sich, wischte die Augen. Der Sohn, der Nichtsnutz. Alle seine Kinder nannte er Nichtsnutze.

Ein Nachbar brachte eine Schüssel Wurstsalat vorbei. Das könne der Hans essen, wenn er es haben wolle. Das sei übrig bei ihnen. Seine Frau mache immer zuviel davon. Er setzte sich zu uns. Hans hatte ein Bein verloren und auch sonst nicht viel Glück gehabt in seinem Leben. Der Nachbar wunderte sich, warum ich gerade hier gefragt hatte. Dann nickte er. „Das hast schon im Gefühl gehabt."

Der Morgen. Hans holte mich in die Küche, gab mir Ramabrot und Kaffee. „Wenn du zurückkehrst, kommst hier vorbei bei mir! Aber wir sehen uns eh nie wieder." Als das Pferdchen gesattelt war und ich wie am Abend zuvor vor seiner Türe stand, wischte er sich die Augen, gab uns beiden gute Wünsche mit und wiederholte: „Wir sehen uns eh nie wieder."

Die ersten Tage. Ein Schritt. Ein anderer. Eine Schutztrance umgab mich. Stille in mir. Schon auf den ersten Kilometern klärte sich wie von selbst, was ich vorher nie beantworten konnte. Ich ordnete die Zeit. Die ersten drei Wochen nannte ich Training. Dann würde ich weitergehen. Ein Jahr. Was auch immer danach käme, ein Weitergehen, eine andere Sesshaftigkeit, eine Rückkehr nach Österreich. Egal.

Und was ich zuvor nicht so benennen konnte: Ein Pilgern. Ein Hadsch. Ein walkabout. Kein Santiago oder Rom oder Mekka vor mir. Dennoch.

Ich hatte eine Richtung, die sich ändern durfte. Ich hatte einen Zeitplan, an den ich mich nicht zu halten brauchte. Es hatte eine Form, die nicht wichtig war.

Die Hügel der Oststeiermark wichen allmählich dem Flachland. Nur wenige Tage blieben mir in der vertrauten Sprache, in der vertrauten Kultur. Als ich die ungarische Grenze erreichte, konnte ich kein Wort Ungarisch. Weder verstehen noch sprechen. Gehen. Ein Schritt. Ein anderer.

Die Grenzbeamten sahen uns groß an. Ich zeigte unsere Pässe. Wo ich denn hin wolle, fragte der Mann. „Nach Osten", antwortete ich. Er lächelte, rief nach seinen Kollegen. Sie grinsten. Dann wurde er wieder ernst, besah sich die Pferdepapiere, blätterte und blätterte, schloss das Dokument bevor er bei den Impfungen angelangt war, gab es mir zurück, winkte mich weiter. „Alles Gute in Ungarn!" Die Männer lächelten wieder. Neuland.

Magyarorszag. Ungarn.

Die erste Nacht in Ungarn verbrachte ich bei einem Yogalehrer aus dem Ruhrgebiet, der sich hier im ungarischen Westen ein spirituelles Zentrum errichten wollte.

Ein Land zu betreten, in dessen Sprache man noch nicht einmal den Menschen, denen man begegnet, einen guten Tag wünschen kann, ist immer schwierig, Ungarn war das erste mir sprachlich ganz und gar fremde Land. Später sollten noch andere kommen, und immer verließ ich mit einem Grenzübertritt ja auch eine mir vertraute oder vertraut gewordene Sprachzone. Immer war es ein

Abschied und ein Neubeginn. Immer begleitet von einem Gefühl der Nacktheit. In meiner Erinnerung sind die ersten Stunden und Tage in einer neuen Kultur tief eingebrannt.

Wir wanderten durch Szentgotthard, Kinder liefen aus den Häusern, riefen voller Begeisterung „Lo! Ponilo!“, zeigten auf mein Pferdchen. Ja, es ist ein Pony.

Mit Kindern kann man zumeist in allen Sprachen reden. Sie wissen schon, was gemeint ist. Wenn sie es nicht mehr verstehen, haben sie schon begonnen, die Wirklichkeit zu übersetzen. Manchmal begegnete ich auch Erwachsenen, mit denen ich ohne Verständigungsschwierigkeiten sprechen konnte, obwohl keiner von uns beiden die Worte in der jeweils anderen Sprache verstand. Aber das sind besondere Begegnungen, fröhlich und selten.

Die Kinder begleiteten uns ein Stück aus der Stadt hinaus, dann waren wir allein auf der Landstraße. Es war Zeit, einen Lagerplatz zu finden. Ich hatte zu diesem Zeitpunkt noch keine Karte der Gegend, wusste nicht, wann die nächste Siedlung kommen würde. Wir würden schon etwas finden. Reicht das Trinkwasser für ein Lager im Gelände, also Lagern ohne Brunnen, Hauswasserleitung oder Bach?

Die ungarischen Bäche führen selten Trinkwasser. Ich musste ein Haus finden, um Wasser bitten.

Ein Auto kam die Straße heraufgefahren, überholte uns, blieb ein Stück weiter am Straßenrand stehen. Ein Mann stieg aus. Zuerst sah ich seine strahlenden Augen. Er war pure Begeisterung, lief auf Asterix zu, packte seinen Kopf, küsste ihn, sah mich entschuldigend an und machte seiner Freude Luft.

Er liebe Pferde und dieses Pony sei besonders schön. Er sprach ein paar Worte Deutsch, als klar war, dass mir seine Sprache noch völlig fremd war, verabschiedete sich und deutete mir mit allerlei Gebärden, dass er wiederkommen werde, dass ich hier auf der Straße bleiben solle, vielleicht wolle das Pferdchen dort grasen. Er zeigte auf ein Stückchen Wiese am Wegrand.

Ich wartete also, wusste nicht recht worauf, wusste nur, dass es gut war. Nach einer Weile kam er zurück. Er hatte einen Freund mitgebracht, schob ihn zu mir, strahlte, war zufrieden. Der spreche deutsch. Es war Hansjörg.

Im Seitental eines Seitentales lag Hansjörgs Baustelle. Frisch gemähtes Gras lag verteilt auf mehreren Komposthäufen. Ein überdachter Wohnwagen im Zentrum des Grundstückes. Der alte Hof daneben, manches renoviert, manches verändert, eine große Baustelle.

Hansjörg sprach von der energetischen Kraft in der Anordnung der Gebäudeteile, von der liegenden Acht, die Hof und Garten zusammen bildeten, von Permakultur und Kompostierung. Er schenkte mir japanischen Tee ein, entkorkte später seine einzige Flasche Wein. Er wies mich auf die Erdkraft der Brennnesseln vor dem Wohnwagenfenster hin, man solle essen was die Natur so überreich schenke, und schnitt Ananas in Scheiben.

Ein spirituelles Zentrum würde es werden. Seit fünf Jahren baute er schon daran. Zu zweit hatten sie begonnen, jetzt sei er allein.

Unter dem Tischchen stand ein großer Kübel voll Honig. Wir schnitten uns Stücke heraus und er erzählte von seiner Familie, zu der er quasi keinen Kontakt mehr hatte, sprach von den Gefahren einer Sekte und davon, dass die Ungarn viel zuviel Schwein äßen und das Gras verbrannten, anstatt es zu kompostieren, wies mich auf seine vielen Komposthäufen hin.

Dann schrieb er mir ein paar wichtige Wörter in Ungarisch auf. Ich fragte ihn später, ob es nicht schwer sei, im Winter hier im Wohnwagen zu leben. Ja, sagte er, hart sei es schon, aber er fahre ja manchmal nach Deutschland. Lange könne er das alles aber nicht allein lassen. Der Frost. Er müsse schon heizen und sich um alles kümmern.

Meine Ausrüstung wurde in den ersten Tagen an die tatsächlichen Erfordernisse angepasst. Manches wurde abgeschnitten. Vieles weggeworfen. Neues, Brauchbareres wurde gefertigt. Schon die anfängliche Ausrüstung war in vielen Teilen selbstgemacht. Die Outdoor-Firmen sind auf die Bedürfnisse, einer Wanderung mit Pony nicht wirklich eingestellt. Ich hatte ausreichend Bänder, Leder und Ähnliches bei mir, um das Notwendige allein zu fertigen. Primitiv, aber brauchbar. Ich stellte auch die Art der Beladung ein paar Mal um. Auch bei einem Sprung über einen Graben durfte nichts ins Rutschen geraten.

Asterix war nicht einfach nur ein Packtier. Er hatte seine eigenen Vorstellungen. Von Sicherheit. Von Pausen. Von seiner Ernährung. Vom Straßenverkehr und unserem Verhalten darin. Von der Qualität des Asphalts.

Ich war lange der Meinung, er solle rechts von mir am Straßenrand gehen. Er bevorzugte die Mitte. Wenn ich nicht aufmerksam war, passierte es immer wieder, dass er den weißen Mittelstreifen nahm. Er schien ihn besonders zu mögen. Nach Wochen (!) einigten wir uns schließlich darauf, dass ich den rechten Straßenrand benutzte und er links von mir auf der Fahrbahn gehen durfte. Den Mittelstreifen verbot ich ihm. Bei Gefahr riss ich ihn weg von der Straße. Er verstand bald, dass diese Grobheit mit unserer Sicherheit zu tun hatte.

Nein. Mein tapferer Begleiter war schon viel, viel mehr als ein Packtier. Wir wurden Partner. Die unzähligen, manchmal täglichen Angebote von Pferdeliebhabern, die mir das Pony abkaufen wollten. „Er ist mein Freund. Einen Freund verkauft man nicht."

Wir lernten beide viel in diesen ersten Tagen. Und hörten auch danach mit den Lernen nicht auf. Aber wir hatten nach drei Wochen die Grundschule hinter uns. Gingen gelassener durchs Land.

Ich verließ das spirituelle Zentrum, wanderte weiter, versuchte einen Weg durch einen Wald zu finden, der mich weiter nach Osten bringen könnte. Der Wald war viel größer, als ich angenommen hatte. Kein Mensch war sonst hier unterwegs, den ich um Auskunft fragen konnte. Die Mittagszeit verbrachten wir auf einer grasbewachsenen Lichtung. Allein sein mit dem Pferdchen. Und den Fliegen. Wir blieben ein paar Stunden dort. Genossen die Stille. Ich spannte meine Wäscheleine zwischen zwei Äste, hing gewaschene Kleidungstücke auf. Schlief ein bisschen. Dann bepackte ich Asterix wieder und wir zogen weiter, gelangten am Abend zu einem Dorf.

„Immer wird es uns nicht so leicht gemacht werden", dachte ich und war dankbar, dass die erste Lagersuche in diesem Land so leicht gewesen war.

Das Dorf hatte eine Bar. Menschen auf der Straße hatte ich keine getroffen. Aus der Bar kamen zwei Männer. Ich sprach sie an. Sie grinsten nur. Gingen weiter. Ich musste einen Menschen finden, der außer ungarisch noch etwas anderes sprach, band das Pferd an den Fahrradständer und betrat die Bar. „Spricht hier jemand deutsch? Englisch?" Man musterte mich von oben bis unten. Ich bekam keine Antwort. Sie scherzten. Grinsten. Frauen gab es in diesem Lokal keine. Zurück zum Pferdchen. Er war schon nervös. Der Platz war nun bevölkerter. Ich beschloss, einfach stehen zu bleiben. Hatte ohnedies keine vernünftige Alternative. Männer kamen, gingen, standen auf dem Platz herum. Unübersehbar, war ich Thema ihrer Feixereien. Ich atmete tief durch, kraulte die Pferdemähne. Irgendwer würde schon MIT mir sprechen.

Ein Mann rief mir etwas zu. Was ich hier wolle. „Ich suche einen Platz für die Nacht." Damit war das Gespräch beendet. Ich wartete. Später schickte mich ein anderer zum Busfahrer. Der spreche deutsch. Endlich! Der Busfahrer übersetzte also den Männern. „Sie braucht eine kleine Wiese zum Übernachten mit einem Zelt und mit dem Ponypferd."

Es wurde schlimmer. Das zeitweilige Pech, eine Frau zu sein. Sie hatten ihren Spaß. Alexander erlöste mich. Er wollte eben mit seinem Auto vorbeifahren. Man schlug auf das Autodach. Gehorsam blieb er stehen. Er solle doch die Frau mit nachhause nehmen! Allgemeines Gelächter. Alexander blieb völlig ungerührt von den Rohlingen, als perlte jedes ihrer Worte einfach an ihm ab. Er parkte seinen Wagen, stieg aus, kam zu mir, sprach wie ein ganz normaler Mensch, sprach mit Händen und ein paar Wörtern Deutsch, fragte, was ich brauchte und wie er mir helfen könnte. Er kam mir vor wie ein Außerirdischer inmitten dieser johlenden Horde. Alexander rief seine Frau an. Ich sah, dass er sie überredete, er strahlte, als sie einverstanden war. Ich konnte in ihrem Garten bleiben. Verbrachte den Abend bei Absinth und Erzählungen aus dem Leben der

Familie. „Ich bin nicht wie die Leute aus dem Dorf", sagte er. War mir vollkommen klar.

Aufbrechen. Der besondere Zauber des Wanderns. Aufbrechen. Von einem guten Ort oder einem schwierigen. Die morgendliche Versorgung, der Abbau des Lagers, das Beladen des Pferdchens. Wir konzentrierten uns auf die Aufgaben des Morgens. Wenn alles gut lief, waren wir eher wieder unterwegs. Und Unterwegssein war gut.

Am Nachmittag erreichten wir einen See. Campieren verboten. Hunde auch. Asterix ist ein Pferd, und ich wählte den Biwaksack. Heute nicht nach einem Platz suchen zu müssen, war zu verlockend. Mein Pferdchen lernte schwimmen und ich lernte, wie man ein Pferd im tiefen Wasser dazu bewegt, wieder zum Ufer zurückzuschwimmen, also eine Kurve zu machen. Ohne dabei seine Nase ins Wasser abzutauchen …

Am Abend wagte sich die Jugend zu uns. Zwei Burschen waren besonders bemüht um mich und mein kleines Lagerfeuer. Ich verstand lange nicht, was sie wollten. Mir war unbehaglich. Wollten sie an meine Sachen? Wollten sie mein Pferd? Es dauerte eine gute Weile, bis ich begriff, dass diese beiden Kinder an MIR interessiert waren. Ich konnte sie loswerden. Sie strichen noch eine Zeit lang herum. Es wurde kalt. Man packte die Decken zusammen und verließ den See. Gegen Mitternacht kroch ich in den Biwaksack und schlief sofort ein. Asterix stellte sich neben mich, schmatzte ein wenig, seufzte. Ich fühlte mich völlig sicher. Bei Morgengrauen stupste er mich an. Ein neuer Tag.

Der Westen Ungarns. Wir zogen durch Wälder, kleine Dörfer, Ackerland. Man schenkte mir eine Landkarte. Man gab mir einen Platz für Zelt und Pferd. Man zuckte mit den Schultern, schickte mich fort. Man verwöhnte und beschenkte mich. Ich schlief an den denkbar unterschiedlichsten Plätzen, traf Freundlichkeit und Härte, verächtliche Abweisungen und liebevolle Versorgung. Ungarn war so besonders unterschiedlich. Ideal also, um zu lernen.

Ich vertrieb betrunkene Liebeshungrige, verhandelte mit Polizisten, lernte den Dorfbrunnen zu finden, traf Begeisterte und Verachtende.

Was mir zustieß, nahm ich damals noch persönlich. Wie schmerzhaft also oft. Dass es alles im Grunde nichts mit mir zu tun hatte, lernte ich erst sehr allmählich. Und dieser Lernprozess bedeutete viele schwere Stunden. Und das besondere Erleben auch: Wenn ein ganzes Dorf nur üble Worte oder nur Schweigen für mich hatte, kamen gerade in Ungarn oft die Kinder und Jugendlichen zu mir, zeigten mir den Dorfbrunnen, brachten eine Paprika von zuhause zu meinem Zelt, gaben mir Wegauskunft, verbrachten den Abend vor meinem Zelt, erzählten. Wie kostbar waren gerade in harten Zeiten solche Gesten!

Pötrete. Tag siebzehn. Ich hatte ein paar Abweisungen hinter mir, hier war ich unerwünschte Vagabundin, wanderte durch das Dorf. Ich war dreckig und müde, mein Pferd war durstig und auch nicht mehr sehr gut gelaunt. Er verstand damals noch nicht, warum wir nicht endlich lagerten, wo es doch überall perfekte Plätze gab.

Es war seltsam menschenleer im Dörfchen. In einem Garten fand ich Leute, fragte nach dem Brunnen. Wasser war jetzt das Wichtigste. Sie waren sehr freundlich, sogar höflich, anders als die Leute, denen wir an diesem Tag begegnet waren, also fragte ich gleich weiter nach einem möglichen Lagerplatz. Sie seien leider nicht von hier und hätten selber nur diesen kleinen Garten. Der Sohn wurde mitgeschickt, er sollte mir den Brunnen zeigen.

In dieser Gegend waren Pumpbrunnen üblich, das Wasser kam meist mit hohem Druck. Ich band das Pferd an einen Zaun, packte den Trinksack und die Wasserflaschen aus, pumpte. Asterix löste den schlampigen Knoten, kam zum Brunnen und soff, während der Wasserschwall noch seinen Wassersack überschwemmte und uns beide nass spritzte. Ich wischte mir mit dem Unterarm das Gesicht etwas trocken, die Trinkflaschen füllen, das Pferd irgendwie festhalten, das an den Flaschen knabberte und an mir. Erst trinken, später säubern, später einen Lagerplatz finden.

Man beobachtete uns längst. Egal. Wir machten bestimmt keinen guten Eindruck. Nass, dreckig, erschöpft. Egal. Erst die primären Bedürfnisse. Die Menschen waren später wieder wichtig. Ich hatte mit Verschlüssen und Packtaschen und ungeduldigem Pferdchen genug zu tun.

Dann kamen viele Menschen auf einmal. Aus einem Gebäude gleich neben dem Brunnen. Wie ein Körper bewegte sich die Menge auf uns zu. An ihrer Spitze schritt ein breit lächelnder Mann, gleich dahinter wurde er von zwei anderen flankiert, dahinter folgten ehrerbietig und sauber weitere Männer, alle in Anzug und Krawatte und beinah choreografisch geordnet.

Sie kamen direkt auf mich zu. Alle lächelnd. Mir war es gerade gelungen, trotz zerrendem Pferdchen, eine Wasserflasche zu füllen. Die Spitze kam bei uns an und reichte mir die Hand. Ich nahm die Leine des Pferdchens in die Hand, die schon mit der offenen Flasche zu tun hatte, wischte die nun freie notdürftig an meiner ebenfalls nassen und dreckigen Hose ab, goss mir dabei Wasser aus der Flasche übers Hemd, weil das Pferd keinen Respekt vor lächelnden Menschen in Anzügen hatte und nun sehr bestimmt weiter wollte, und lächelte den Leuten nun ebenfalls zu, reichte der Spitze entschuldigend meine Rechte.

Er begrüßte mich und stellte seine Flanken vor, der Bürgermeister, der Vizebürgermeister und er selber, Nationalratsabgeordneter. Die Flanken verbeugten sich ein wenig, die Spitze nickte wohlwollend, die dritte Reihe machte sich groß, ab der vierten Reihe war man glücklich. Das Kulturhaus werde heute eröffnet, darum sei man hier.

Der Mann sprach englisch. Als er erfuhr, dass wir aus Österreich sind, wechselte er sofort zu Deutsch. Entschuldigte sich, dass er diese Sprache nicht perfekt beherrsche, leider fehle ihm dafür die Übung. Er sprach flüssig mit nur ganz leichtem Akzent. Er habe es in drei Wochen gelernt. Ein Intensivkurs für hohe Beamte. Er erklärte, stolz zu sein, Freunde in Deutschland zu haben. In Hamburg. Später äußerte er sich überzeugt, dass der Bürgermeister des Dorfes einen guten Platz für mich wählen würde. Der

Bürgermeister lächelte geflissentlich und machte erneut eine kleine Verbeugung. Der Nationalratsabgeordnete verabschiedete sich und der Vizebürgermeister wurde vom Bürgermeister dazu verdonnert, mich zu einem gewissen Platz weit außerhalb des Dorfes zu begleiten. Er nahm sein Rad und wanderte mit mir zwei Kilometer weiter, übergab mich Lazi, dem Nachtwächter des Geländes der Moorbodenverpackungsfirma. Dann radelte er zurück.

Lazi wollte mir sein Territorium zeigen. Asterix war recht erledigt und wir durften uns zuerst einrichten, ein bezaubernder Platz am Rand des Sees, umgeben von Schilf und den Gesängen der Insekten. Ich würde später zu den Hallen kommen. Er machte sich noch ein paar Sorgen, ob ich denn in der Dunkelheit den Weg dahin finden konnte. Bestimmt.

Später ging ich diesen Weg. Asterix, der Angst vor Wasservögeln hat, ließ ich nicht gerne allein. Lazi kam mir schon entgegen. Er führte mich in seine Zentrale, machte mir Kaffee aus einem Automaten, zeigte mir stolz die sanitären Anlagen. Auf dem Tisch lagen drei Mobiltelefone. Ein Minifernseher war an. Auf einem Rollbild lief dort in schwarz-weiß „Imagine" von Lennon. Am frühen Morgen legte er seine Visitenkarte auf mein Zelt. Ein Karate-Kämpfer war darauf abgebildet.

In der Nacht besuchte uns ein neugieriger Fuchs. Meine Kerze brannte noch, stand im Zelteingang. Es muss seine erste Kerzenerfahrung gewesen sein, schmerzhaft nah kam er dem Feuer mit seiner Nase. Dann verschwand er.

Ein paar Tage später erreichten wir den Balaton. Auf der ständigen Suche nach Nebenstraßen stolperte ich durch eine kleine Roma-Siedlung. Die männliche Jugend war sofort da und man hatte plötzlich denselben Weg wie ich. Sie kreisten mich ein, man checkte mein Gepäck. Asterix wurde nervös, und ich versuchte, sie loszuwerden. Es gelang mir nicht. Das sei ihr Weg und sie hätten das Recht, hier zu gehen, sagten sie, als sie quasi auf der Kruppe des Pferdchens klebten.

Der See! Was war er mir für eine Landmarke! Wie weit ich gegangen war! Damals wusste ich noch nicht, wie viele Ebenen,

Gebirgszüge, Länder noch vor mir lagen. Da lag er nun. Der Balaton. Keine drei Wochen hatte ich bis hierher gebraucht, mit allen Umwegen.

Ich blieb stehen. Sang dem See ein Lied. Sang ihm wortlos von meinem Weg hierher, von meiner Freude. Die Jungen blieben ebenfalls stehen. Sie schwiegen nun. Dann setzten sie sich ins Gras und hörten mir zu. Ich stand da und sang. Als ich still wurde, standen sie auf und gingen wortlos weg.

Am Balaton war alles anders. Als wäre ich in ein anderes Land geraten. Hier hatte man sein Sommerhaus oder seine Ferienunterkunft. Ich war Touristenattraktion, Bettelwandernde, eine Gefahr für die Sicherheit, interessant für ein Fernsehteam, willkommene Abwechslung im Urlaubsalltag. Man brachte mir Frühstück, man fotografierte mich, man rief die Polizei.

Eine Frau fragte mich vom Gartenzaun ihres Sommerhauses, ob ich nicht bei ihr bleiben wolle über die Nacht. Ich stimmte zu und sie wies mir einen Platz in ihrem Garten zu. Mein Pferd machte einen Haufen und Frau Szentoj lächelte zufrieden, bat mich, den Mist des Pferdchens doch bitte regelmäßig an ihre Rosen zu verteilen. Bis zum kommenden Morgen würden wir mehr davon zusammenbekommen, sagte ich. Sie nickte. Stand später auf ihrer Terrasse mit gutem Überblick über ihren Garten und dirigierte meine Mistverteilung. „Hier hin und dort hin!", sagte sie und ich gehorchte. Und weiter: „Hier hin, bitte, und dort!" Am Morgen verteilte ich den Mist der Nacht. Später, als ich packte, kam sie wieder auf ihre Terrasse heraus, nickte, besah sich die Verteilung des Biodüngers und entschied neu: „Hier hin und dort hin!" Ich gehorchte. Als sie zufrieden war, verschwand sie wortlos im Haus. Später hörte ich sie mit ihrem Auto davonfahren. Hatte keine Gelegenheit, mich zu verabschieden.

Tag siebenundzwanzig. Mein vierzigster Geburtstag. Bis zum Abend lief alles ganz gut. Ein Barbesitzer erlaubte mir, auf einem wildbewachsenen Stück am Rande eines Strandbades zu übernachten. Dahinter war ein Zaun, der zu einem großen Hotel gehörte. Ich hatte mir eine Flasche Wein besorgt und wollte sie nicht allein trinken.

Asterix mochte den See nicht. Riesige Vögel, die auf dem Wasser schwimmen, plötzlich verschwinden oder schlimmer noch plötzlich auffliegen, waren der Inbegriff eines Monsters für ihn. Schwäne, Reiher, sogar Wildgänse und Enten beunruhigten ihn ernsthaft. So nah am Wasser zu lagern, hielt er für falsch und gefährlich.

Hobbyfischer schritten an uns vorbei, bauten ihre Sachen am Ufer auf. Sie lächelten uns freundlich an. Zu ihnen würde ich mich später setzen.

Asterix war angespannt. Ich nahm den Wein und das Pferd, setzte mich zu den Fischern. Ein Paar und ein Mann, der diesem Paar den Abend gestalten wollte. Wir tranken, schauten übers Wasser. Der Mann erzählte mir Geschichten. Später verabschiedete ich mich, ging zurück zum Zelt, hängte das Pferdchen an seinen Pflock. Ein ruhiger Platz. Ich kroch ins Zelt, in den Schlafsack, schlief sofort ein.

Als Hufe am Zelt vorbeidonnerten, schrie ich, noch bevor ich wach war. Der Schlafsack. Das Zelt. Ich stand schon draußen. Der Mann stand auch da, sagte: „Ihr Pferd ist davongelaufen." Ich dachte keinen Moment daran, warum der da stand, ich rannte. Nach ein paar hundert Metern war ich wach. Blieb stehen. Vielleicht ein Scherz? Ich rannte zurück. Der Mann stand noch immer da. Ich suchte den Pflock. Ausgerissen. „Wo ist das Pferd?", schrie ich. „Dahin! Dahin", antwortete er, zuckte mit den Schultern und ich rannte wieder, rannte am Hotel vorbei. Ein Mann rief mir vom Zaun etwas zu. Ich fragte sofort, ob er ein kleines Pferdchen gesehen habe. Das Pferdchen? Ja, das habe den Zaun ruiniert und die Bank da drüben auch. Er wies mit seiner Taschenlampe um sich. Ich sah schwere Eisenstangen verbogen und eine Bank aus Holz und Beton niedergerissen und rannte. Er rief mir noch etwas nach.

Von da an suchte mich die Polizei. Ich suchte mein Pferd, rannte, barfuss in meinem dünnen Nachthemdchen und kurzen

Hosen, alle Wege zurück, die wir an diesem Tag gegangen waren. Fand frischen Pferdemist. Rannte weiter. Ein galoppierendes Pferd holt man nicht ein. Ich rannte weiter. Ein Milizwagen. Ich hielt ihn auf, erklärte, dass ein Ponypferd in Panik davongelaufen war. Sie nickten. Ich rannte weiter. Lief an einer Straßen-Bar vorbei, die noch offen war. „Ist hier ein Pony vorbeigelaufen?" Der Wirt rieb ein Glas trocken. „Ja", sagte er. „Es ist schon eine Weile her und das Pferd war sehr schnell." Ich rannte weiter. Viele Kilometer. Ich spürte sie nicht.

Ein Moped kam mir nachgefahren. Ich solle aufsitzen. Man hätte das Pferd gefunden. Der junge Mann brachte mich zu einer Bar. Da solle ich drinnen warten. Die Polizei hätte ihn gefunden, ich solle nur warten. Es war warm im Innern. Meine Haut war längst eiskalt. Die Bardame gab mir ein Glas Wasser. Nach einer Ewigkeit öffnete sich die Tür. Zwei Polizisten holten mich ab, führten mich in ihren Wagen. „Sie haben das Pferd gefunden? Wo ist es?" Man schüttelte den Kopf, als man anfuhr. Nein, das Pferd habe man noch nicht gefunden. „Wir fahren jetzt zum Hotel, da ist ein Schaden entstanden." „Aber das Pferd! Ich muss zuerst das Pferd finden!" „Später", sagten sie und fuhren weiter.

Bevor ich die Nerven verlieren konnte, kam ein Anruf. Sie drehten den Wagen, fuhren in die andere Richtung weiter. „Wir haben Ihr Pferd. Es ist auf der Schnellstraße." Freude und Schrecken gleichzeitig. Ist es am Leben? Ist es verletzt? Sie schwiegen.

Asterix war am Leben. Asterix war trotz Eisen, Beton und dichtem Schnellstraßenverkehr quasi unverletzt. Er war nass. Zitterte. Zwei gute Leute waren stehen geblieben, hatten das Seil erwischt und ihn am Straßenrand festgehalten. Er war schon wieder auf dem Weg zu mir gewesen. Ich tastete ihn ab. Ein nasses Bündel. Alle Knochen heil.

Ich solle mich beeilen, das Pferd zurückbringen zum Hotel. „Der Schaden! Wir werden dort auf Sie warten. Beeilen Sie sich."

Wir fanden die mittlerweile vertraute Nebenstraße. Wanderten zurück. Ich fror. Asterix wollte nicht mehr gehen. Ich zog ihn mit mir. Wir waren völlig erschöpft.

Stunden später kamen sie nachsehen. Dann fuhr der Streifenwagen hinter uns nach, begleitete uns bis zum Hotel. Der Sicherheitsdienst, ein Kerl von zwei Metern, stand mit verschränkten Armen da. Zahlreiche Polizisten standen herum. Ich solle den Pass zeigen.

Ich war barfuss, dünnes Hemd, kurze Hose. „Der Pass ist beim Zelt. Ich habe ihn nicht eingesteckt." Man ließ mich nicht gehen, um die Papiere zu holen. Die Beamten in ihren Uniformen froren nicht. Sie besprachen sich, verhandelten. Ich müsse mich ausweisen, es sei ein Schaden entstanden. Ich schlug vor, dass man mich zum Zelt begleitete. Sie besprachen sich. Nach einer Unendlichkeit ließ man uns gehen. Um sieben Uhr in der Früh würden mich zwei Polizisten abholen kommen.

Das offene Zelt. Ich zog mich an, nahm Matte und Liegetuch, legte mich zu einem Baum, band Asterix an den Stamm und an meine Hand, hielt ihn fest. Wir zitterten vor Erschöpfung, verbrachten so die letzten wenigen Stunden der Nacht.

Die Polizei kam pünktlich am frühen Morgen, man führte uns zur Besitzerin des Hotels, an dem der Schaden entstanden war. Die Frau sah uns kommen. Ein Dutzend Beamte, Polizisten und irgendwelche Wachmänner waren da. Asterix hatte etwa zwei Zentimeter Hufmaterial verloren. Fünfzehn Kilometer Galopp auf Asphalt hinterlassen Spuren. Wir waren beide langsam auf den Wegen durch den kleinen Park bis zu den Stufen des Hoteleingangs. Kein heroischer Auftritt.

„Wie bitte, dieses kleine Pferd hat diesen Schaden angerichtet? Dieses kleine Pferd??" Die Hotelbesitzerin schmolz ohne Umwege. Die Männer um sie wurden verlegen, warfen sich Blicke zu. Die Frau stieg herunter zu uns, streichelte das magere Pony. „Wie schön! Wie bildschön!" Sie wollte das einzig Wichtige wissen, ob das Pferd verletzt sei. „Der Beton! Das Eisen!" „Nichts Schlimmes. Nur Schrammen", antwortete ich. Sie begutachtete alles, streichelte seinen Kopf, tätschelte ihn. Der Verwalter stand längst hinter ihr, erinnerte sie an die Schadenssumme. Sie schickte ihn weg. „Das vergessen wir." Die vielen Männer um uns suchten mit ihren Blicken Zuflucht in den Grünstreifen längs der Wege. Der Gedanke, der sie gerade alle einte, war fast lesbar in der milchigen Luft dieses frühen Morgens: „Frauen ..."

Wir verließen den Ort mit unzähligen Glück- und Segenswünschen. Keine Anzeige. Der Schaden kein Problem mehr. Hauptsache, dem Pferd sei nichts Schlimmeres passiert. Wir sollten nur beide immer Glück haben!

Später klopfte ich an einem Tor an. Ein guter Mann, dem wir nicht egal waren, gab mir diesen Tipp. Ein deutsches Ehepaar, nur drei Kilometer landeinwärts. In ihrem Garten standen Shetlandponys. Sie nahmen uns sofort auf. Ihre Pferdchen waren dreimal so breit wie das meine. Wir wurden aufgepäppelt. Nach zwei Nächten waren wir wieder gehfähig und zogen weiter.

An den Grenzen unserer Belastbarkeit sind wir immer aufgefangen worden.

Die Puszta. Wir verließen den Balaton, zogen südostwärts. Die ersten Tage hier waren schwierig. Man weigerte sich, mit mir zu sprechen. Dorfstraßen waren oft gesäumt mit hohen Mauern, hinter denen sich die Häuser versteckten. Die Erwachsenen verstanden plötzlich kein Ungarisch mehr. Es sah so aus, als fürchteten sie sich davor, sich schmutzig zu machen, wenn sie nur mit mir sprachen.

Ungarn werde ich immer auch mit den Jugendlichen verbinden. In wie vielen Dörfern haben mich die Erwachsenen ignoriert oder liefen davon, als wir ankamen! Viele Male entdeckte mich dann die Dorfjugend und betreute mich, half mir, einen Lagerplatz zu finden, zum kostbaren Trinkwasser zu kommen. In Gegenden, wo es keine öffentlichen Brunnen gibt, eine lebenswichtige Hilfe.

Oft brauchte ein Dorf auch die Begeisterung ihrer Jugend erst, um mich nicht mehr als eine ungewollte Landstreicherin zu sehen, sondern neugierig zu werden und die eigene Gastfreundschaft, die eigentlich so tief verwurzelt ist in diesem Volk, wiederzuentdecken.

Junge Burschen waren bei meinem Zelt. Ich hatte es eben erst aufgebaut, mich beeilt, weil der nächste Regen schon zu warten schien. Man hatte mich vom Dorf hier herauf geschickt. Ich fand eine Kapelle und ein kleines Stückchen wahrscheinlich öffentlicher Wiese daneben.

Die Jungen sahen mich und kamen bald mit anderen, hockten sich in meine Nähe und wagten kaum, mit mir zu sprechen.

Ich brauchte Wasser und fragte nach einem Brunnen. Jetzt waren sie wach, verhandelten miteinander, bestaunten meinen Wassersack und den Trinksack fürs Pferd und einigten sich auf den Brunnen im Garten eines Freundes des Ältesten.

Wir öffneten ein Gatter und betraten den Obstgarten dieses Freundes. Am unteren Rand des Grundstückes war der Brunnen, eingefasst von einem hohen Gitter. Der junge Mann öffnete das Gitter, löste den Schöpfkübel, ließ ihn nach unten, kurbelte ihn wieder hoch, nahm den Becher, der immer neben einem Brunnen liegt, und schöpfte Wasser Tasse für Tasse in meinen Sack. Ich erinnere mich so sehr an die Selbstverständlichkeit, die Langsamkeit dieses Tuns.

Mein Wassersack fasst sechs Liter. Tasse für Tasse goss er in die schmale Öffnung. Als er fertig war, schloss er den Sack, stellte die Tasse an ihren Platz, fixierte den Kübel an der Rolle, schloss das Gitter sorgfältig. Dann lächelte er mich an. „Jetzt hast du Wasser."

In einem dieser verschlossenen und sprachlosen Dörfer, begegnete ich Györgej. Seine Frau stand an der Straße und lief nicht weg, als wir vorbeiwanderten. Also sprach ich sie an.

Als ich in ihren Innenhof geführt wurde, sprangen uns gleich viele Hunde an, Rassen, die ich nie vorher gesehen hatte. Hinter Drahtzäunen lagen Windhunde, die die Ankunft eines Pferdes gelassener hinnahmen. Györgej war Hundezüchter. Jetzt züchte er nur mehr die kleinen, nur zum Spaß, sagte er. „Früher. Ja, früher." Er winkte ab und ließ mich mit seiner Frau allein. Kam wieder. Ich musste die Geschichte hören. Hier war Leidenschaft.

Györgej zögerte, dann holte er drei dicke Fotoalben und setzte sich zu mir, sagte: „Ich war Hundezüchter." Ungarische Windhunde vor allem. Seinen ersten Hund hatte er den Roma im Dorf abgekauft, die ihre Hunde nur zum Jagen und vielmehr zum Wildern verwendeten, erzählte er. So habe es begonnen. Alle Nachkommen seines ersten Hundes wurden Meister und so ging es dann weiter. Ich sah unzählige Fotos von internationalen Bewerben. Györgejs Hunde sind überall in Europa, viele in den USA, im Nahen Osten. „Warum haben Sie aufgehört?“ Er schüttelte langsam seinen Kopf. „Ich war kein guter Mensch mehr“, sagte er dann, „Es gab nur mehr die Hunde für mich, sonst nichts mehr, gar nichts. Ich hatte Probleme.“ Er blätterte weiter in den Alben, schlug sie dann zu, sah mich an. „Die Hunde waren mein Leben.“

Seine Kinder kamen dazu, unterbrachen die Geschichte, verließen uns wieder. „Es gab einen tragischen Fall“, erzählte Györgej weiter. „Ich war mit drei von den Hunden unterwegs. Ein Wild-Eber. Wir begegneten einem Wild-Eber. Alle drei sind getötet worden. Eine Fehlstellung der Zähne des Ebers. Das wurde meinen Hunden zum Verhängnis. All das Blut. Ich konnte nichts machen. All das Blut.“ Er stand auf, trug die Alben in ein anderes Zimmer. Jetzt habe er eine Arbeit in Kaposvar, schloss er seine Geschichte.

Als er mich später durch sein Dorf zu meinem Nachtlagerplatz begleitete, begegneten wir überall Windhunden. Er lächelte mich entschuldigend an, zuckte die Schultern. Das waren halt seine Geschenke an die Freunde. Welpen.

Tag achtunddreißig. In einem Dorf, unweit der Donau, hatte ich unser Lager hinter dem Haus freundlicher Schwaben aufgeschlagen. Ein grundsätzlich guter Platz. Hausgärten um uns und ein kleines Ackerstück. Der Mais stand hoch. Juni.

Der alte Herr des Hauses sprach noch ein wenig Schwäbisch. Es sei ja in seiner Jugend verboten worden, überhaupt Deutsch zu reden, auch innerhalb der Familien. Die Tochter war froh, dass ihr Vater mit mir wieder die Möglichkeit hatte, seine Muttersprache zu sprechen. Hier kamen nie Touristen vorbei und es war auch keine der ungarischen Gegenden, wo man Häuser an auswanderungswillige Deutsche verkaufte.

Der Mann musste nachdenken vor jedem Satz, vor jeder Frage, die er stellen wollte. Und er lächelte, wenn wieder ein Satz gelungen war. Ich erfuhr viel von der Geschichte der Region, während die Tochter alles aus der Küche auftischte, was einer Vegetarierin schmecken könnte.

Mein Pferd hatte sich mit dem Hofhund bekannt gemacht, der an der Kette hängend die Hinterseite des Hofes zu bewachen hatte. Ein guter Platz.

Mitten in der Nacht höre ich Paniksprünge des Pferdes. Er will abhauen. Einen Augenblick später bin ich draußen, der Schlafsack, das Innenzelt, das Außenzelt.

Der Pflock ist ausgerissen, aber das Sicherheitsseil, das ich mir nach der schrecklichen Nacht am Balaton zugelegt habe, das den Pflock mit einem Baum verbindet, hat gehalten, mein Pferd ist noch da. Ich halte ihn, rede ihm zu. Er zittert.

Im Maisfeld bewegt sich etwas. Es kommt auf uns zu. Der Mais teilt sich. Mein Pferdchen will nur weg.

Es ist ein Mann. Er hat nur eine Unterhose an, kommt auf uns zu. Mein Pferd ist jetzt schweißnass, zittert noch immer.

Der Mann wünscht uns einen guten Abend, fragt etwas. Ich bin zu verblüfft, um mitten in der Nacht Ungarisch zu verstehen, versuche mein Pferd zu beruhigen. „Nem ertem." Ich verstehe nicht. Er will Konversation machen. Wie es mir so gehe und ob ich einen guten Platz gefunden hätte. Habe ich. Schönes Pferd. Szep kis ponilo! Ja, aber er hat Angst.

Der Mann scheint es nicht auf sich und seinen Auftritt zu beziehen, deutet auf den Nachthimmel. Er scheint zu glauben, dass mein Pferd sich vor der Dunkelheit fürchtet. Und ob ich selber keine Angst hätte.

Ich antworte mit mir bekannten Sätzen. Die Situation ist zu grotesk, um mir Angst zu machen. Ich beruhige mein Pferd und weiß nicht, was ich mit dieser Erscheinung anfangen soll. Smalltalk mit einem Nackten aus dem Maisfeld.

Der Hofhund erlöst mich. Er tobt bereits an seiner Kette und hat längst die Hunde des Dorfes aufgeweckt.

Der Mann blickt aufs Dorf hinunter. Gebell aus allen Höfen. Dann verabschiedet er sich. Höflich. Und wünscht mir noch eine gute Nacht.

In diesen Tagen begegnete ich auch ganz wundervollen Leuten. Peter und Ingrid. Meine Gastgeber waren aus Belgien hierher gezogen. Künstler, die seit ein paar Jahren in Ungarn lebten. Mit neun Hunden und vier Pferden.

Die vielen Hunde hatten Radau gemacht, als sie mein Pferdchen an der Straße gewittert hatten, ich zog also schnell weiter und Peter kam nachsehen, lief mir nach, lud mich ein. Eine Oase. Ingrid brachte mir starken Espresso und mein Pferd hatte Artgenossen, endlich wieder. Eine Oase. Ihr Lachen. Ihre Geschichten. Ihre Erfahrungen in Ungarn. Sie erzählten mir Geschichten des Landes, verwöhnten mich. Jetzt begriff ich auch, warum man hier solche Angst vor mir hatte, warum mir dieses sonst so gastfreundliche Volk manchmal so feindlich begegnete. Vor einem Jahr waren die staatlichen Zuwendungen an die Roma gestrichen worden. Zudem war eine sogenannte „Überlebenskriminalität" nicht strafbar. Wer also arm war und klaute, um zu überleben, konnte nicht belangt werden. Diebstahl war eine Alltäglichkeit. Hohe Mauern und Stacheldraht, scharfe Hunde und misstrauische Menschen waren die andere Seite.

Asterix durfte die Nacht bei einer Ponydame verbringen. Ein Zirkuspony im Ruhestand. Mein Gefährte war glücklich. Endlich Gesellschaft. Die Pferde-Dame hatte dazu noch ihre Freude an dem vergleichsweise mageren Reisenden, überließ ihm neidlos das beste Futter.

Wir erholten uns gut im schattigen Paradies der lieben Leute. Die Sommerhitze setzte uns längst zu. Die eigentliche Hitzewelle hatten wir noch vor uns. Ich hätte länger bleiben können, mich ausruhen von der dauernden Auseinandersetzung, die ein Wandern durch fremde Kulturen mit sich bringt. Peter und Ingrid zeigten mir ihr Atelier und ihre Bilder. Ich döste auf der Couch, hörte Musik und trank Espresso.

Am nächsten Morgen kehrte ich auf die Straße zurück.

Mitten in der zauberhaften Einöde der ungarischen Puszta begegnete ich Susana. Ich war unentschlossen zwischen den vielen sich kreuzenden Sandpisten im wild wachsenden Strauchwerk, brauchte Hilfe. Susanas Hund schlug an, als ich an ihrem Zaun stand. Vielleicht hatte ich das Glück, auf dem einzigen Hof weit und breit jemanden anzutreffen.

Der Hund tobte und ich wollte schon kehrtmachen, da öffnete sich die Tür und ein Gesicht erschien, musterte mich ein Weilchen, dann schloss sich die Türe wieder. Ich wartete. Susana kam wieder und diesmal bis zu mir zum Gartenzaun. Ein freundliches, offenes Gesicht, furchtlos. Sie musste über siebzig sein, erzählte mir dieses Gesicht, ihre Bewegungen aber waren leicht und unbeschwert.

Ich erklärte ihr mein Problem. Sie nickte, bat mich, hier auf sie zu warten, lief zurück zum Haus. Nach einer kurzen Weile kehrte sie zurück, drückte mir Essen in die Hand, entschuldigte sich, für das Pferd habe sie leider nichts.

Es war Apfelstrudel. Noch warm. Ich war sprachlos. Das Gefühl des warmen Teiges in meiner dreckigen Hand, ich lächelte nur.

Ich solle ihr folgen, sagte sie dann und lief flink auf einer der Sandpisten vor mir her, entschuldigte sich dafür, dass die Äste für mich zu tief hingen und ich mich also bücken musste, „Die Männer! Die Männer schneiden das einfach nicht!“, und lief weiter.

Susana begleitete mich weit, wir liefen etwa einen Kilometer durch das Dickicht, bis wir wieder zu offener Steppe gelangten. Sie zeigte mir, an welchen Punkten in der Ferne ich mich orientieren konnte. Ich hatte meine Sprache wiedergefunden, versuchte mich zu bedanken. Im Umdrehen winkte sie ab, wünschte uns eine gute Reise und lief so behende wie zuvor zurück in das Dickicht.

Der Apfelstrudel lag noch immer in meiner Hand.

Medina. Tag einundvierzig. Virag sah mich auf der Mittagsrast unter dem einzigen freien Baum im Dorf. Das Mädchen holte Piroschka und man überredete mich, bei ihrem Museum zu übernachten. Ich blieb gleich zwei Nächte, erschöpft von der Hitze und Dörfern, die oft nur aus Barrikaden bestanden.

Piroschka, Virag, Pischti, Gergö, Laci, Peter, Gabor und Besucher, die man einlud, weil mein Ungarisch für ein Gespräch zu schwach war und andere, die kamen, um mich zu sehen.

Gergö war eingeteilt, mich zu beschützen, und auch mich zu bewachen. Er sprach ein wenig englisch und wenn ich mit dem Pferd einen kurzen Ausbruch wagte, am Damm des Flusses entlanglief, fand er mich, kam auf seinem Rad zu mir heraus, begrüßte mich entschuldigend und wich nicht mehr von meiner Seite.

Virag und ihr Vater Laci filzten eine Unterlage für den Bauchgurt des Pferdchens. Sie liebe Pferde. Sie liebe Asterix.

Piroschka betreute das Museum. Ein altes Bauernhaus, das aus drei Ausstellungs- bzw. Arbeitsräumen bestand. Ein Raum für Kunsthandwerk und Traditionelles, ein Raum für wechselnde Kunstausstellungen und der Raum der Musikinstrumente. Laci und sein Bruder Pischti sammelten und spielten, gingen in Schulen und bauten mit Gruppen Musikinstrumente.

Ich solle alles ausprobieren, was ich auch tat, und am zweiten Abend spielten wir zusammen mit allem, was uns gefiel, im mittleren der Räume.

Peter gehörte auch zu dem Museum, Pischti beriet ihn bei seinem Vorhaben, ein Boot aus einem Stamm zu bauen. Sie prüften Werkzeug für die Aushöhlung des Stammes.

Gabor, Piroschkas Mann, war anders. Als wir am Abend zusammensaßen unter der Laube, die man für mich erneuert hatte, damit ich das Zelt auch übertags stehen lassen konnte, fragte ich in all dem fröhlichen Erzählen auch Gabor, was er denn mache.

Er arbeite im Kernkraftwerk. Quality-control. Man wechselte sofort das Thema.

Als ich am zweiten Morgen weiterzog, war es wieder einmal, als ob ich die Heimat verließe. Pischti hatte Tränen in den Augen und versuchte, mir die Djembe zu schenken, auf der ich in der Session der Nacht am liebsten gespielt hatte. Ich konnte sie natürlich nicht auf das Pferd binden. Er war traurig darüber. Laci bemühte sich, möglichst gelassen dreinzusehen, und Gergö hatte ein Problem damit, dass ich ab sofort keinen Aufpasser mehr hatte. Er wand sich, als ich mich verabschiedete. „Jetzt müssen wir sie schon gehen lassen!“, sagten die anderen.

Wir erreichten die Donau. Ein Feriendorf an einem alten Flussarm. Abweisung nach Abweisung. Irgendwo würden wir auch diese Nacht verbringen. Der Besitzer des einzigen Pferdehofes sah über seine hohe Mauer mit Stacheldrahtaufsatz zu uns herunter, sagte gar nichts, winkte uns nur weiter. Weiter.

Wir verbrachten die Nacht dann direkt am Ufer der Donau, in einem Hausgarten. Die junge Frau erwartete ihr viertes Kind. Sie wolle auch mit einem Pony zum schwarzen Meer ziehen. Der Mann lächelte hilflos. Sie meinte es ernst. Er war erleichtert, als wir den Platz am nächsten Morgen verließen, wie wir gekommen waren.

Am Fährplatz in Gerjen verbrachten wir die darauf folgende Nacht. Es war die erste Bootsfahrt für das Pferd, und ich wollte, dass er genügend Zeit hatte, sich die Ungetüme anzusehen. Die Fährmänner waren wunderbar. Als ihr Dienst am Abend beendet war, luden sie mich ein, doch mit dem Pferdchen aufs Boot zu gehen, jetzt, da alles ruhig war, damit er am nächsten Morgen keine Panik bekomme. Es klappte wunderbar und ich sah der Überfahrt nun gelassener entgegen.

Im Dorf waren wir bereits Gespräch. Und zu meinem Erstaunen wussten sie recht viel. Hier hatte ich ja noch mit fast niemandem gesprochen. Kinder klärten mich auf. Sie hatten uns im Fernsehen gesehen. Vor ein paar Tagen. Ich selbst hatte keine Kamera gesehen.

Männer strichen herum. Das zeitweilige Pech, eine Frau zu sein. Ich bemühte mich also, einen gefährlichen Eindruck zu machen. Keiner kam bis zum Zelt.

Nach der Donau war alles leichter. In Bordany brachte mir der Bürgermeister ein Schaffell für die Satteldecke. Asterix hatte die ersten Druckstellen. Das Fell wirkte Wunder. Er habe es schon eine paar Jahre herumliegen im Haus, das könne ich gerne haben.

Ich lagerte auf dem Gelände eines Kulturzentrums. Einer hatte Sanyi zu mir geschickt. Vorsichtig näherte er sich mit seinen Freunden meinem Lagerplatz. Ich musste die Jungen erst ermuntern, sich zu mir zu setzen, bot ihnen irgendetwas an, was ich gerade hatte. Sie machten Radio im Ort. Sanyi wollte es genau wissen. Er fragte, wie man fragt, wenn man auch aufbrechen möchte. Er half mir, das Zelt aufzustellen, organisierte Früchte für mich, sprach mit dem Bürgermeister, weil ich ein Schaffell für den Sattel des Pferdchens brauchte, und konnte nicht recht glauben, dass ich JEDEN Abend mein Lager errichtete und es JEDEN Morgen wieder abbaute. Dabei noch meine Wäsche waschen musste und das Pferd versorgen und kochen sowieso.

Er erzählte vielen Leuten von mir und Besucher kamen. Sanyi übersetzte. Man brachte mir viel zu viel Essen und der Bürgermeister nahm ein Schaffell aus seinem Haus für mich mit, das brauche er sowieso nicht mehr. „Dein Pferdchen braucht es, und ich brauche es nicht.“ Ich hatte schon ein paar Wochen lang danach gesucht, die Schultern des Pferdchens hatten Scheuerstellen, ein Schaffell, wie kostbar! Wagte kaum, es anzunehmen. Der Bürgermeister bestand darauf, war auch froh, dass sich die Jugend so gut um mich kümmerte.

Am Morgen war Sanyi wieder da. Bis wir marschbereit sind, ist viel zu tun. Der Abbau des Lagers inkludiert komplette Materialpflege, Pferdpflege sowieso. Von Fluchtplätzen abgesehen, täglich. Ich denke, Sanyi wird anders reisen.

In Ülles schlug ich mit meiner Tasche auf einen Mann ein, der unverschämt aufdringlich geworden war. Die Tasche litt darunter, der Mann haute ab und ich musste wieder was flicken.

In Rusza überboten sich die Damen in Gastfreundschaft. Mit dem, was sie zu meinem Zelt trugen, hätte man eine große Familie ernähren können. Und weil die älteren Damen von mir und dem Pferdchen so angetan waren, kam nach und nach auch das halbe Dorf, um mich zu begutachten und zu feiern.

Die Reise durch Ungarn war geprägt von Begegnungen, die immer unvermutet und oft besonders waren. Das Land der Angst, in dem man sich schützte vor allem, was unbekannt war, also auch vor einer durchreisenden, wandernden Frau, dieses Land öffnete sich manchmal ganz plötzlich durch einen Menschen, der vielleicht vergessen hatte, vorsichtig zu sein. Die Begegnungen in Ungarn haben tiefe Spuren in meiner Erinnerung hinterlassen.

Auf dem Weg nach Szeged hielt ich im Park einer kleinen Stadt. Große Bäume boten einen Überlebensraum in der Hitze jener Tage. Was für ein Glück. Einari brachte eben seine Kinder heim, als ich ankam. Staunend kam er zu mir. Jolanda verabschiedete sich gerade von ihrer Kollegin, blieb noch ein bisschen stehen.

Später teilten wir alle meine Decke, Einari und seine beiden Kinder, Jolanda und ein Freund von ihr und die kleine Petra, ein Mädchen, das im Park spielen durfte. Ihre Mutter kam nachsehen, ob ich gefährlich war und ließ sie dann bei uns. Alle brachten Essen und Trinken zu mir. Ein Fest. Die Leute hatten sich untereinander nicht gekannt, andere setzten sich dazu, gingen wieder.

Die Nacht verbrachte ich in Jolandas Hofeinfahrt. Ihre Magd saß schaukelnd auf einem Schemel neben der Kochstatt im Garten. Sie hatte Geld im Haus gefunden und alles in Alkohol umgesetzt, war zwei Tage verschwunden gewesen. Jolanda beschimpfte sie immerzu, „du Nichtsnutz“, und die Magd schaukelte und wimmerte.

Die Küche hatten die beiden Frauen den ganzen Sommer über hier draußen, nur im Winter kochte man im Inneren des Hauses. „Ich bin eine Heilerin“, sagte Jolanda. Ihr Nachbar bestätigte es, dann verließ er uns, weil die Riesengemüseeierspeise fertig war. Die Magd wollte nichts davon. „Das kommt vom Saufen!“, sagte die Heilerin.

Einari wartete schon im Dorf auf mich am nächsten Morgen. Er hatte sich Sorgen gemacht, wie man mit einem Pferdchen durch Szeged kommen könne, gab mir eine Adresse, und er selber werde auch da sein. Das Zentrum der Moon-Sekte in der Stadt. Die hätten einen Garten, da könne ich bleiben, mitten in der Stadt. Einen Tag später war ich dort.

Das Pferd trug auf seinem Gepäck außerdem noch Luzerne, die ich unterwegs gesammelt hatte, so konnte ich ihn in der Stadt füttern. Einari fand mich, als ich mit dem schon besonders aufgeregten Pferd in der Fußgängerzone Kreise drehte. Er habe schon gedacht, dass es leicht sein werde, mich zu finden, lachte er mir entgegen.

Einari war Finne. Und wie in ihrer Gemeinschaft üblich, war ihm seine ungarische Frau zugeteilt worden. Der Meister legt die passenden Fotos zusammen. Er war in diesen Tagen mit der ganzen Familie zu Besuch bei den ungarischen Verwandten seiner Frau, genoss die Hitze jener Tage. Schweißperlen rannen an seinem Gesicht herunter. „Der Winter wird wieder sehr, sehr kalt werden!"

Die Nacht verbrachte ich im tiefen Innenhof der Gemeinschaft, eingeschlossen von hohen Mauern und einem verriegelten Tor. Die zuständige Frau erklärte mir ihren besonders beschäftigten Tagesablauf. Um fünf Uhr morgens werde sie das Tor öffnen. Um sieben sei es wieder zu, da müsse sie zur Arbeit und ich sollte dann eben draußen sein. Ich fragte am Abend noch ein wenig nach, was sie denn mache, wenn sie gerade nicht arbeite. „Ich arbeite immer", antwortete sie, „hier in Ungarn arbeiten wir sehr viel. Wir haben keine Zeit spazieren zu gehen." Sie muss mich für besonders dekadent gehalten haben.

Ich verstand aber nun allmählich, warum es mir in Ungarn oft so schwer gefallen war, gute Wegeauskunft zu bekommen. Ich war in einem Dorf, da holte man die Alten, um herauszufinden, wo der Weg zum Nachbardorf eigentlich sei. Damals fragte ich nach einem Dorf, das nur etwa drei Kilometer entfernt lag. Es gab eine Auto-Straße. Diese Straße führte zuerst zu einer Hauptstraße, dann in ein anderes Dorf und von dort gab es wieder eine Straße in das gesuchte Dorf. Man hatte Autos. Man fuhr einen großen Umweg.

Die Alten lachten. „Die Jungen kennen sich nicht mehr aus!" Hatten ihren Spaß miteinander, tauschten alte Geschichten aus, erklärten mir den alten Weg. Die Jungen staunten. Vielleicht hatten sie vergessen gehabt, dass gleich hinter ihren Äckern ihr Nachbardorf lag.

Als ich zu vereinbarter Zeit mein Pony die vielen Stufen hinauf zum Tor der Moon-Gemeinschaft zog, alles heil hinter uns gebracht hatte, wartete Einari schon auf mich. Er hielt die beschäftigte Dame auf, ihr Gesicht wurde hart, aber offensichtlich konnte man dem Finnen nicht widersprechen, er organisierte eine Urkunde für mich. Ambassadors of Peace. Begleitete mich ein Stück weiter, machte sich Sorgen, wer sich nun um mich kümmern würde. „Ich bin schon so weit gegangen", tröstete ich ihn.

Ich blieb noch zwei weitere Tage in Szeged, lagerte an der Theiß, unter alten Bäumen, auf dem Gelände eines nicht geregelten Bades. Man warnte mich vor den Roma, man erzählte mir Geschichten von der Stadt, man brachte die Kinder zum Pferdchen, das wegen der Hitze und weil es den menschlichen Badenden lange genug zugesehen hatte, mit mir schwimmen ging. Der Fluss. Die kühlenden Bäume.

Die Hitze würde nun endlich vorbei sein, versprach man sich und mir. Also zog ich weiter. Zwei Nächte an einem so öffentlichen Ort waren schon ziemlich gefährlich. Weiter. Die Straßen flimmerten schon vormittags.

Durch die Puszta zog ich zur Zeit einer Hitzewelle, die über ganz Osteuropa lag und Mitteleuropa über viele Wochen in eine heiße und eine nasse Zone teilte. Wochenlang versuchten mich freundliche Leute damit zu trösten, dass die Hitze nun nur mehr zwei Tage dauerte.

Mein Pferd lernte schnell, dass nur mehr unter großen Linden gerastet und gegrast wurde, dass jeder andere Versuch zu einer Zwischenmahlzeit zu kommen, zwecklos war. Ich hantelte mich von Baum zu Baum. Mein treuer Begleiter steuerte bald selbst die guten Schattenplätze an. Er, der trotz Fell und Gepäck mehr Hitze aushalten kann, wusste bald, wann es mir zuviel wurde. Wenn mein Gang unsicherer wurde, bestand er auf den nächsten Baum, knabberte am Gras, ich ließ mich fallen.

Ich war noch nie gut mit Hitze zurechtgekommen. Hier musste ich es lernen. Ich hatte keine andere Wahl, als herauszufinden, wie ich diese Tage überleben konnte.

Die Gegend der Lindenbäume, der großen Bäume überhaupt, hatten wir bald durchwandert. Hätte ich gewusst, dass wir nun einen Landstrich vor uns hatten, in dem trotz fruchtbarer Böden schattige Bäume rar waren, ich hätte mich an einen dieser freundlichen Riesen angebunden und die vielen zwei Tage dort abgewartet.

Eine Hausmauer, Kirchenmauer in einem Dorf konnte auch Rettung sein. In diesem Teil Ungarns sperrte man sich aber gut ein. Zäune, Mauern zur Straße, Absperrungen, Gitter.

Ich gewöhnte mich daran, besonders früh aufzubrechen, noch im Dunkeln das Gepäck zu richten, das Zelt abzubauen, das Pferd zu versorgen. Wir würden einen Tagesplatz finden. Wir würden nicht zu den Hitzetoten dieser Tage gehören.

Die ersten Stunden nach Sonnenaufgang waren zum Wandern noch möglich. Um neun Uhr würde es an die vierzig Grad haben und dann bald darüber klettern. So kamen wir ein paar Stunden, ein paar Kilometer weiter.

Tag vierundsechzig. Ein besonders heißer Tag. Es gelang uns, um neun Uhr vormittags ein Dorf zu erreichen. Ich sah mich um. Kein Park. Ein winziger Platz um die Kirche, nur Sträucher und sowieso schwer vergittert. Rund um das Dorf kilometerweit nur Äcker und Steppe. Keine Bäume, die ich von der Hauptstraße aus sehen konnte.

Das Dorf hatte einen kleinen Lebensmittelladen. Ich band das Pferd an, betrat das Geschäft, wandte mich an die Verkäuferin. „Ich brauche Schatten für eine Rast, habe ein kleines Pferd dabei." Ich wies auf die Tür. Andere Kunden bestätigten, ja, da stehe ein wunderschönes kleines Pferdchen vor der Tür. „Gibt es vielleicht einen schattigen Platz, wo wir ein paar Stunden bleiben können. Es ist heiß."

Sie dachte angestrengt nach. Die Kunden überlegten mit ihr. Dann lächelte sie mich an. „Ja. Im nächsten Dorf, zweiundzwanzig Kilometer weiter, da gibt es Schatten. Da können Sie gut Pause machen.“

Ich schluckte. „In zweiundzwanzig Kilometern gibt es Schatten?“ Sie lächelte noch immer. Die Klimaanlage im Laden surrte. „Ja, in zweiundzwanzig Kilometern.“ Ich verließ den Laden. Jetzt war mir nicht von der Hitze übel.

Die aufkeimende Verzweiflung verscheuchend zog ich durchs Dorf. Es musste einen Platz geben. Wir würden einen finden. Am Ende einer Staubstraße konnte ich Baumspitzen sehen, wir gingen um eine Ecke, standen vor einem kleinen Stück Wildnis. Das Laub der Bäume war nicht dicht. Es würde heiß werden darunter. Aber immerhin. Ich würde um Wasser betteln und mit Hilfe des Wassers, das in meinem Wassersack schnell heiß wurde und mittels der Techniken, die ich gelernt hatte, um meinen Kreislauf aktiv zu halten und keinen Hitzestau aufkommen zu lassen, würden wir das überstehen und dann käme die Nacht. Vielleicht könnte ich schlafen, dann wäre es leichter. Das Pferdchen war zufrieden. Unter den Bäumen gab es reichlich ausgewachsenes Gras. Hier mähte man nicht.

Ich spannte Tücher, um den Schatten etwas dichter zu machen, fand einen Menschen, der mir seinen Gartenzaun öffnete und uns mit Wasser versorgte. Das Pferd soff einen Kübel leer und ich kroch an die dunkelste Stelle. Der Baumstamm, die Tücher, das wenige Laub hoch darüber, das in der Hitze flimmerte.

Es gab also Schatten in diesem Dorf. Ich hatte ihn gefunden. Der schwerste Teil des Tages war geschafft.

Ich döste über die langen Stunden des Nachmittags. Am Abend kannten mich die Leute der umliegenden Häuser. Einer schenkte mir zwei Gaskartuschen, er brauche sie nicht mehr, habe jetzt andere Geräte. Eine Frau lud mich in ihr Badezimmer. Ihr Mann brachte mir Früchte und Mineralwasser aus dem Kühlschrank. Ich erinnere mich kaum an ihre Gesichter, erinnere mich gut an ihre Gesten. Der Kreislauf war o.k., die Sinne aber waren dumpf.

Am nächsten Tag gelangten wir an die Maros. Der Fluss, dem wir seit ein paar Tagen und mit ein paar Kilometern Abstand gefolgt waren, war unsere Rettung. Leute bei einem Pferdehof hatten mir gesagt, es sei kein Problem, dort zu campieren, da sage keiner was.

Ich hatte es immer zu vermeiden versucht, wild zu lagern, brauchte einen Grundbesitzer und eine Erlaubnis, viel zu anstrengend ist es, von der Polizei gecheckt und vielleicht vertrieben zu werden. Ich war erst zwei Monate unterwegs, lernte erst allmählich, die Wichtigkeiten zu reihen.

Die Maros, die ein paar Kilometer weiter Mures heißt und von dort kommt. Aus Rumänien. Dichte Bäume säumten den Fluss, der mit guter Strömung floss. Unübersehbar kam er aus einem Land, das die Müll- und Dreckentsorgung einfach löste.

Die Maros. Zahlreiche Fischerplätze säumten sie auch. Plätze mit Feuerstellen, Abstiegshilfen zu den Booten. Die alten Bäume. Das Wasser. So muss sich die Ankunft im Paradies anfühlen. Ich wählte den besten Platz. Das Pferd würde ich immer wieder für eine Weile „draußen" zum Grasen anpflocken und vielleicht ein bisschen Heu klauen von den Ballen, die gut getrocknet auf der Wiese des Dammes lagen. Oder kaufen. Ich würde hier bleiben. Kein Besitzer oder Polizist könnte mich in die brütende Hitze schicken, in den Radios warnten sie mehrmals täglich vor den Gefahren dieser Temperaturen für Mensch und Tier. Die Zahl der Toten stieg noch immer.

Ich packte das Pferdchen ab, klaute Heu, ließ alles liegen und stürzte mich ins Wasser. Es war warm, aber wenn man sich eine Weile in die Strömung hängte, kühlte die Körpertemperatur ab. Es war herrlich.

Endlich kamen Fischer nachsehen, wer da fremd bei ihnen lagerte. Sie ließen mit sich reden. Kein Problem. Keine Frage. Bei dieser Hitze dürfe ich nicht raus und die Feuerstelle könne ich auch benutzen und das Holz auch, das fein gestapelt daneben lag. Ich beschloss, mir selber welches zu finden, bedankte mich und blieb ein paar Tage dort.

Es sprach sich schnell herum. Eine Frau. Allein. Am Fluss. Schon am zweiten Tag war klar, was das Thema der männlichen

Bevölkerung des dazugehörigen Dorfes war. Man hütete seinen Ruf. Sorgfältig achteten sie darauf, nicht allzu freundlich zu mir zu sein. Selbst die, die mich so freundlich begrüßt hatten bei meiner Ankunft, hielten Distanz. Gesprochen wurde nur mehr, wenn einer allein kam, waren sie zu zweit, wünschte man mir einen guten Tag und ging rasch vorbei. Waren sie zu dritt, fiel auch der Gruß weg.

Die Kinder wollten mich besuchen. Die jungen Träumerinnen wollten mich kennenlernen, mir Geschenke bringen. Ich bekam Briefe aufs Zelt gelegt, Armbänder gebastelt.

Zwei Mädchen brachten ihr Englisch-Schulbuch mit. Wir hatten einen Riesenspaß, zur Kommunikation war es völlig unbrauchbar. Männer brachten ihre Töchter zu mir. Parkten in geziemendem Sicherheitsabstand von wenigstens fünfzig Metern und holten ihre Kinder nach einer Stunde wieder ab.

Ein Mädchen zeigte mir Strömungsschwimmen. Wo der gute Startplatz war und wo man auch wieder hinauskam. Die Kraft eines Flusses.

Frauen kamen gar nicht ans Wasser, mieden mich auch auf unseren kurzen Gängen ins Dorf. Zweimal täglich wanderten wir zum Brunnen, versorgten uns mit Trinkwasser. Ich hielt erst meinen Kopf unter den Wasserstrahl. Dann war ich kräftig genug, das Pferd zu versorgen. Dann der Wassersack. Nach ein paar Stunden würde der Inhalt Lufttemperatur erreicht haben und mein Trinkwasser war heiß.

Es waren stille Tage. Bald verkürzte sich die Wartezeit auf die Wetteränderung auf „vielleicht morgen". Ein paar Tage lang „vielleicht morgen". Wenn die Körpersäfte zäher zu fließen begannen, die Mattheit überwinden und im Fluss wieder erwachen. Und Kaffee in kleinen Schlucken. Immer ein bisschen Kaffee.

Ferenc war anders. Ferenc sprach mit mir. Er hielt es schwer aus, dass ich ganz allein da draußen war. Er, der davon träumte, alles normale Leben zu lassen und in einer Wildnis zu leben, gab es bald auf, mich wie eine Unberührbare zu behandeln. Er hatte Ärger zuhause. Vielleicht meinetwegen.

An einem Tag brachte er mir kühles Bier, entschuldigte sich, dass es nach der kurzen Autofahrt schon zu warm war. Ich fand es köstlich. Wir tranken an der Feuerstelle, sprachen kaum, dann verabschiedete er sich wieder.

An einem anderen Tag winkte er mich auf sein Boot. Er wolle mir die Maros zeigen. Wir fuhren ein Stück flussauf, tranken Bier auf einer Sandbank, verständigten uns mit Gesten und Zeichnungen im Sand, mein Ungarisch war für Gespräche übers Leben unbrauchbar, fuhren zurück zum Pferd, das mich schon sehnlichst erwartete.

An einem anderen Tag brachte er mir Mais von den Feldern, den könne ich hier braten. Den Fisch hatte ich abgelehnt. Er nahm mein Wörterbuch. „So sollte man leben!“ Er wies auf meine Wäscheleine, die ich quer über den Platz gespannt hatte. Er erzählte von seiner Firma, von seiner Familie, von seiner Liebe zur Maros. Nur im Winter kam es vor, dass er einmal nicht herauskommen konnte.

Wieder nahm er das Wörterbuch, suchte, fand das Wort, zeigte es mir. Neid.

Dann wechselte das Wetter. Das so ersehnte Gewitter kam mit einem Sturm. Wir packten. Zogen los. Windgeschüttelt zogen wir am Damm weiter. Der tobende Himmel. Das phantastische Wolkenspiel bevor es losgeht.

Am Abend lagerten wir in einem ungarischen Grenzort hinter Baracken mit gesplittertem Glas und quietschenden Türen, die aufgerissen wurden und wieder zugeschlagen. Einen Teil konnte ich fixieren.

Der Sturm zwischen den Baracken. Ich konnte das Bild eines Arbeitslagers nicht aus meinem Kopf vertreiben. Der Ort löste ein stilles Entsetzen in mir aus. Der Wind tobte und noch immer fielen keine Regentropfen.

Wir liefen eine Runde durchs Dorf. Die Leute duckten sich weg, wenn sie uns sahen. Wir liefen zurück zum Zelt, zu den Baracken.

Als es dunkel wurde, ging es los. Der Platz war gut gewählt, die Wassermassen flossen am Zelt vorbei. Asterix hatte einen Baum, der ihm Sicherheit bot. Kein Hausdach, Stall oder ähnliches kann da mithalten. Die Kruppe zum Stamm eines kräftigen Baumes gewandt, die Ohren angelegt, den Schweif angezogen. So verbringt er Gewitter und kräftige Regengüsse am liebsten.

Es ging uns gut. Bei dem Wetter würde uns keiner stören.

Am Morgen kamen Leute nachsehen. Sichtlich erstaunt, eine Frau allein mit Pony hinter ihren Baracken zu finden, verschwanden sie sofort wieder, holten einen hierarchisch Bedeutenderen, der sich vorstellte und die Standardfragen stellte, froh war, dass ich in guter Verfassung war, trotz Gewitter und gefährlichem Alleinsein.

Wir mussten durchs Dorf, um an die ungarisch-rumänische Grenze weiterzuwandern. Marktfrauen liefen uns nach, beschenkten uns mit Früchten und Gemüse. Ich nahm, was wir tragen konnten. Sie hatten ein Fest mit uns. Und wir feierten auch.

Ein würdiger Abschied von diesem Land, das ich so lieb gewonnen hatte, das uns immer wieder besondere Herzlichkeit und Gastfreundschaft entgegengebracht hatte.

Rumänien lag vor uns. Ich legte das ungarisch-deutsche Wörterbuch auf eine Parkbank. Herzklopfen auf den letzen Kilometern vor der Grenze.

Tag siebzig. Die Wanderung zur Grenze. Unbebautes Land. Äcker. Wiesen. Die Straße. Ich hatte, wie immer den verkehrsreichen Straßen ausweichend, einen kleinen Grenzübergang gewählt. Die beiden Grenzgebäude.

Würde ich Probleme wegen des Pferdchens haben? Unsere Pässe waren in Ordnung. Veterinärgesetze ändern sich aber oft kurzfristig. Wenn man uns eine Quarantäne aufzwang, würden wir das auch überstehen. Und was Schlimmeres fiel mir nicht ein. Ich malte mir kurz aus, wie es wäre, zwei Wochen hier irgendwo auf das O.K. eines Amtstierarztes zu warten, ließ diese Bilder fallen und ging neugierig weiter.

Das ungarische Haus. Sie waren fröhlich, hatten ihre Freude daran, dass wir durch ganz Ungarn gewandert waren und dass sie doch hofften und glaubten, dass es uns in Ungarn gut gegangen war. Einer machte Fotos. Der Chef musste sich zum Pony stellen. Breites Lächeln.

Wir verabschiedeten uns. Ihre Mienen veränderten sich, sie sahen sorgenvoll zur rumänischen Station hinüber, bedachten mich mit Glück- und Segenswünschen, sahen uns nach. Die Fröhlichkeit war weg.

Ich beschloss, mich nicht irritieren zu lassen, bedankte mich still bei all den wunderbaren Menschen, die mir in Ungarn begegnet waren und ging hinüber nach Rumänien.

Leute kamen aus dem Amtsgebäude, sahen uns, liefen zurück ins Haus, andere kamen. Mein Pferdchen blieb stehen und machte einen Haufen, der landete mitten auf der großen Fahrstreifenmarkierung CD.

Wir gingen weiter. Als wir an der rumänischen Grenzstation angekommen waren, war der Platz schon voll von uniformierten Männern und Frauen. Sie waren begeistert vom bepackten Pony, lachten und tätschelten ihn.

Einer versuchte, möglichst ernst auszusehen, sah sich unsere Pässe an. Ganz offensichtlich hatte er nie zuvor einen Pferdepass in den Händen gehabt. Er begutachtete ihn sorgfältig, grinste, sagte etwas zu seinen Kollegen. Alle grinsten. Scherze gingen hin und her.

Ich verstand noch kein einziges Wort Rumänisch. Selbst das Wort für „Danke“ hatte ich versucht zu lernen und wieder vergessen. Es ist übrigens ein Monsterwort für Deutschsprachige.

Dann Fragen. Ich zuckte hilflos mit den Schultern. Einer der Männer trat zu uns. Er sprach englisch. Gut, diese Hürde hatten wir. Woher. Wohin. Wie lange. Zu Fuß von Österreich bis hierher??

Sie hatten ein Fest mit mir. Die ernsten Mienen hielten nicht. Man holte Fotoapparate und Mobiltelefone. Der Chef, der noch immer den Pferdepass auf den unwichtigen Seiten untersuchte – bis zu den Impfungen kam er gar nie – setzte wieder eine strengere Miene auf. Und so wolle ich weiterwandern? So? Zu Fuß? Durch

Rumänien? Durch ganz Rumänien?? Ich lachte. Ja, wenn alles gut geht, schon.

Jetzt gab er den Pferdepass seinen Kollegen, ging ins Gebäude, kam mit seinem Telefon zurück, grinste, als er uns fotografierte. Dann musste ein anderer ein Bild von uns dreien machen. Mein Pferd hatte längst genug. Asterix lief im Kreis.

Wir bekamen die Pässe zurück. Sie klatschten, brachten mir bei, wie man sich in Rumänien verabschiedet, winkten mir nach, machten Fotos von unseren ersten Schritten in diesem Land. Ihre fröhlichen Stimmen begleiteten uns noch ein Weilchen.

Ein Autofahrer hielt mich später auf. Hier in Rumänien müsse ich links gehen. Ich bedankte mich, tat, was man hier anscheinend tun musste und ließ es bald wieder. Mit einem Pferd an der Hand kann man nicht bei jedem Auto in den Graben springen, und das wird links erwartet, rechts sind es die anderen Verkehrsteilnehmer, die ausweichen und reagieren müssen.

Dann war es Zeit für eine Rast. Ich wählte ein ungenutztes Wiesenstück neben einem Kanal. Wenig Schatten, aber das ging schon.

Ein Schafhirte und sein Sohn sahen mich von Weitem, ließen ihre Tiere allein, setzten sich in großem Respektabstand ins Gras. Ich bot ihnen Melone an, ein Geschenk der ungarischen Marktfrauen. Sie lehnten ab. Ein Gespräch. Ich lernte die Worte für Wasser und Pferd. Das Pferd solle ich zum Wasser im Kanal führen, das müsse bestimmt was trinken.

Später ging ich weiter, kam an einem gerade verlassenen Rastplatz vorbei. Auf einem Plätzchen am Straßenrand lagen Pizzaschachteln, Plastikbesteck und Becher, Servietten, Essensreste, Getränkedosen. Alles wohl platziert. Die Speisenden hatten sich nicht die Mühe gemacht, etwas erst wegzuwerfen. Sie mussten vom Boden aufgestanden sein wie von einem Tisch im Restaurant, wo es mitunter als unfein empfunden wird, die Teller zu stapeln. Die Straße. die Maisfelder. Die Schafe und Hirten in der Ferne. Der Wind spielte mit den Pizzaschachteln.

Wir bogen von der Hauptstraße ab. Auf der Nebenstraße kam ein Pferdewagen. Mein kleines Pferdchen war begeistert. Endlich

Pferde! Asterix liebte Rumänien von Anfang an, hier konnte er sich öfter mal unterhalten oder zurückgewiesen werden. Hauptsache Begegnung mit der eigenen Art.

Der Mann auf dem Kutschbock hielt an. Sein Pferd war ein wenig beunruhigt. Das sollte später noch schwieriger werden. In Rumänien ist man an den Anblick von Ponys nicht gewöhnt. Die großen Pferde hielten Asterix oft für ein gefährliches Monster, gingen manchmal seinetwegen durch. „Der frisst dich doch nicht!" Ein Standardsatz der Kutscher, die alle Hände voll damit zu tun hatten, sich und ihre Ladung zu sichern.

Der Mann stellte Fragen, und nur weil ich vermutete, dass diese hier in der etwa gleichen Reihenfolge wie in Ungarn gestellt wurden, antwortete ich halbwegs passend.

Er bot mir an, auf die Kutsche zu kommen und das Pferdchen hinten anzubinden. Ich lehnte ab. Er bestand darauf. Also versuchte ich es. Das Zugtier fiel in einen langsamen Trab. Viel zu flott für die Beine eines bepackten Ponys. Wir hielten an. Ich band das Pferd los, froh, wieder unser gemütliches Reisetempo zu haben.

Die ersten Stunden in Rumänien. Jetzt freute ich mich auf dieses Land.

România. Rumänien.

Das Banat. Das Vielvölkerland. Ungarn, Deutsche, Serben, Roma und Rumänen. Wenn man mir gerade glaubte, dass meine Muttersprache Deutsch ist, hatte ich es meistens leicht.

Die Ungarn sind fleißig, sprechen aber leider nicht richtig rumänisch. Die Roma stehlen die Wäsche und das Werkzeug. Die Serben sind ganz in Ordnung. Die Deutschen haben die schönen Dörfer bewohnt, sind aber leider fast alle weggegangen … Im Banat, im Osten Rumäniens, teilt man jedem der Volksgruppen klare Eigenschaften zu. Und auf diese Weise kommt man offensichtlich gut miteinander zurecht.

In ganz kleinen Dörfern gab es im Schnitt drei Gotteshäuser. Meistens standen sie auch ganz dicht beisammen. Und wenn also sonntags die Menschen zum Gottesdienst strömten, teilten sie sich auf diese Gebäude auf. Und danach traf man sich wieder auf dem Platz.

Adrian, ein rumänisch-orthodoxer Pope. Er sei mit seiner Frau aus Siebenbürgen hierher gezogen, erzählte er mir. Nach dem Exodus der Deutschen füllten sich hier die Dörfer neu, man brauchte auch Priester. Adrian sprach mit einer Mischung von mindestens zehn Sprachen mit mir. Er könne von jeder Sprache nur ein bisschen, erklärte er mir auf Russisch-Italienisch-Ungarisch. Das sei aber gut so, wegen der vielen Volksgruppen hier, sagte er auf Rumänisch, Deutsch und Serbisch (wie ich vermutete). Er verabschiedete sich später französisch-spanisch und wollte noch wissen, wie man das denn in Österreich sage. Gute Nacht.

Bevor er meinen Lagerplatz zwischen seinem Haus und der Straße verließ, stellte er mich noch seinem Nachbarn vor, der mir seine Dusche im Hof anbot. Der Pope war begeistert von der Gastfreundschaft seines Nachbarn und erbot sich, inzwischen auf das Pony aufzupassen. Ich beeilte mich und man zeigte mir einen Verschlag aus Stoffen. Wunderbar. So nah an der Straße wäre eine Dunkelheitswäsche neben dem Zelt schon recht mühsam gewesen. Die Frau des Hofes lächelte und verschwand. Es kam mir irgendwie komisch vor. Egal. Nur beeilen. Man wartete auf der Straße auf mich.

Als ich mich wieder anzog, waren plötzlich Hände zwischen den Stoffvorhängen. Ich trat zurück und der Mann lächelte mich entschuldigend an. Er wolle mir nur helfen, ging wieder, kam einen Augenblick später zurück und versuchte, mich zu küssen. „Nur ein bisschen Liebe“, sagte er. Ich stieß ihn weg, knöpfte mein Hemd zu und war schon draußen. Wieder ging die Frau über den Hof, lächelte mich freundlich an und verschwand hinter einer Tür. Nur weg hier!

Auf der Straße waren nun viele Leute, der Pope erzählte ihnen alles was er wusste, bedankte sich dann bei dem lieben Nachbarn, dass er so gastfreundlich sei. Der lächelte geehrt.

Nachts legte ich das Messer griffbereit neben meinen Kopf.

Piroschka. Sie war die letzte Ungarin in ihrem kleinen Dorf im Banat. Darum nannte man sie dort auch nicht Piroschka, sondern „die Ungarin". Im Gemeindeamt hatte man mich auf das Gelände einer verlassenen Schule geschickt, einer deutschen Schule. Nach dem Exodus der Deutschen war auch dieses Dorf verwaist. Man war gastfreundlich, hatte keine Angst vor mir. Piroschka kam lächelnd zu mir, setzte sich auf die schattigen Stufen der Ruine und brachte mir Rumänisch bei. Alle gängigen Tierarten schrieb ich auf und dann die Früchte. Piroschka kontrollierte die Rechtschreibung, freute sich, wenn ich es richtig aussprechen konnte. Ich kochte Kaffee und wir teilten Kekse. Sie lachte immerzu. Sie ging zurück auf ihren Hof und kam später wieder, lachte mir schon von Weitem entgegen.

Ekaterina war Pförtnerin im Gemeindeamt ihres Dorfes. Sie arbeite an sieben Tagen in der Woche jeweils zwölf Stunden. Von sieben Uhr früh bis sieben Uhr abends. Dann komme ihr Kollege, der die zwölf Stunden der Nacht übernehme. Als ich sie fragte, was denn passiere, wenn sie mal krank sei, wich sie aus. Diesen Fall durfte es eben nicht geben. Sie lud mich zu sich nachhause ein. Teilte dieses Haus mit einer jungen Familie und einem alten Herrn, den ich nicht zu Gesicht bekam.

Ekaterina gab mir eine Klopapierrolle für das Plumpsklo im Hof, bat mich, sie dort nicht liegen zu lassen, die anderen verwendeten sie sonst. Später holte sie mich ins Haus. Ich könne mich dort waschen. Sie machte Wasser auf dem Gasherd heiß und richtete mir eine Waschschüssel in ihrem Wohnzimmer, legte Handtuch und ein Stück Seife dazu, zog über bereits zugezogene und dichte Vorhänge noch einen weiteren Vorhang, schaltete mir den Fernseher ein, löschte das Licht und versperrte von außen die Türe. Sie würde wiederkommen und diese Türe öffnen, wenn ich dort anklopfte. Ich sei jetzt sicher, sagte sie noch und setzte sich auf die Veranda vor jener verschlossenen Tür. Ich wusch mich im Schein einer rumänischen Fernsehserie.

Saravale. Ein Dorf unweit der ungarischen und der serbischen Grenze. Es war ein heißer Tag. Am frühen Nachmittag erschöpft, war ich froh, endlich ein Dorf zu erreichen. Wir brauchten Schatten und Wasser fürs Pferd. Ein stilles Dorf. Sandstraßen. In einer Art Zentrum standen drei Kirchen, nur wenige Häuser darum, kaum Leute auf den Straßen, und die waren zu flüchtig, um angesprochen zu werden.

In den winzigen Parks um die Kirchen gab es Bäume, aber diese Plätze waren gut versperrt. Mauern und Gitter. Ich blieb also einfach auf dem Platz stehen, ganz allein im staubigen und hitzeflimmernden Zentrum mit meinem müden Pferdchen an der Hand.

Die Dringlichkeit der Bedürfnisse reihen: Wasser. Schatten. Pausenplatz. Das Pferd musste abgepackt werden. Also zuerst einen Menschen finden, der mutig genug war, sich von mir ansprechen zu lassen. Das rumänische Wort für Wasser wusste ich schon. Hier im Grenzgebiet ging es auch manchmal mit Ungarisch. Sonst einfach deutsch reden.

Im Banat gibt es noch deutsche Volksreste. Ich stieß immer wieder auf deutsche Siedlungen, die recht verwaist noch immer den einen oder anderen Deutschen beherbergten, Menschen, die dageblieben waren, weil sie nicht wussten, was in Deutschland schon besser sein könnte. Hier hätten sie ja alles. Die Felder, das Federvieh, die Kuh, den Garten und ein oder mehrere Häuser.

Ein Mann fuhr auf seinem Rad vorbei, sah mich an. Unsere Blicke begegneten sich. Er fuhr weiter und drehte dann um. Ich grüßte ihn, er erwiderte den Gruß. Ob ich katholisch sei, fragte er. Ich zögerte, war mir nicht sicher, ob ich ihn richtig verstanden hatte. Die Kirche da vorne, das sei die katholische und wenn ich wolle, könne er den Schlüssel organisieren.

Ich sprach mit Asterix, staubige Straßenkreuzungen waren gerade nicht sein Lieblingsplatz, er zog an der Leine, wollte weg. Nach gut zwei Monaten Wanderung wusste er noch nicht, dass es eben oft Menschengespräche braucht, um zu einem guten Lagerplatz zu kommen. Nach ein paar weiteren Wochen wusste er es und nicht lange darauf, hat er selbst angefangen – auf Pferdeart

– mit Menschen zu verhandeln, wenn er die Zeit für eine Rast für gekommen hielt. Übrigens meistens erfolgreich.

Der Mann hörte mich also sprechen und fragte, ob ich Deutsche sei. Nein. Ich bin Österreicherin. Er fragte noch, ob ich denn dann deutsch spreche. Dann bedeutete er mir zu warten. Wir standen in der Sonne. Die Temperatur war weiter gestiegen. Es musste an die vierzig Grad haben. Ich setze mich auf die Stufen eines Hauses am Straßenrand, zu erschöpft, um mir Gedanken über Privatgrund zu machen. Die Tür hinter mir ging auf. Eine Frau. Sie winkte mich hinein. Ich zögerte. Das Pferd. Das solle ich dort anbinden.

Es war eine Bäckerei. Nichts von außen Sichtbares deutete darauf hin. Viele Brotlaibe in gleicher Form und Größe stapelten sich hinter einem strahlenden Mann. Er nickte mir zu, nahm einen Brotlaib und gab ihn mir.

Ich brauchte Brot, hatte aber nicht damit gerechnet, hier welches zu finden. Er nahm kein Geld dafür. Ein Geschenk.

Draußen wartete schon Georg auf mich, nickte zufrieden über das Brot in meiner Hand. Er sprach ein paar Worte deutsch, streute sie wie Würze in seine Rede. Er hatte den Schlüssel für die katholische Kirche. Ich nahm das Pferd und folgte ihm. Im Vorgärtchen der Kirche stand dürres Gras, ein wenig Schatten, nicht dicht genug, um Kühlung zu bieten. Mein Pferd war für eine Weile versorgt. Als Georg das Schloss des Kirchenportals öffnete, überlegte ich kurz, ob das unser Mittagsplatz werden könnte. Nein. Ich brauchte echten Schatten.

Jetzt seien nur mehr drei Leute im Dorf für diese Kirche. Georg entschuldigte sich für die Wasserflecke. Den Glockenturm, den hätten sie mit Spenden aus Deutschland herrichten können. Aber es sei ja keiner mehr da. Er zog die Schultern hoch, seufzte.

Wir gingen wieder hinaus. Ich brauchte Wasser. Er führte mich zum Brunnen, den ich vorher nicht entdeckt hatte. Das Pferd soff ein paar Liter und dann kam die Polizei.

Die Männer musterten uns und Georg gab ein paar Informationen weiter. Er hatte die Grundfragen ja schon gestellt. „Dokumente!“ Sie untersuchten meinen österreichischen Pass, fingen ungläubig immer wieder neu damit an, verglichen ihn mit irgendwelchen Listen oder Bildern im Polizeiauto, musterten mich wieder durch das Wagenfenster. Dann kam Elli.

Das Aufsehen, das wir mitten in ihrem stillen Dorf erregt hatten, war ihr sichtlich unangenehm, längst flanierten andere Dorfbewohner vorbei, beäugten uns und den Polizeieinsatz aus den Augenwinkeln, verschwanden, kamen mit anderen wieder, gingen wieder an der Szene vorbei.

Elli reichte mir die Hand. „Ich bin Deutsche. Was ist das Problem? Kann ich helfen?“ „Nein, alles in Ordnung. Die Polizei überprüft nur meine Papiere.“

Die Polizisten waren bis zu unserem kurzen Gespräch offensichtlich davon ausgegangen, dass mein Pass gefälscht sein müsse. Dass ich mit der Deutschen in ihrem Dorf in deren Sprache reden konnte, verblüffte sie.

Elli sprach nun mit ihnen, übersetzte dann. Ich solle nachhause gehen. Zurück nach Österreich. „Das haben mir die Polizisten erklärt. Du sollst nachhause gehen.“

Ich schüttelte den Kopf, lachte und wies nach Osten. „Nein, wir gehen da lang. Wir wandern jetzt durch Rumänien.“

Die Polizisten besprachen sich. Wir standen noch immer in der Sonne und nun hatte ich genug. Wir seien müde, bräuchten Schatten und das Pferd müsse endlich abgeladen werden. Ich bekam meinen Pass zurück. In einer Seitenstraße standen Zwetschkenbäume. Kein perfekter Platz bei diesen Temperaturen. Das Laub dieser Bäume ist nicht dicht genug. Linde oder Nussbaum gab es an der Straße aber nicht. Ein wenig Gras. Wir hatten eine Hitzewelle in der ungarischen Puszta überlebt, das hier würde schon gehen. Ich packte das Pferd ab.

Die Polizei war uns gefolgt, beobachtete mein Tun, besichtigte mein Gepäck, ohne es zu berühren. Elli war nervös. Auf der anderen Straßenseite gingen Dorfleute auf und ab.

Uns war alles egal. Das Pferd nahm sich gleich das Gras vor, ignorierte allen Tumult und ich breitete ein Tuch unter dem dicksten Baum aus, lehnte mich an seinen Stamm. Für den Augenblick war alles geschafft. Ich hatte sogar Brot. Später, wenn ich mich ein wenig erholt hatte, würde ich essen.

Die Polizei war noch nicht fertig mit mir. Mein Messer. Ich trage unterwegs immer ein gutes Messer am Gürtel, das ist mir Universalwerkzeug für alles Mögliche. Ich solle das Messer verstecken, übersetzte mir Elli. Ich begriff nicht, warum für die Polizei ein verstecktes Messer besser war, schrieb mein Unverständnis meinem müden, heißen Kopf zu und legte gehorsam mein Hemd darüber.

Etwa eine Stunde später zog Elli mich in ihren Garten. Wir fanden einen Platz, an dem ich bleiben und auch die Nacht verbringen konnte. Ein Nussbaum, ein schmaler Wiesenstreifen zwischen Gemüsegarten und Maisfeld. Das gehöre alles ihnen und wenn das Pferd ein paar Maisstauden erwische, das mache gar nichts.

Die Polizisten waren endlich fertig mit mir. Sahen mich noch einmal voll Zweifel, Sorge und Unverständnis an. Sie hielten mich für eine Verrückte. Das war nicht zu übersehen.

Ich solle gut aufpassen. Es gebe nicht nur gute Leute, es gebe auch schlechte. Sie nickten mir zu, verabschiedeten sich von Elli und fuhren los.

Christian. Ihn sehe ich auf dem Dach seines rumänischen Hofes herumklettern. Der junge deutsche Mann mit den strahlenden Augen, der ein Klavier und eine Gitarre hatte und Träume, in die er sich fröhlich stürzte. Nachdem er ein Wirtschaftsstudium abgeschlossen hatte, hatte er sich gefragt: Und, was machst du damit? Weil er keine Antwort wusste, studierte er eben noch Philosophie und als er das auch abgeschlossen hatte, stellte er sich diese Frage wieder, und weil ihm wieder keine Antwort einfiel, kaufte er diesen Hof im Banat und renovierte und lachte und lernte Rumänisch.

Die Wasserstelle für die Tiere am Eingang eines Dorfes im Banat. Ich führe mein Pferdchen an die Tränke. Fünf Planwagen kommen angefahren. Julian ruft mir schon vom Kutschbock aus etwas zu. Er will vieles wissen. Er und seine Familie steigen ab. Julian ist begeistert, dass ich barfuß bin. Er lacht, sagt den anderen, ich sei eine von ihnen, ich gehe ohne Schuhe. Er schlüpft aus seinen Sandalen, bietet sie mir an. Ich habe Schuhe. Unübersehbar baumeln sie auf dem Gepäck auf dem Pferdchen. Mein Gepäck wird inzwischen von seinen Kindern gecheckt. Er pfeift sie zurück. Sie gehorchen sofort. Julian bietet mir noch einmal seine Sandalen an, lacht dann und wirft sie auf den Kutschbock. Jetzt sind wir alle barfuß. Mein Pferd hat genug Wasser gesoffen und ich verabschiede mich. Er meint noch, dass ich ihm das Pony verkaufen solle, wünscht mir dann eine gute Reise und vielleicht begegnen wir uns noch einmal, sie fahren durch Rumänien. Er beschreibt mit seinen Händen einen Kreis. Ja, vielleicht.

Die Karpaten. Nach den vielen Wochen in der Ebene sah ich Berge in der Ferne. Die Ausläufer der Karpaten. Was für ein unbeschreiblicher Anblick. Endlich wieder Berge! Das Pferdchen vergaß zu grasen, stand neben mir und schaute. Da vorne endete die Tiefebene. Da vorne gab es wieder Täler und Höhen, Übergänge, Bäche, Wälder, dahinter die hohen Gebirgszüge. „Bald, mein Freund." Asterix teilte meine Freude.

Die Holzfäller. Wir irrten bei strömendem Regen durch einen Wald. Der eingeschlagene Weg wurde immer schwieriger. Wir gelangten auf eine Lichtung. Zwei Hütten. Menschenstimmen.

Unter einem freistehenden Dach saßen und standen Männer an langen Holztischen, ein anderes freistehendes Dach mit einer ungenutzten Feuerstelle war daneben.

Ich steuerte mit dem Pferdchen darauf zu. Das Regenzeug hielt längst kein Wasser mehr vom Körper ab. Wir waren nass, müde und hungrig. Vorbei an den Männern sah ich sie fragend an, wies auf das zweite Dach. „Ja. Natürlich." Wir stellten uns unter, ich befreite mich vom durchnässten Regenzeug, sattelte das Pferd ab.

Die Männer beobachteten uns, gingen in die Hütte, kamen wieder heraus. Dann kletterte einer in den Schuppen, brachte Heu für Asterix. Ich breitete die Regendecke über das Pferd und band ihn so, dass er zum Heu unter Dach oder hinaus zum Gras konnte. Er sollte sich gut erholen.

Ich hatte noch Essen in meinen Taschen, nahm es, ging zu den Männern, fragte, ob ich mich an den riesigen Tisch setzen konnte. Ja, sicher. Ja, bitte.

Sie waren höflich und sichtlich irritiert, dass da eine Frau bei dem Wetter aus dem Wald zu ihnen gestolpert war. Man war bemüht, mich nicht anzusehen. Der Chef sagte, man solle mir zu essen geben. Käse, Tomaten und Brot lagen auf dem Tisch. Ich hatte ja selbst genug an diesem Tag, lehnte ab. Sie bestanden darauf. Wir seien in Rumänien. In Rumänien lade man die Fremden zum Essen ein.

Ich nahm also an. Sie entspannten sich sofort. Die Mutigsten wagten, mir Fragen zu stellen. Ich meinerseits konnte fragen, wo wir denn eigentlich waren und ihre Angaben mit meiner für Waldwanderungen viel zu großräumigen Karte vergleichen. Ich könne ja auch hier bleiben, das sei ja eine Cabana. Kein Mensch würde mich stören. Ich sah in die Runde. Dieser Chef hatte zuviel Vertrauen in seine Männer. Ich lehnte ab. Zum nächsten Dorf auf dieser Karte waren es noch acht Kilometer. Normalerweise eine gemütliche Distanz für einen Nachmittag. Es regnete unablässig. Das Land nahm ein Vollbad.

Aus dem Tal herauf kamen Menschen. Ein Pfad windet sich zu diesem Schutzplatz der Cabana. Die Männer weisen einander darauf hin. Lachen. Nicken.

Durch den dichten Regen kommen sie näher. Bald erkennt man, dass sie ohne Regenschutz den rutschigen Weg heraufklettern. Es sind vier Männer.

Klatschnass und lächelnd kommen sie bei uns an, grüßen nickend. Sie gehören irgendwie zusammen, bekommen vier Brotlaibe aus einem Lastwagen hinter den Gebäuden. Man spricht miteinander. Die Männer sollen mich zum ersten Weiler begleiten, mir den Weg zeigen. Offenbar hat der Chef Sorge, ich könnte weiter in den Wäldern herumirren.

Ich bepacke das Pferd, breite die Regenplane über das Gepäck. Sorin, der Älteste der vier, fragt mich, ob ich ihre Brote unter die

Plane packen könne. Die Jacken der Männer tropfen. So steigen wir ab. Der lehmige Boden ist eine Rutschbahn ins Tal, durchzogen von unzähligen Bächen. Die Schuhe dieser Männer sind viel schlechter als meine. Sohlenhälften bleiben im Schlamm kleben. Löcher an den Seiten. Sorin flucht, als er zurücksteigen muss, um seinen rechten Schuh nicht ganz zu verlieren.

Er passt auf mich auf, achtet darauf, dass ich nicht in eines der Rinnsale rutsche, bietet mir immer wieder seine Hand zur Hilfe an. Wir schlittern ins Dörfchen. Ich solle dort einen Kaffee mit ihnen trinken. Warmen Kaffee! Er bemüht sich, das Wort für Kaffee besonders deutlich zu sagen. Ja, gut. Jede Pause unter einem Dach ist mir heute willkommen. Wo ich denn übernachte. Ich weiß es nicht. Ich habe ein Zelt. Wir kommen an.

Sorin zeigt mir einen Unterstand. Etwa fünfzig Schweine liegen dort, nehmen Zuflucht vor dem Wasser. Als sie das Pferd entdecken, springen sie auf, fliehen. Der Mann ist zufrieden. Die Schweine gehören dem Nachbarn. Hier könne ich das Pferd anbinden.

Mein Pferdchen hätte nie wieder ein Wort mit mir gesprochen, wenn ich ihn, an einen Holzpfosten gehängt, allein mit der Schweinehorde gelassen hätte. Ich lehne ab, pflocke ihn auf einem kleinen Wiesenstück im Freien an, nachdem das Gepäck unter Dach gebracht ist, binde ihm den Regenmantel um.

Später würde ich hier das Zelt aufbauen. Eine Regenpause von einer Viertelstunde würde genügen.

Ich ging ins Haus. Sorin kochte Kaffee, machte Essen für alle, brachte mir heißes Wasser, damit ich mich waschen und meine Füße aufwärmen konnte. Der Jüngste war losgezogen, um zwei Liter Schnaps zu holen.

Die Männer waren vier Monate im Jahr hier. Mit Hilfe meines kleinen Wörterbuches verständigten wir uns. Förster seien sie. Sie rauchten, tranken, sie beklauten mich, tranken wieder.

Zu viert teilten sie drei Betten. Im Herbst würden sie wieder nachhause gehen. Das Haus, in dem sie wohnten, war ein Rohbau, keine Türen. Der Einstieg in die Räume ging über einen wackligen Pfosten, der die noch nicht vorhandene Stiege überbrückte.

Gekocht wurde im Freien. Kartoffeln, Kraut und Öl waren neben Schnaps und Brot ihre Ernährung.

In einer Regenpause baute ich das Zelt auf. Asterix war beruhigt. Jetzt war alles klar. Er hielt die Schweine vom Zelt fern. Das war jetzt unser Platz. Ich räumte meine Sachen ein, entdeckte, dass sie mich beklaut hatten. Meine Geldreserven hatten sie nicht gefunden, hatten Kleinigkeiten genommen, die sie irgendwo verscherbeln wollten. Unter den Kleinigkeiten war auch eine Kostbarkeit, ein Stück, das mich seit vielen Jahren begleitet. Ich stimmte ein Geschrei an, konnte mich nicht beruhigen. Die Männer stürzten herbei, fragten, was denn los sei. Ich schrie weiter.

In Kürze würden die paar sonstigen Dorfbewohner da sein. Sie mussten mich beruhigen. Mir fiel das romanische Wort für Rosenkranz ein. Rosario. Rosario! Sie verstanden. Im Rumänischen heißt es genauso. Einer wurde weggeschickt. Ich schrie weiter, sie versuchten weiter, mich zu stoppen. Der Mann kam zurück. „Ist es das?“ Er schwenkte den Rosario, sah mich fast flehend an. Ich hörte auf zu schreien.

Es sei hinter ein Stück Holz gefallen, dort wo meine Gepäckstücke gelegen hatten. „Ja, ja“, sagte ich. Sie konnten das andere haben. Ich kam ohne diese Dinge aus. Die kleine Taschenlampe würde mir vielleicht fehlen. Ich würde eine neue finden. Egal.

Jetzt ließ ich das Pferd und meine Sachen nicht mehr aus den Augen. Das kostbarste war mein kleiner Freund. Der war mit den Schweinen beschäftigt. Und mit seiner Ernährung. Ein wenig Hafer hatten wir noch in den Taschen. Eine Abendration. Eine Morgenration.

Ich kletterte ins Zelt, lehnte alle Einladungen zurück ins Haus ab. Der Jüngste legte seine Jacke vor den Zelteingang, legte sich darauf zum Schlafen nieder. Ich würde irgendwann ins Gebüsch müssen, überlegte, wie viele Stunden ich ohne aushalten konnte. Kein Problem. Ich hatte Zeit.

Nach etwa zwei Stunden gab er auf. Seine Freunde waren längst betrunken. Wieder luden sie mich ins Haus. Danke. Mir ging es gut. Dem Burschen war es endlich zuviel. Er wollte mit den anderen trinken.

Als es dunkel geworden war, kamen sie noch einmal. Ich reagierte nicht mehr. Es hatte wieder zu regnen begonnen, die Zeltreißverschlüsse waren zu. Sie sprachen ein wenig, ließen mich dann in Ruhe. Ich sah nach, ob mit dem Pferd alles in Ordnung war und schlief einen wachsamen Schlaf.

Vor Sonnenaufgang, als das erste Morgenlicht übers Land gekommen war, packte ich zusammen, fütterte das Pferd, baute das Zelt ab, sattelte, bepackte und wir zogen los, bevor einer der Männer aufgewacht war.

Ein trockener Morgen, zumindest von oben kam kein Wasser mehr. Zelt und Planen würde ich später irgendwo trocknen können.

Wir wanderten durch eine zauberhafte Landschaft. Sanfte Hügel. Weideland. Ein Mann und sein Junge sahen uns von Weitem, liefen aus dem Haus und eilten ihre Straße herunter, kamen lachend bei uns an, sprachen ungarisch.

Ich kramte nach meinen Kenntnissen dieser Sprache. Zu lange beschäftigte ich mich schon mit einer anderen, konnte nur ihren Gruß erwidern und sagen woher ich käme, fragen, ob sie denn auch Tiere hätten. Sie zeigten mir ihre Scheunen, ihren Grund, sie hatten Kühe, Schweine und ein paar Hühner. Sie lachten noch immer, als wir uns verabschiedeten, hüpften von einem Fuß auf den anderen, winkten mir nach. Ungarische Segenswünsche.

Wir wanderten weiter, erreichten das Dorf, das meine Karte kannte. Ein Sonntag. Menschen unterschiedlicher Glaubensgruppen gingen zu den unterschiedlichen Gottesdiensten, verteilten sich in den Kirchen im Zentrum. Ich besuchte alle, die offen waren. Man beschimpfte mich, weil ich das Pferd an einen Kirchenzaun gebunden hatte. Es war mir egal. Eine Frau sprang ein, beschimpfte die, die mich beschimpft hatten, nickte mir zu. Auch eine Vagabundin durfte in ihr Gotteshaus.

Dann widmeten wir uns den zahlreichen Zwetschkenbäumen an der Dorfstraße. Ich nahm die reifen Früchte ohne Fäulnis, mein Pferd bevorzugt die mit etwas Alkohol.

Ein Mann beobachtete uns. Ich nahm nur Obst vom Boden, für den Fall, dass die Früchte hier verwertet würden, ließ die am Baum hängenden lieber sein. Überall ging man anders mit den Früchten um. Vom Boden zu nehmen, war noch nie ein Problem gewesen. Der Mann trat an den Baum, schüttelte ihn, pralle reife Früchte prasselten auf uns nieder.

Ein anderer Mann rief: „Du, als Bürgermeister, schüttelst der Vagabundin den Baum!“ Der Bürgermeister zuckte nur die Schultern, sah uns zu. Ein Sonntag kann für Reisende ein Problem sein. Wenn man schon ein Dorf findet und wenn dann sogar ein Laden da ist, ist dieser ja meist zugesperrt.

Wir wanderten zufrieden weiter. Alles war gut. Mittagsrast an einem einsamen Platz im Gelände. Gutes Gras. Ein Baum für mein Bedürfnis nach Schatten. Die Sonne trocknete alle nassen Sachen. Wir schliefen beide ein Weilchen. Satt, trocken und ein wenig ausgeruht zogen wir am späten Nachmittag weiter, erreichten das Dorf Ghizela, lagerten zwei Tage bei einer Familie, in der alle Frauen Johanna hießen.

Die Johannas verwöhnten uns, organisierten alle Leute im Dorf, die einer Fremdsprache mächtig waren, freuten sich an meiner Begeisterung darüber, dass ihre beiden Kühe abends selbstständig am Zaun standen und darum baten, hereingelassen zu werden. Sie hatten den Tag zusammen mit ihren Artgenossen im câmp verbracht. Kleider waschen und schlafen. Schlafen.

Tag fünfundachtzig. Făget. Meine Landkarte stammte noch aus Ungarn und endete hier. Bisher hatte ich noch keine Möglichkeit gehabt, eine neue zu erwerben. In dieser Stadt würde ich bestimmt bekommen, was ich brauchte.

Wir kamen abends an, mussten also hier einen Lagerplatz finden. Zuerst versuchte ich es bei kirchlichen Einrichtungen, hatte kein Glück. Dann das Gemeindeamt. Sie waren ratlos. Das hatte ich erwartet, also blieb ich einfach vor dem Amt stehen. Viel später kümmerten sich ein paar Angestellte um mich, fragten den Bürgermeister, der wiederum herumfragte und dann entschied, dass ich auf dem Gelände des Schwimmbades bleiben konnte. Die erste Schwierigkeit, die eine Stadt so mit sich bringt.

Man warnte mich vor dem kommenden Tag. Es war Markttag in der Stadt. Die Leute kämen von überall und es werde turbulent. Ich hatte keine Wahl, wusste nicht einmal, in welcher Richtung ich die Stadt verlassen sollte, um gute Übergänge über das Gebirge zu finden. Ich würde einfach rasch herausfinden, wer Landkarten verkaufte, dann einen Platz im Park finden, und mit der Karte entscheiden, auf welcher Straße ich die Stadt verlassen konnte.

Einfach war es ganz und gar nicht. Autos, Menschen, Mopeds, Fahrräder, Verkaufsstände. Ich fand eine Buchhandlung, stand in der Eingangstüre, das Pferd konnte ich hier nicht allein lassen. Eine Karte von Rumänien hatten sie nicht, hatten auch keine Ahnung, ob ich das in ihrer Stadt finden könne. „In Bukarest, da haben sie Karten. Ja, in Bukarest." Von Bukarest trennten mich mehrere Gebirgszüge und eine weite Ebene. Ich suchte weiter.

Unzählige Hände berührten das Pony, dem das alles entschieden zu viel war, der türmen wollte, egal auf welcher Straße. Er biss um sich und Eltern trugen ihre kleinen Kinder her und behaupteten: „Der tut dir schon nichts." Andere stellten mir Fragen über Fragen, während ich versuchte, heil aus dem Gedränge zu kommen und immer wieder aufgehalten wurde. Festgehalten. Man wollte die Fragen auch beantwortet haben. Man wollte mir sagen, dass das Pony schön sei und die Reise beeindruckend. Asterix schlug um sich und ich löste mich brüsk von den Händen der Leute, flüchtete über die Straße, zwang Autofahrer anzuhalten und uns vorbeizulassen, flüchtete auf ein kleines Stückchen Park, das der Picknickplatz des Tages war, ließ keinen mehr ans Pferd. „Er ist nervös! Er ist gefährlich! Nicht berühren!"

Das war nicht die Lösung. So kamen wir nicht weiter. Natürlich hätte man mir geholfen, aus der Stadt zu kommen. Solange ich aber nicht wusste, WOHIN, hatte ich ein Problem.

Andreas rettete mich. Er spazierte vorbei, hielt an, fragte, was Hunderte heute schon gefragt hatten. Ich antwortete unfreundlich. Zu meinem Glück störte ihn das überhaupt nicht. Er kam lächelnd näher, fragte, ob ich Hilfe bräuchte. Er sprach französisch. Ein Engel stand vor mir. Ich erklärte ihm mein Problem. „Nein, hier finden Sie wohl keine Karte." Er bat mich, auf ihn zu warten. „Nicht weggehen! Ich komme bestimmt wieder. Nicht weggehen!" Ich gehorchte ihm gerne.

Nach einer langen Weile kam Andreas zurück. Er hielt eine Karte in der Hand, hatte sie von zuhause gebracht, schenkte sie mir. Er werde bald wieder nach Bukarest kommen. Dort gäbe es ja genug davon, lächelte er, zeigte mir die Straße aus dem Zentrum hinaus und verschwand in der Menge.

Die nächsten zwei Tage waren leicht. Überall kannte man mich von meinem Auftritt in der Stadt und freute sich, mich als Gast aufnehmen zu können.

Der Luncan. Schwarze Wolken hüllten die Gipfel ein. Dorfleute sahen voll Ehrfurcht zu ihm hin. Grollender, ferner Donner. „Dorthin willst du wirklich?", fragte man mich. Ich lachte. Freute mich. Endlich wieder Berge atmen.

In Brâneşti hörte ich zum ersten Mal Wölfe heulen. Dorfleute hatten mir Feuer gemacht ihretwegen. Das halte die Wölfe ab. Förster hatten mir zuvor erklärt, dass im Sommer keine Gefahr bestehe. Im Winter komme es schon vor, dass sie in die Dörfer kämen, um Vieh zu rauben. Jetzt hatten wir August.

Man feierte mich, bat mich, Kinder zu segnen, brachte Essen und den Franzosen des Dorfes. Der erklärte mir später, das halbe Dorf sei zu ihm gekommen, er solle zu mir herausfahren, eine Fremde sei hier und immerhin spreche er ja eine Fremdsprache. Er lächelte bei dieser Geschichte. „Darum lebe ich in Rumänien. In Frankreich gibt es keine echten Dörfer mehr. Dort ist allen alles egal. Hier aber! Das ist noch eine echte Gemeinschaft."

Später war es still. Ich war allein mit Asterix auf der Bergweide. Die Wölfe heulten noch immer, waren jetzt aber etwas weiter weg. Asterix schien überhaupt keine Furcht zu haben. Ich musste an die Schwäne am Plattensee denken. „Du bist mein tapferer Tiger." Ich kraulte ihn noch eine Weile. Der Sternenhimmel hüllte uns ein. Dann stieg ich ins Zelt und sank sofort in tiefen Schlaf.

Wir näherten uns dem Luncan im Regen, lagerten nun in der Wildnis. Wasser gab es ja genug. Als wir den Pass erreichten, war es trocken. Ein wunderbarer Platz. Es gab Brombeeren zum Abendessen und Brombeeren zum Frühstück. Meinem Pferdchen musste ich sie von den Zweigen pflücken, dann konnte auch er sie fressen. Es ging uns gut

Die „Straße", die über diesen Pass führt, ist auf meiner großräumigen Osteuropakarte eingezeichnet. Bereits der Anstieg war aber nur mehr für Fußgänger zu bewältigen. „Jetzt wird es bestimmt besser", tröstete ich meinen Begleiter auf dem Pass und ein paar hundert Meter lang sah es wirklich so aus. Dann wurde es schwierig. Mehrere Pfade kreuzten sich. Ich traf Pflückerinnen. Sie sammelten ein Kraut. Sie wiegten die Köpfe, als ich nach dem Weg fragte. Ich entschied mich also für den, der noch am ehesten wieder zu der Straße werden könnte, die ich hier erwartet hatte.

Wir gelangten zu einem Wildbach. Unmöglich. Wo war die Straße? Ich ließ Asterix grasen. Wie kamen wir hier heraus? Dann hörte ich Menschenstimmen, sah nach. Männer waren dabei, ihre Motorräder durch die felsigen Passagen des steilen Bachbettes zu schleppen. Sie mühten sich eben an einer besonders prekären Stelle. Man fluchte. Alle halfen zusammen. Das WAR die Straße.

Mein Pferdchen war entsetzt. Ich zwang ihn ruhig durch die gefährlichen Stellen, ließ ihm den Kopf frei, wenn er zwischen rundgeschliffenen Felsen Halt suchte, zog die Leine fester an, wenn er anfing zu denken. Nur weiter. Nicht umdrehen. Nicht das Pferd ansehen. Weiter.

Wir kamen unverletzt ins Tal. Nicht einmal Schrammen hatte mein Freund abbekommen, was ich für ein Wunder hielt. Ich lobte ihn ausgiebig. Er war noch nicht wieder gesprächsbereit.

Ruşchiţa. Ein ehemaliges Schwabendorf in den Bergen Rumäniens. Ich übernachtete in einem winzigen Terrassengarten wundervoller Leute.

Der Mann hatte mich auf der Straße angesprochen. Sein Anblick war mir schon von Weitem eine Freude. Er hätte ebenso gut in ein steirisches Dorf gepasst. Der Filzhut. Das freundliche, ehrliche Lächeln. Als er erfuhr, dass ich aus Österreich sei, bat er mich, bei ihnen zu bleiben, seine Frau sei ja Deutsche.

Strahlend lud er mich zu ihr. Sie könne kein Deutsch mehr sprechen, entschuldigte sie sich, nur verstehen. Und später weinte sie, weil ich spräche, wie ihre Mutter gesprochen hatte.

Joan, den Mann, halte ich für den glücklichsten Menschen, dem ich auf dieser Wanderung begegnet bin. Er zeigte mir seinen ganzen Reichtum. Die Bilder an den Wänden, die Mäntel im Kleiderschrank, eine wirklich große Sammlung von Anstecknadeln aus der ganzen Welt. Stolz entrollte er Stoffbahnen mit seinen Schätzen darauf: Coca-Cola und Köln, Wandervereine und Firmenzeug. Seine Frau saß daneben und strahlte. Dann präsentierte er mir einen Dolch. Die Silberfarbe auf der Schneide blätterte schon ab. Er trug ihn wie ein kostbares Kleinod. Und ein Auto habe er auch. Und – er machte eine Pause, lächelte, blickte stolz seine Frau an – die schönste Frau der Welt. Sie erwiderte sein Lächeln geschmeichelt. Soll ich dazu sagen, dass sie durchaus nicht den gängigen Schönheitsidealen entsprach?

Es gab mehrere Brunnen im Dorf. Der beste sei weit entfernt. Ich holte also Wasser für mich und für die Nachbarin, die mir erklärt hatte, dass zuletzt ihre Tochter für sie dort Wasser geholt hatte, als sie zu Besuch zuhause war. Sie wohne jetzt in der Stadt.

Etwa zweihundert Meter vom Dorf war diese Quelle. Neben dem Bergweg entsprang das beste Wasser des Dorfes. Um eine Trinkflasche zu füllen, musste man sich hinhocken und das Gefäß in das stehende Wasser drücken, das später bergab weiterfloss. Die schönste Frau der Welt strahlte, als es ihr gelungen war, ihre Flasche zu füllen. Ich machte es ihr nach. Rechnete mir nebenbei aus, wie viele Schaufelgrabungen man wohl benötigte, um das Wasserschöpfen hier zu erleichtern, das stehende Wasser abzuleiten und so Platz zu schaffen für die Gefäße. Fünf, dachte ich und korrigierte dann nach oben, wenn man es schöner machen wollte.

Andere Wasserträger kamen, bückten sich ebenso umständlich. Schaufel hatte keiner dabei. Ich nannte es das germanische Blut in mir, was mich so sehr drängte, hier jemanden um eine Schaufel zu bitten und das zu erledigen. Ließ es bleiben. Als Frau hätte ich die männliche Bevölkerung mit einem solchen Eingriff gedemütigt.

Zwei Tage später. Vidu. Er wird dauernd zurückgepfiffen. Lächelnd steht der alte Mann vor meinem Zelt und bestaunt mein Tun und Haben. In seinem Bergdorf sind Reisende besonders ungewöhnlich. Mit einer Einladung zu Schnaps gelingt es seiner Familie schließlich, ihn von mir wegzuholen.

Am Morgen ist er wieder da. Er bringt mir Birnen und Käse für die Reise. Gebückt bleibt er vor dem Zelteingang stehen. Er möchte nichts verpassen. Jedem meiner Handgriffe folgt er aufmerksam und nickt, wie zur Bestätigung.

Später schicke ich ihn fort. Ich zeige ihm meine Kleider. „Ich muss mich umziehen.“ Er nickt und bleibt. So warten wir schweigend und in das Bild der Hose in meinen Händen versunken. Später geht er doch. Er holt noch Brot und Paprika für mich.

Der lange Weg über die Karpaten.

In Rumänien ist es leicht, nach Auskunft zu fragen. Man bekommt sie umgehend und detailliert. Meistens stimmen die Informationen aber mit der Wirklichkeit nicht überein. Auf dem Weg in den Nationalpark Retezat beschrieben mir kundige Leute alle kommenden Versorgungstationen in den Bergen. Ich war erleichtert. Im Tal hatte ich nur zwei Wecken Brot mitnehmen können. Mehr hat im Gepäck einfach nicht Platz. Reis gab es in jenem Laden keinen, aber Mamaliga, Polenta. Die Aussicht auf Versorgungsplätze mindestens alle zwei Tage beruhigte mich.

Das lange Tal. Der Anstieg. Zwei Nächte verbrachte ich darin. Viel Regen. Ich begegnete Alexander.

Tag siebenundneunzig. Ein Talweg, der mich über Tage hinauf in den Retezat führte. Städter haben Ferienhäuser in den bewohnbaren Bereichen dieses Gebirgstales. In den Dörfern darunter war man verschlossen, sah mir oft feindselig nach.

Alexander saß auf dem Beifahrersitz. Sein Freund hielt wenige Meter vor uns an, sprang aus dem Auto und fragte, ob ich englisch spreche. Ich war froh, überhaupt wieder mit einem Menschen sprechen zu können. Alexander mühte sich aus dem Wagen, hörte, dass ich Österreicherin sei und sprach deutsch mit mir.

Sie luden mich ein, weiter oben im Tal hätten sie ein Haus und würden sich freuen, wenn ich vorbeikäme. Wir rechneten Kilometer und Wegzeit durch. Ich würde am nächsten Mittag da sein.

Ich kam ein wenig später an als geplant. Alexander kam mir schon auf der Außentreppe des Hauses entgegen, jede Stufe planend. Er schien ungeduldig gewartet zu haben. Ich versorgte das Pferd und wurde auf die Terrasse geführt. Die Töchter von Alexanders Freund kochten für uns, sein Freund mühte sich, es uns behaglich zu machen. Man wollte Alexander, der für ein paar Tage hier war, und dem österreichischen Gast einen schönen Nachmittag bereiten.

Er fragte mich dies und das und erzählte nichts und immer wieder wurden wir von den tätigen Gastgebern unterbrochen. Irgendwann gelang es mir, die Frage zu stellen, was Alexander vor seiner Pensionierung gemacht habe. Er schwieg, sah mich an. Sein Freund, der nun ebenfalls am Tisch saß, seufzte. Alexander sah mich an, schwieg noch immer. Die Mädchen versuchten, uns abzulenken. Alexander sah nicht einmal hin. Dann begann er zu erzählen.

Er war Rechtsanwalt gewesen. Dann ein politischer Gefangener. Sieben Jahre lang. Eineinhalb Jahre war er in Einzelhaft. Drei Monate davon wurde er täglich verhört, also geschlagen. Zwei Jahre lang Zwangsarbeit. Schilf schneiden im Donaudelta. Zwangsarbeit macht keinen Unterschied zwischen den Jahreszeiten. Alexander beschrieb, wie es war, im Winter den ganzen Tag im halbvereisten Wasser zu stehen und zu arbeiten. Geschlafen hatten sie dort auf einem Schiff, das Kondenswasser hatte wieder auf die Gefangenen heruntergetropft.

Ich hörte Geschichten und Details der Haft, der Gewalt, der Freilassung, zu der man Ceauşescus Regierung gezwungen hatte, die Heimkehr. Das unsägliche Misstrauen allem und allen gegenüber. Die halbverhungerten Männer, die man einfach an einer Kreuzung ausgeladen hatte, wagten nicht, Essen von Bauern anzunehmen, wagten nicht, sich von wohlmeinenden Menschen in ihr Zuhause bringen zu lassen, hielten alles für einen Trick, mit dem man ihnen und vielleicht den Menschen in ihrer Umgebung noch etwas anhängen wollte, wofür man sebst oder die Familien wüst bestraft werden würde. Noch heute hält er die Bedrohung durch die Umgebung in den ersten Tagen nach der Haft für real. Die eigene Mutter, die schrie und das Einmachglas, das sie gerade in ihrem Keller in der Hand hielt, fallen ließ, schrie über all den Scherben, weil ihr Sohn plötzlich auf der Kellertreppe stand. Lebend. Man hatte ihr nichts gesagt.

Ich fragte, wie er das alles überlebt habe, körperlich und geistig. Er sei früher Sportler und viel in den Bergen gewesen, sagte er. Er kenne sie alle. Er wies lächelnd auf das Land um sich. Von den Männern, die damals mit dabei waren, lebe sonst keiner mehr. Nur er sei noch übrig.

Und die Einzelhaft? Er schwieg. Seine Freunde hatten es längst aufgegeben, uns zu unterbrechen. „Ich hatte mein Programm“, sagte er schließlich. Schwieg wieder. Ich nippte am kalten Kaffee. Versunken schien er nun. Ich fragte vorsichtig nach. Ein Programm?

„Ja. Ich hatte mein Programm.“ Er richtete sich auf. Er habe Opernarien und Konzerte im Kopf abgespielt. Früher habe er Violine gespielt. Er kannte das ja alles auswendig, die Sätze, die Noten. Er habe sich das im Kopf abgespielt. Täglich. Er hatte sein Programm.

Ich wanderte weiter. Vorbei an Städtern, die ein paar Tage des Sommers hier in den Bergen verbrachten, verließ die asphaltierte Straße und tauchte tiefer ein in das Gebirge. Man warnte mich vor den Bären dieser Gegend und dass ich unbedingt Feuer machen solle. Feuer zu machen war aber verboten im Nationalpark. Wächter fuhren in ihren Geländewagen durch das Gebiet. Wer bereit war, Maut zu zahlen, konnte bis zu einem Wiesenplatz weit im Gebirge mit dem Auto fahren. Wanderer begegneten mir auf dieser Strecke keine.

Ich erreichte eine erste Station, eine Cabana. Sie waren nicht bereit, mir Brot zu verkaufen. Nichts zu machen. Sie seien ein Gasthaus und kein Laden. Ich bestellte Bratkartoffeln und gab mein letztes Brot dem Pferd. Mir war zum Heulen. Ich konnte nichts weiter tun, als mich auf mein Glück verlassen.

Weiterwandern. Kilometer durchrechnen. Ich würde die Nacht auf der Strecke verbringen müssen, ein kleiner Grasplatz würde genügen. Was gebe ich dem Pferd? Beim Pinkeln im Wald wurde mir klar, dass ich inmitten von unzähligen Steinpilzen hockte. Ich nahm mir die Schönsten. Einen Sack voll. Fand später einen Platz, der groß genug war für das Zelt und das Pferd. Wasser holte ich aus dem Wildbach. Das Pferd versorgen. Baden.

Als ich das Zelt errichtete, hielt ein Wagen am Weg an. Eine Frau stieg auf der Beifahrerseite aus, sprach englisch. Sie finde es schön, was ich mache, habe uns schon am Vormittag auf der Strecke gesehen und ob ich etwas bräuchte.

„Brot", antwortete ich. „Ich habe kein Brot mehr." Sie sah mich einen Augenblick an. „Wir haben viel zuviel davon mitgenommen und jetzt fahren wir es wieder ins Tal. Es ist ganz frisch von heute Morgen aus Bukarest." Hätte ich ihr sagen sollen, dass der Härtegrad des Brotes gerade überhaupt kein Thema war? Sie nahm eine große Plastiktasche, ging zum Kofferraum und packte ein, Brotlaibe, Brotschnitten, Weckerln. „Das ist genug", sagte ich, sie bräuchte es bestimmt selbst noch. „Nein, wir fahren zurück nach Bukarest und das isst dann sowieso keiner mehr." Ich solle es für das Pferd nehmen.

Das Pferd stand längst mit gespitzten Ohren in unserer Nähe. Die Frau wühlte weiter in ihrem Kofferraum. Ob ich Bier brauche. „Do you need beer!?" Wahrheitsgemäß antwortete ich: „Nein, ich habe alles, was ich brauche." Ich solle es einfach liegen lassen, wenn ich es nicht trinken wolle, sagte sie. Die Kostbarkeit wanderte in den Plastiksack. Sie gab ihn mir, sprach noch von ihrer Begeisterung über mein Wandern, und dass ich unbedingt aufpassen müsse wegen der Bären hier. Ein Feuer machen! Ihr Mann stand längst ungeduldig an der Fahrerseite. Er wollte weiter. Sie fuhren.

Bier. Steinpilze, Brot und Bier. Ich gab dem Pferdchen einen Anteil, packte den Kocher aus, briet mir die Pilze. Ein Festmahl.

Später sammelte ich Holz für ein Feuer. Verbot stand gegen guten Rat. Stapelte es neben einem Platz, den ich als Feuerstelle gewählt hatte. Etwas kam näher. Zuerst hielt ich es für Wild. Das Pferd stand gespannt. Das Etwas kam näher. Nein, weder Füchse noch Gämsen oder Hirsche bewegten sich so schamlos laut durch die Wälder. Es kam auf uns zu, erinnerte mich an einen Betrunkenen. Ein Betrunkener, der durch den Wald torkelte, hier, abseits von allem?

Wir standen still und Vernunft hielt gegen Faszination. Ich wollte SEHEN, was da auf uns zukam. Längst sollte ich es vertreiben. Das Tier schien uns noch immer nicht bemerkt zu haben, kam näher. Mein Pferdchen und ich standen reglos. Mir fiel auf, dass das Lärmen des Bären, denn für einen Bären hielt ich es längst, dem Pferd keine Angst einjagte, wie es leisere Tiere manchmal taten. Als wollte er ebenfalls wissen, was denn das für ein ungewöhnliches Wesen sei. Ich sah auf meinen kleinen Begleiter neben mir hinunter und die Vernunft siegte. Ich schrie. Es war einen Augenblick still, dann bewegte sich das Tier wieder hinauf auf den Berg, fast ebenso gemächlich wie es gekommen war.

Später kam es noch einmal. Ich machte Feuer und sprach laut mit dem Pferdchen. Das fürchtete sich noch immer nicht. Der Bär verschwand.

Dann kamen die Wachmänner. Der Jeep hielt, wo zuvor die Bukarester gehalten hatten. Drei Männer in Uniformen stiegen aus.

Mit ernsten Mienen erklärte man mir, dass das Feuermachen im Nationalpark verboten sei. Der Chef schritt auf mich zu. Ich nickte. Ein anderer stoppte ihn und sagte: „Lass mich reden! Ich spreche englisch." Der Chef ließ ihn gewähren und der andere lächelte mich freundlich an, wünschte mir einen guten Abend und fragte höflich, was ich denn hier mache.

Ich erklärte ihm, dass ich hier lagern müsse, weil es bis zur nächsten Station zu Fuß zu weit sei. „Das Pferd ist müde und es wird bald dunkel." Er übersetzte und alle nickten. Gut, zumindest durfte ich bleiben.

Feuer zu machen sei streng verboten außerhalb der Stationen. Ich nickte. War mir ja bekannt. Dann erzählte ich von dem Tier, das uns besucht hatte, das ich nicht gesehen hatte und das wieder gegangen war. Man übersetzte. Sie sahen einander stumm an, blickten zu der Stelle, auf die ich gezeigt hatte, sie nickten, gingen zurück zum Wagen. „Nicht den Wald abbrennen! Und leg doch Steine um dein Feuer." Ich versprach, auf das Feuer achtzugeben. Sie stiegen ein und fuhren ins Tal.

Das Feuer hatte auf dem Boden keine Nahrung, um sich dort auszubreiten. Aber die Wächter konnten ja wiederkommen. Also sammelte ich Steine.

Die Nacht war ruhig. Das Pferdchen wechselte zwischen Wachsamkeit und Dösen. Ich war eine Weile draußen. Wild auf den Hängen. Das Rauschen des Wildbaches. Asterix legte sich nieder. Ich kroch zurück ins Zelt.

Am nächsten Abend erreichte ich Poiana Pelegii. Ein Zeltplatz für Bergtouristen. Bergrettungsstation. Viele Feuer. Hier war das erlaubt. Städter. Anders als in den Alpen geht man in den Bergen der Karpaten aneinander vorbei. Ich hatte mich nach vielen einsamen Tagen auf Leute gefreut, die wahrscheinlich andere Sprachen konnten. Davon gab es da oben jetzt viele. Man sprach aber nicht miteinander. Grußlos ging man hier aneinander vorbei. Ich hatte das Pferdchen über einen Steig gedrängt und durch einen Wildbach gezwungen. Mein Bedürfnis nach Menschen war so groß, ich wollte nicht auf dem Nebenberg lagern und von Ferne die Feuer sehen und die Stimmen der Menschen nur vom Wind hergetragen hören. Hunger.

Einsamkeit inmitten ihrer Zelte. Das Pferd versorgen. Das Lager richten. Heulen. Machte mir Vorwürfe, was ich dem Pferdchen zugemutet hatte. Am nächsten Tag müssten wir durch den Wildbach zurück und über den Steig auch. Was mache ich hier?

Wasch- und Trinkwasserstation war ein Bergbach. Kleine Wasserfälle und Becken. Auf den glitschigen Steinen balancieren. Die Seife sicher legen. Die Kraft des Wassers. Die Kälte.

Als ich aus dem Wald zurück auf den Zeltplatz hinaufstieg, war alles wieder gut. Das Pferdchen wartete gespannt. Ich war lange im Wasser gewesen. Hatte ihm schon viel zugemutet. Er war jetzt dran. Hörte ihn schon wiehern, antwortete mit unserem Ruf. Er spitzte die Ohren.

Eine kleine Abendwanderung ohne Gepäck. Wir gingen Tierpfade entlang. Weidetiere mussten da oben sein. Die Berge veränderten schon ihre Farbe. Die Luft wurde kühler und klarer. Das Pferdchen war wieder ein neugieriger Abenteurer. Strahlende Augen, die sich umsahen. Ein guter Moment ist ein guter Moment.

Weiter oben entdeckten wir die Schafe. Eine riesige Herde. Liegende und stehende Tiere, zusammengedrängt. Schäfer waren dabei. Wir gingen nicht weiter. Das Pferd hätte die Herde aufgescheucht. Sie hatten uns noch nicht bemerkt. Die Schäfer schon. Ich kehrte um, freute mich an den Feuern, die rundum brannten oder eben entzündet wurden. Bergrettungsmänner luden mich ein, zu ihnen zu kommen. Nur falls ich mich allein fühle, betonte man. Ich fühlte mich nicht mehr allein. Der Nur-Satz bedeutete lediglich, dass ich die Einladung nicht falsch zu verstehen bräuchte, KEINE Anmache. Später kam er noch einmal, da drüben, das sei ihr Feuer. Ich ging hin. Das Pferdchen nahm ich mit. Trank Schnaps mit den Männern. Sie erzählten Geschichten und ich konnte mehr über die Wege erfahren.

Fast alle von ihnen kamen aus dem Tal der Minen, das hinter diesem Gebirgszug lag und das ich bald durchwandern würde. Waren Minenarbeiter. Ein Jahr zählt für zwei, erklärte man mir. Mit fünfundvierzig Jahren wurde man pensioniert. Wegen der vielen Unfälle. Wegen dem Methan. Ein Jahr zählt für zwei.

Am nächsten Morgen gaben sie mir Proviant mit. Geld nahmen sie dafür keines. Sie hätten jedes Jahr zuviel davon hier heroben und die letzte Partie müsse dann alles wieder ins Tal tragen. Dann warnte man mich noch vor dem nächsten Übergang. Für mich kein großes Problem, aber das Pferd. Ich könnte es verlieren.

Einen anderen Weg gab es nicht. Ich würde Asterix eben abpacken. Ohne Gepäck ist ein Pferd fast so geländegängig wie eine Gams. Der Wildbach machte mir gerade die größeren Sorgen.

Wir bewältigten den Steig, wir bewältigten den Wildbach. Keine Verletzungen. Der Aufstieg auf den Berg. Die Schafe kamen uns entgegen. Der Hirte hielt an. Die Schafe stoben auseinander, erschrocken über das fremde Tier auf ihrem Weg. Der Hirte sah mich an, als ob ich nicht echt sei. „Basm", sagte er. Ein Märchen.

Dann stellte er Fragen. Wir sprachen über den Weg. Der Abstieg sei riskant für das Pferd. Ich wusste es längst. Als alles gesagt war, ging er weiter. Er war echt. Sein Schritt. Sein Rufen. Die Tiere um ihn. Der Wald, die Berge. Ich bin nie vorher und nie danach einem Menschen begegnet, der so selbstverständlich schön war wie dieser Schäfer.

Auf dem Sattel machten wir eine Pause. Ich lud das Pferd ab. Die Schönheit um uns. Die Stille.

Ein junger Mann kam von einer anderen Seite des Berges herauf, lief um einen flachen See herum auf mich zu. Er sei verliebt in die Berge, sagte er und ich glaubte es ihm sofort. Seine Augen glänzten. Er fragte, ob ich denke, dass man dieses Wasser trinken könne, er wies auf den See. Der Mann war offensichtlich durstig. Ich konnte ihn mit Mühe dazu überreden, von meinem Wasservorrat zu nehmen, das stehende Flachwasser unbedingt zu lassen und später aus einem der Bäche weiter unten zu trinken. Er wollte stark sein, nahm viel zu wenig, ich konnte ihn nicht davon überzeugen, dass ich ohnehin absteigen und somit zu gutem Trinkwasser kommen würde. Den See ließ er aber.

Dann der Abstieg. Nur nicht die Nerven verlieren und unter keinen Umständen das Pferd loslassen. Wenn er hier durchgeht, finde ich ihn nie wieder.

Der Anfang war relativ leicht. Asterix wehrte sich, aber ich führte ihn ruhig weiter und er gehorchte. Ein paar Steine lösten sich unter seinen Hufen. Aber es war ein Steig und keine Kletterpartie. Wir balancierten das Gepäck gemeinsam über die schwierigen Stellen. Dazu musste ich hinter ihm gehen. Dann löste sich ein großer Stein. Das Pferd wollte abhauen. Bergauf. Pferde fliehen immer bergauf.

Ich stand selbst nicht gut. Alles ging sehr schnell. Ich erwischte das Gepäck auf seinem Rücken und warf mich darauf. Alles im steilen Gelände. Er war in Panik. Ich war irgendwo. Ich schrie und zerrte an ihm, kam wieder auf die Beine und er stand. Wir atmeten beide schwer. Standen auf festem Untergrund und alles war noch ganz. Jetzt bat er darum, bergauf gehen zu dürfen. Wir gingen bergab. Schritt für Schritt. Ich hielt ihn alle paar Meter an. Die Schwierigkeit dieses Weges lag nicht am Gelände, es ging nur um gute Nerven. Wir erreichten die Station darunter. Ich ignorierte die staunenden Blicke, lud ab, bestellte Bier, holte Wasser und sah mir die Beine des Pferdchens an. Sie schienen in Ordnung zu sein. Wenn doch etwas passiert war bei unserem Kampf da oben, würden sie in ein paar Stunden geschwollen sein. Ich sah mir die eigenen Beine an. Alles ganz. Ein paar Kratzer nur.

Der Wirt versuchte später, mich davon zu überzeugen, dass ich hier oben bei ihm bleiben solle. Ließ sich von Gästen seine Gefühle ins Englische übersetzen. „I am in love with you." Ich lagerte weit oberhalb seiner Cabana, unweit der Hütten der Hirten. Der Wirt bekam viele Abendgäste und versorgte später seinen allgemeinen Liebeskummer mit Alkoholischem.

Den offiziellen Zeltplatz der Cabana fand ich nicht, lagerte wieder verbotenerweise ganz woanders. Mein Pferdchen war schon zufrieden, dass ich gerade nichts Unmögliches von ihm verlangte, nagte am mageren Berggras. Ich hatte Brot für ihn. Im Tal würde ich wieder Hafer finden, bestimmt.

Als es dunkel war, kam der Schäfer, erzählte von den Verlusten in seiner Herde durch Angriffe von Bären, bot mir einen ihrer Ställe für das Pferd an. Wir versuchten es. Asterix tobte darin. Bären oder nicht. Ich wollte ihn bei mir haben. Das Pferdchen hatte in den letzten Tagen genug ausgestanden. Der Schäfer brachte ihn zu mir zurück. Dann werde er sich eben vor das Zelt legen und Wache halten. Ich schickte ihn nicht fort.

In tiefer Nacht schliefen dann alle. Das Pferd, die vielen Hirtenhunde, der Schäfer. Ich wachte alleine mit den funkelnden Sternen.

Das Tal der Minen. Bergbaustadt folgte auf Bergbaustadt. Kohleabbau untertags. Wenn ich unterwegs meine Karten studierte, fragte ich mich natürlich immer wieder, wie es hier sein würde, wie die Menschen in dieser ganz anderen Region sein würden. Ein recht bevölkertes Tal inmitten der Berge.

Den Städten bin ich immer ausgewichen, so weit es eben möglich war. An den Rändern der Städte wollen entweder Wohlhabende ihre Ruhe haben oder nicht so Wohlhabende was anderes. Klischees. Ja, ich weiß. Aber diese Klischees werden allzu oft bestätigt von der Wirklichkeit. Mit Unbehagen wanderte ich durch dieses Tal.

Es war anders. Ehrliche Gastlichkeit, mürrische Ablehnung, Resignation und der Traum vom Westen, in dem alles leichter ist, begegneten mir. Man erzählte mir von Unfällen in Stollen, man hatte Angst vor der Dunkelheit, man vermisste die, die in den Westen abgehauen waren, fragte, ob ich an Jesus Christus glaube, beschrieb mir die Gefahren des Methans, schickte mich in die Berge, wenn ich schon so lagern wolle und hoffte, dass ich für immer bleibe. Junge Mädchen feierten mich wie eine Heldin, junge Burschen wie eine Hure. Wenn ich heute an dieses Tal denke, scheint es mir dunkel. Trotz der vielen Sonnenzeiten.

Zwei Gebirge musste ich noch überqueren, um in das Tal der Olt und mit diesem Fluss dann weiter in die Walachei zu gelangen.

Ich verließ das Tal der Minen und stieg an, hielt mich an die Beschreibungen eines Rangers, der musste sich doch auskennen, folgte den Wegen. Durchquerte ein Schigebiet mit ein paar Sommergästen. Bergrettungsleute hielten mich dahinter auf. Übergang gab es keinen mehr. Um dieses Gebirge musste ich herumwandern. „Absteigen und herumwandern!" Es gab Klettersteige, mehr nicht.

Ich beschloss, die Nacht auf einem der Schihänge zu verbringen. Es war spät.

Auf einen zauberhaften Abend hoch über den Tälern und in Augenhöhe mit den Bergen der letzten Wochen, folgte eine Gewitternacht. Gewitter in den Bergen können sehr ungemütlich werden. Diesmal waren wir mitten drin. Ich hatte einen denkbar schlechten Ort gewählt. Mit Händen und Füßen stemmte ich die Zeltwand gegen den Wind, hoffte, die Verankerung würde zusammen mit meiner Arbeit von innen und meinem Gewicht halten. Es war fast taghell, fast ununterbrochen. Ein Wald von Blitzen. Das Krachen. Der Boden bebte von dieser Gewalt und ich mit. Das Pferd. Ein Zelt ist kein Faradayscher Käfig. Ein Pferd schon gar nicht. Es gab genau zwei Möglichkeiten. Wir werden getroffen oder wir werden nicht getroffen.

Es dauerte Stunden. Das Zelt hatte die Form eines Halbmondes. Mir fiel nichts ein, womit ich unsere Situation verbessern konnte. Wenn ich das Zelt verließ und mit dem Pferdchen abhaute, wäre mein Körpergewicht im Zelt weg und dann wären meine Sachen weg. Und wohin abhauen? In den Wald? Pferde machen das. Ich blieb.

Irgendwann wurde es ruhiger. Irgendwann war es vorbei. Ich wagte mich hinaus. Asterix stand mucksmäuschenstill. Blitze und Donner krachten auf den Bergen nebenan. Ein paar Heringe waren ausgerissen. Wir sind nicht getroffen worden.

Am nächsten Tag wurden wir gesucht. Ich war zur Beruhigung für uns beide mit dem Pferdchen ohne Gepäck auf den Berg gestiegen. Als wir wieder auf den Schihängen anlangten, kamen uns zwei Männer entgegen. Sie sagten, sie kämen eben aus Bukarest, seien hier heraufgefahren, um ein Interview zu bekommen und hätten uns den ganzen Vormittag gesucht. Sie machten Fotos und eine Riesengeschichte daraus. Die Fotokamera war auch eine Filmkamera, was man mir verschwiegen hatte, ich war wohl nicht besonders entgegenkommend, Spuren der Nacht.

In den Tagen darauf freuten sich viele Leute, schon aus dem Fernsehen alles über mich zu wissen. Drei Wochen danach brachte man mir mitten in der Walachei den Zeitungsartikel. Sie hatten ihn herausgeschnitten, weil diese Geschichte sie beeindruckt hatte, feierten mich wie einen Star. Mir war es recht. So kam ich trotz geschlossenem Laden noch zu Brot. Der Bericht war umfangreich. Was die Reporter zu fragen vergessen hatten, hatten sie einfach frei erfunden. „Cu poneiul Asterix în jurul lumii." Mit dem Pony Asterix um die Welt.

Wir stiegen ab. In einem engen Gebirgstal, hoch oben noch und viele Kilometer vom ersten Dorf entfernt, kam eine Frau zu mir, setzte sich in einer Regenpause vor mein Zelt. Am lemne. Einer der unvergesslichen Sätze.

Sie hatte mir ihr Haus ganz oben auf dem Hang gezeigt. Dort wohne sie und diese vier Kühe gehörten ihr. Die Kühe machten sich schon grasend auf den Heimweg, die Frau legte den Hirtenstab auf die Erde, breitete ihren Anorak auf der nassen Wiese auf und setzte sich. Ich bot ihr ein Sitztuch an, das ich mir genäht hatte, einigermaßen wasserfest. Sie wies ab. Es gehe gut so mit der Jacke.

Sie bewohnte ihre Hütte in der Einsamkeit dieses Hochtales das ganze Jahr über. Der Winter in den Karpaten ist zumeist härter als der in den Alpen. Ich fragte, ob es nicht sehr kalt sei hier heroben und all der Schnee. Ich erinnere mich gut an ihr Lächeln. Zufriedener Stolz lag in diesem freundlichen Gesicht. „Am Lemne", sagte sie mit einem kleinen Schulterzucken. „Ich habe Holz." Das komme in den Ofen und dann habe sie es ja warm.

Wir wanderten um das Gebirge herum, verließen die Ferienregion und zogen durch Täler und über Pässe des Lotrului. Ein stiller Gebirgszug, über weite Strecken menschenleer. Ich traf Hirten und Einsiedler und, weil gerade Saison war, Pilzesammler. Roma und Arme, die in den regenfeuchten Wäldern unter die Äste krochen und ihre Beute an Händler verkauften, die mit Lastwagen in die Berge kamen.

Touristen gab es hier keine, nicht aus den Städten, schon gar nicht aus dem Ausland. Ich war besonders vorsichtig in diesen Wochen. Es gab weder funktionierende Dörfer noch vertrauenswürdige Stationen.

Auf einem einsamen Hof begegnete ich Jon. Einen Feuerstellenplatz hatte ich für das Nachtlager gewählt. Mein hungriges Pferd konnte darauf kaum satt werden. Der Hof unweit davon war auch ein Grund für diese Wahl gewesen. Ich sattelte ab, pflockte das Pony an, versprach, mich zu beeilen, und versuchte, Heu zu erbetteln. Der Stall war leer, aber es roch nach Vieh und frischer Mist lag auf dem Platz davor. Dann hörte ich eine Stimme. Jon trieb seine Kühe, vielmehr die von seinem Patron, von der Bergwiese herunter. Heu hatte er keines für mich. Er hatte überhaupt kein Heu. Mein Pferdchen musste ohne satt werden.

Später besuchte mich der Hirte, setzte sich vor das Zelt und erzählte. Er habe einen guten Patron, sagte er, bekomme alles von ihm, Essen, Trinken, Zigaretten. Jon lachte immerzu. Er hatte auch schon einen anderen Patron, aber der – er winkte ab, lachte dann wieder. „Ich war auch schon in der Türkei und in Jugoslawien." Ich fragte ihn also, was ihm an den Ländern gefallen hatte. „In der Türkei war das Essen schlecht und in Jugoslawien war es gut." Er lachte wieder. So sei das. Wenn ihn sein Patron wo hinschicke, dann gehe er. Als es dunkel wurde, verließ er mich, er hatte seinen freien Abend, konnte talauswärts in das Dorf weit unten wandern, dort was trinken. Er lachte wieder und sprang davon.

Der Lotrului. Es waren nasse Tage. Kein Wunder, dass die Pilze hier reichlich wuchsen. Streckenweise war es besonders schwer, einen Lagerplatz zu finden.

Ich konnte uns mit Brot versorgen. Ein Bäcker war mit vollem Lieferwagen in die Berge gefahren, um die Siedlungen der Pilzesammler zu versorgen.

Hunderte Zelte und Plastikplanen. Es war Hochsaison. Fast nur Roma waren da. Ich hatte vorgehabt, in dieser Siedlung zu lagern, denn, obwohl nur aus Zelten und Plastikplanen bestehend, war sie auf meiner Karte als Dorf eingezeichnet.

Ich war schon durch andere Roma-Siedlungen in Rumänien gekommen und für eine alleinreisende Frau mit Pony sind solche Plätze …

… mir fällt nichts ein, womit ich das verallgemeinernd beschreiben könnte.

Strömender Regen, müde Glieder und ein hungriges Pferd traten da einfach in den Hintergrund. Hier konnten wir nicht bleiben. Ich bekam Brot. Der Verkäufer verlangte den doppelten Preis, und weil ich einen Augenblick lang verdutzt war, wies ihn gleich ein anderer Kunde zurecht. „Die hat doch selber nichts."

Dann nannte der mir den üblichen Preis und der Verkäufer zog ein Gesicht, gab mir das Brot und ich ging weiter, verfolgt von dutzenden Kindern, die das Pferd unentwegt angreifen wollten.

Meine Warnungen, er möge es nicht, am Schweif gezogen zu werden, ein Pferd sei gefährlich da hinten, auch ein kleines Pferd, taten sie mit einem Grinsen ab.

Asterix hob drohend immer wieder eine Hinterhand und ich manövrierte ihn durch die vielen Menschen, betend, dass er kein Kind erwischte und ich es dann mit aufgebrachten Eltern zu tun hätte.

Wir flohen so langsam wie es möglich war, mein Pferd war so gereizt, dass er mich in die Hand biss. Ich wurde lauter. Die Kinder sollten sein Hinterteil in Ruhe lassen. Dann flogen Steine.

Wenn einer mein Pferdchen mit Steinen bewirft, vergesse ich meinen eigenen Namen. Ich denke, ich habe mich recht wüst aufgeführt, die Burschen gingen auf Abstand und wir erreichten den Rand dieses Sommerdorfes. Es fing wieder an zu regnen. Die Leute verzogen sich unter die Planen. Ich konnte weiterziehen.

Dichte Wälder und Felsen, die Straße dazwischen. Die wenigen Plätze waren besetzt von den Saisonarbeitern, die oft auch nur auf Ausweichstellen der Straße, die gerade genug Platz für ihre Wohnwagen boten, ihr Frühherbstquartier aufgeschlagen hatten.

Italienische Roma luden mich ein, bei ihnen zu lagern. „Wir sind nicht gefährlich. WIR kommen aus Italien. Wir sind anders." Er blickte hinauf zum Zeltdorf ein paar Kilometer weiter oben. Ich wusste, wovon er sprach, hatte diese Siedlung durchquert. Ich ging weiter. Wir waren schon über zwanzig Kilometer gegangen an diesem Tag. Dennoch. Auch hier war kein Bleiben. Viel später bog ich zum See ab. Endlich ein Weg dahin. Da musste es doch einen versteckten Lagerplatz für uns geben.

Ich fand einen Platz, hängte die nassen Sachen auf die Äste eines Baumes. Sie konnten durch den Regen nicht noch nasser werden und so hatte ich sie zumindest nicht im Zelt. Allerlei Kriechtiere im Steppengras dieses Stauseerandes. Das Pferdchen bewegte sich nur auf einem sehr beschränkten Platz, hatte kein Vertrauen in all die Bewegung in den Gräsern.

Trinkwasser gab es da keines. Nicht einmal für das Pony, denn den Abstieg zum See wagte ich in der Dämmerung nicht. Ich musste ihn allein lassen, hoffte, er würde nicht nach mir rufen und so unseren Standort verraten. Er war still, stand gespannt und reglos, mit aufgerissenen Augen. Ich musste ihn allein lassen, Wasser finden. Er sah mir nach, wie ich den Hang zurück hinaufkletterte. Auf der Straße angekommen rannte ich. Wir waren doch an Quellen vorbeikommen. Nur schnell sein. Ich musste zumindest das Pferd wiederfinden. Ich fand Wasser, ich fand den Weg zurück. Als ich beim Zelt angelangt war, war es dunkel.

Ferne Feuer. So wusste ich, wo die Menschen, die zu den Stimmen gehörten, lagerten. Selbst versuchte ich, ohne Kerzenlicht auszukommen. Irgendwann siegte der Hunger und ich kochte mir eine Mahlzeit, machte dazu auch die Taschenlampe an, rechnete mit der Angst der anderen Menschen. Der Weg hier herunter zu mir, war bei Dunkelheit viel zu schwierig. Tiefe Wolken hüllten uns ein. Bald war es völlig schwarz um uns.

Zwei Tage später saßen wir fest. Regen, Regen, strömender Regen. Die Nahrungsmittel waren knapp. Versorgungsstationen gab es so gut wie keine. Wir hatten alleine einen Platz im Wald, zu nahe an der Straße, um uns sicher zu fühlen, aber das Pferd war einfach zu nass, um gesattelt zu werden.

Die Polenta teilte ich mit Asterix. Und immer wieder rang ich mit mir, ob ich es nicht wagen sollte, eines der Autos oben an der Straße aufzuhalten. Gute Leute hätten mir sofort geholfen. Für andere war ich ein Fressen.

Ich habe niemanden aufgehalten. Mit der Kälte kam ich zurecht. Das Pferd zitterte durchnässt und mit recht wenig Nahrung auf dem Plätzchen vor meinem Zelt. Ich würde ihn am nächsten Morgen satteln, ganz gleich, wie viel Wasser noch kommen sollte. Wir mussten weg da. Zwei Nächte hintereinander an einem Platz wie diesem, waren schon gefährlich genug.

Am Abend besuchte uns noch ein Luchs. Ich habe nie vorher einen in der Freiheit gesehen. So nah beim Zelt. So fasziniert von meinem Magnesiumstäbchen, das eigentlich zum Feuermachen dient, was mir damit nie gelungen war, das aber Funken sprühte. Ich hielt es bis dahin für eine brauchbare Abwehr von wilden Tieren. Der Luchs war begeistert.

Ich sprühte Funken. Der Luchs sah sich die Funken an, das Pferd sah sich den Luchs an, und da beschloss ich, auf die althergebrachte Abwehr zurückzugreifen, legte das Magnesium weg und brüllte.

Der Luchs verschwand im Wald und kam nicht wieder.

Der Morgen darauf war regenfrei. Drei Stunden nach dem Bepacken waren wir im Dorf. Ein winziger Laden unter den ersten Häusern, nichts, was von außen darauf hingedeutet hätte. Dorfleute wiesen auf dieses Haus. Das sei ihr Laden.

Die Frau hatte Blätterteiggebäck und Brotlaibe. Ich setzte mich neben mein Pferd an den Straßenrand. Wir teilten Nusskipfel, Marmeladentaschen und frisches Brot. Dann zogen wir weiter.

Wieder in echten Dörfern. Der erste Laden. Die winzige Vitrine mit den Bäckereien darin. Die Sonne auf den Straßen. Freundliche Gesichter. Orte mit überschäumender Gastlichkeit, die mir ihren selbst gemachten Käse und ihr Gemüse brachten. Ein Mädchen brachte mir einen großen Brocken selbst gemachter Seife, den ich ablehnen musste, das hatte nicht Platz in meinem Gepäck. Die Zündhölzer musste ich aber annehmen, die hatte sie aus der Stadt mitgebracht und die wollte sie mir unbedingt schenken. Ihre Mutter legte gerollte Birkenrinde dazu. „Das brauchst du doch, um Feuer zu machen."

In Malaia blieb ich zwei Nächte. Einer der Orte, in die man heimkommt. Als ich das Dorf erreichte, kannte man mich schon. Meine Geschichte war diesmal schneller gewesen als ich. Die Frau aus Österreich mit dem Pony an der Hand. Die Männer sahen mich abschätzig an, riefen mir Scherze aus der Kneipe zu. Sie taten das füreinander, sie gingen mich nichts an.

Beim zweiten Dorfbrunnen standen Leute zusammen, Kinder und Erwachsene, debattierten und lachten, stritten und waren sehr beschäftigt. Ich war richtig. Blieb einfach stehen. Mein Pferdchen war einverstanden. Die Kinder kamen sofort. Ein Mann löste sich aus der Diskussion, sah mich an. Ich nickte ihm zu und schwieg. Er zögerte, musterte uns, dann sprach er mich erst an. Wer ich sei und woher ich komme. Ich beantwortete alle Fragen und blieb weiter einfach stehen. Sie waren nicht einladend, aber gute Leute.

Die Gruppe löste sich auf. Der Mann kam auf das Pony zu und streichelte es. Asterix ließ es sich gefallen. Also sagte ich, wir bräuchten einen Platz für die Nacht, ein kleines Stückchen Wiese. Der Mann rief die Frauen zurück. Für die nächsten zwei Tage war ich ihr Ehrengast.

Ich durfte in Minas Garten. Sie briet mir Kartoffeln, holte ihre Tochter und entschied streng, welche Dorfleute zu mir durften und wer keinen Zutritt bekam. Florin, die Tochter, wohnte eine Gasse weiter. Sie holte mich in ihr Haus. Ihre sechs Ziegen standen schon an der Stalltüre und warteten darauf, eingelassen zu werden. Der Ziegenhirte war tagsüber mit allen Ziegen des Dorfes in den umliegenden Hängen, die dann aber selbstständig heimkehrten. Am Abend sah man die Tiere alle vor den jeweiligen Türen auf Einlass warten. Was für ein Bild in den Straßen!

Jeder Hof machte seinen eigenen Ziegenkäse und brannte den eigenen Schnaps. Florin und ihr Mann Paul ließen mich alles Mögliche kosten und ich genoss die Wärme in ihrer Küche. Sie luden mich ein, mit ihnen und den Söhnen am nächsten Tag nach Sibiu zu fahren. Ich schwankte. Das Pferd einen ganzen Tag alleine lassen? Aber Sibiu! Immerhin europäische Kulturhauptstadt in jenem Jahr.

Ich fuhr mit, ließ das Pferdchen bei Mina und den Dorfkindern, die ihn den ganzen Tag verwöhnten. Und weil es die Kulturhauptstadt war, beschloss man, das Museum zu besuchen.

Paul sah sich alles an. Alles. Genau. Jedes Detail der ausgestellten Bilder und Objekte war wichtig. Er hatte schließlich für alles bezahlt, also wollte er auch alles sehen. Danach zeigte man mir die Stadt. „Und jetzt fahren wir ins Zentrum", sagte Paul dann und die anderen strahlten. Es war ein Einkaufszentrum. Riesig. Die Müdigkeit war wie weggeblasen. Sie kauften und lachten. Was für eine fremde Welt nach der Stille der letzten Wochen.

Auf dem Rückweg erklärte man mir, dass in ihrem Tal Roma lebten. Sie wiesen auf ein Dorf am Weg. Es war das erste und einzige Mal, dass man dieses Volk in Rumänien so genannt hatte. „Die Roma haben viel mitgemacht", erzählte Paul. Ich nickte. „Überall in Europa haben die Leute Probleme mit ihnen. Das sind aber Zigani. Wir haben keine Probleme hier." Er lächelte stolz. „Wir haben Roma."

Am nächsten Tag war ich dort. Es war spät. Ich hatte mir aus dem fahrenden Auto am Vortag nicht gemerkt, wo eben jenes unproblematische Dorf war. Ich hätte einen Riesenbogen darum gemacht.

Kinder versuchten, mir mit Nachdruck ihre gesammelten Nüsse zu verkaufen. Eine Art Bushaltestelle, ein verlassen scheinender Hof, Häuser weiter hinten. Eine Weide an der Wegkreuzung. Das eigentliche Dorf begann ein paar hundert Meter weiter. Es war Zeit, einen Lagerplatz zu finden.

Ich fragte einen Mann, der es eilig hatte, nach einem Lagerplatz. Er sah sich um, wies auf jene Weide, sagte: „Dort. Kein Problem." Ich fragte noch, wem der Platz denn gehöre. Er zuckte die Schultern, wiederholte, dass ich dort bleiben könne, kein Problem.

Dann ging alles sehr schnell. Jugendliche brachten mich zum Eingang der umzäunten Weide. Als ich dort war, waren es schon sehr viele. Als ich auf der Weide ankam, waren schon etwa fünfzig Leute bei mir. Alle stellten Fragen, alle stellten dieselben Fragen, alle wollten das Pony anfassen, ein paar versuchten sich am Gepäck. Ich verscheuchte sie, bestand auf Abstand vom Gepäck, lud ab, pflockte das Pferdchen an und eilte zurück zum Gepäck, wurde laut und die Burschen wichen einen Schritt zurück. Nicht mehr.

Erwachsene kamen. Fragen. Alle dieselben. Dann kamen die ersten Besitzer, wollten Geld. „Ich habe kein Geld und wenn ihr mich hier nicht haben wollt, dann gehe ich eben wieder." Sie reagierten verschnupft, ich könne dableiben. Später kamen noch ein paar andere Besitzer mit Zeugen an ihrer Seite: „Ja, dieser Mann ist der echte Besitzer." Ich sagte, sie sollten mich in Ruhe lassen. Man machte sich am Pferd zu schaffen, während ich das Zelt aufstellte. Der kleine Kerl war glücklicherweise so entsetzt über die vielen Leute, die ihm zu nahe kamen, dass er sich mächtig wehrte. Die Jungen waren unbeeindruckt von seinen Bissen. Ich beschimpfte sie alle so, wie sie sich gegenseitig beschimpften und dass ich ein Messer trug, machte ein wenig Eindruck.

Ich solle in ihr Haus kommen, bedrängten mich die Mädchen. „Komm zu uns nachhause. Wenn du hier heraußen bleibst, ist dein Pferd morgen früh weg. Gestohlen!" Manche nickten, andere beschimpften sie und boten ihre eigenen Häuser an. Ich glaubte ihren Warnungen aufs Wort. Mit ins Dorf zu gehen, hätte meine Situation aber gewiss nicht verbessert. Weitergehen schied ebenfalls aus. Vor Anbruch der Dunkelheit konnte ich nicht mehr weit kommen und jetzt KANNTEN mich die Dorfleute ja schon. Ich hatte keine Wahl. Bleiben. Nicht schlafen! Unter keinen Umständen schlafen.

Immer wieder schlugen sich Leute Breschen in das Volk, wollten mich sehen, mich warnen, mich mitnehmen oder Miete für die Nacht. Die Jungen nutzten jede Ablenkung, um wieder an mein Gepäck zu kommen. Dass ich meine Augen nicht vom Pferdchen ließ, hatten sie bemerkt. Solange ich am Platz war, kam keiner wirklich an ihn heran. Ich forderte wieder Abstand von meinen Sachen und sie trieben sich gegenseitig weg. Streit brach aus. Ich konnte den Platz unmöglich für einen Augenblick verlassen. Den Wassersack gab ich Zaungästen, die dem Schauspiel besorgt zusahen. Es sei gefährlich hier, warnten sie mich, bevor sie mit meinem kostbaren Sack davongingen. War mir wirklich klar. Wenn sie mir nur den Wassersack zurückbrachten, hatte ich schon ein Problem weniger. Sie kamen zurück. Ich war so dankbar. „Wenn ich nur jemandem so weit vertrauen könnte, um das Zelt für einen Augenblick allein zulassen", dachte ich. Es gab schon einigermaßen vertrauenswürdige Leute, aber man hätte sie wahrscheinlich einfach überrannt. „Schweig!", sagte ich zu meinem Körper und er hatte keine Wahl.

Es ging über Stunden. Ohne Pause. Da kamen auch ehrlich besorgte Leute, schrien die Jugendlichen an und taten mir ihre Bedenken kund. Zu diesem Zeitpunkt war mir sogar das Abbauen des Zeltes zu gefährlich. Ich wechselte vom Sitz im Zelteingang – da war ich vor den Anlenkungsmanövern etwas sicher – zum Platz vor dem Zelt. Sie versuchten alles Mögliche in Teamarbeit. Ich war kampfbereit und hoffte nur darauf, dass sie sich gegenseitig regulierten. Das klappte meistens, das Recht des Stärkeren war aber deutlich das Recht dieses Platzes. Immer wieder brach Streit aus. Die Schwächeren wichen.

Die Dunkelheit brach ein. Die Ersten verließen mich. Später wurden andere nachhause befohlen. Etwa dreißig Leute blieben standhaft. Ich setzte mich in den Zelteingang und schrieb. „Ich schreibe Geschichten über meine Reise", beantwortete ich ihre Fragen, bereute es umgehend. Sie wollten offenbar ein einschneidender Teil meiner Geschichten sein. Dann kippte die Stimmung. Ich konnte nicht wissen, weshalb. Man verließ mich. Sie würden morgen früh wiederkommen und dann sei ich bestimmt schon ausgeraubt und vielleicht tot. „Ich habe ein gutes Messer und ich schlafe nicht." Das waren Argumente. „Bis morgen!", verabschiedeten sie sich. „Wenn wir noch leben", dachte ich und wartete, bis es wirklich dunkel war. Nebel legte sich in das Bergtal. Man konnte nur das Licht der Kerze sehen, aber nicht, was neben dem Licht war und somit auch nicht, wo das Pferd war oder ich selber. Endlich ins Gebüsch.

Als aus dem Dorf gar nichts mehr zu hören war, band ich das Pferdchen an mein Bein und schlief im Zelteingang, im Sitzen, in Schuhen, warm angezogen.

Bevor die Morgendämmerung sich breit machte, packte ich zusammen. In der Nacht hatte man mich in Ruhe gelassen. Jetzt standen die Pilzesammler am Zaun, auf ihren Transport in die Berge wartend. Sie sprachen miteinander, kommentierten mein Lager und das Pferdchen, ließen mich aber in Ruhe. Wir verließen das Dorf im Morgengrauen.

Wir wanderten ins Tal der Olt, folgten dem Fluss nach Süden. Nach vier Tagen lagen die Karpaten hinter uns. Die Walachei.

Tag einhundertzwanzig. Auf einem Hang über der Stadt Vâlcea wählte ich einen Lagerplatz. Kühe weideten. Im Hof darunter stellte ich mich vor. Florica sah mich von oben bis unten an. Dann das Pferdchen. Dann stellte sie sich vor. „Florica. Wie die Blume. Leicht zu merken.“ Ich solle zu ihr kommen, wenn ich was bräuchte.

Pferde waren angepflockt auf den Weiden. Endlich, endlich wieder Artgenossen für Asterix! Ich stellte das Zelt auf, holte Wasser bei Florica, wusch etwas Wäsche. Die Stadt unter uns. Die Berge. Der Fluss, der sich mäandernd aus den Bergen in die Ebene beruhigte. Später würde man ihn dämmen. Viele Male. Weiter im Süden folgte Kraftwerk auf Kraftwerk. Hier glitzerte er noch ungebrochen.

Zwei Jungen wagten sich vorsichtig näher, setzten sich zu mir, als sie sicher waren, dass sie eingeladen waren. Sie waren die Hirten der Stadt für den Sommer. Wenn die Schule wieder anfing, blieb das Vieh im Tal.

Sie wollten alles wissen. Detailliert. Wie kommt man mit einem Pferdchen auf einer Reise zurecht. Wie versorgt man sich. Wir lagen auf dem Almboden vor dem Zelt, die Jungen rauchten, wir besprachen die Notwendigkeiten einer langen Wanderung, sie beschrieben mir ihren täglichen Weideweg, die untergehende Sonne malte ein phantastisches Farbenspiel in den Himmel. Als die Lichter der Stadt unter uns angingen, mussten sie heim. Das Vieh zurückbringen.

Am nächsten Morgen waren sie wieder da. Ließen das Vieh weit unten allein und rannten zu mir herauf. Sie wollten nicht verpassen, wie ich das Zelt faltete, das Gepäck organisierte, das Pferd versorgte, sattelte. Das Schaffell unterm Sattel, die Stricke, die Verteilung der Taschen, die Hufpflege, die Technik, die Seile über dem Gepäck zu spannen. Alles. Sie wollten alles wissen.

Ich war fertig. Ein paar Kühe hatten sich selbstständig gemacht, sie mussten sie zurücktreiben. Ich solle warten. Florica sah uns von Weitem zu, winkte mir zum Abschied, ging zurück in ihren Hof. Die Burschen rannten zurück zu mir. Sie kannten jeden Stein und jedes Loch auf ihren ausgedehnten Hängen. Ich mochte es, ihnen zuzusehen. Abschied von den rumänischen Bergen. In der Walachei war alles anders.

Die Walachei. Der Süden Rumäniens. Wir wanderten die Olt entlang nach Süden, der Donau und damit Bulgarien zu. Östlich der Olt führte mich eine verkehrsarme Straße durch zahllose Dörfer und Siedlungen. Eine hohe Geländestufe teilt dort das Land in eine Hochebene und eine Tiefebene. Die Dörfer befinden sich fast alle unten. Man lebt, wo es Wasser gibt. Gutes Wasser. Am Fuß dieser so besonders langen Landstufe sprudelt Wasser oft aus artesischen Brunnen. Meist haben die Leute ihre eigene, reiche Quelle oder teilen eine mit ein paar Nachbarn. Dahinter das Weideland, das câmp, das Tagesreich der Herden. Kühe, Pferde, Schafe und Gänse. Dann die Olt, dieser breite Strom, der eingefasst von Betonwänden, sein Wasser von Staudamm zu Staudamm führt und das Land trennt. Brücken gab es nur wenige.

Am Fuß der Karpaten, als die walachische Ebene noch vor mir lag, dachte ich, dass wir in längstens drei Wochen in Turnu-Magurele sein würden. Meine Karte behauptete, dass an dieser Stelle ein Fährübergang über die Donau und somit ein Grenzübergang nach Bulgarien möglich sei. Die kleine Straße würde mich direkt dahin führen. Gut zweihundert Kilometer. „Dann verlasse ich dieses besondere Land schon wieder“, dachte ich.

Asterix war froh, die Berge wieder für eine Weile zu verlassen. Die Ebene roch nach Weintrauben, nach gutem Gras, nach Pferden. Wir tauchten ein in dieses Land, dessen Name auch heute noch ganz widersprüchliche und intensive Emotionen bei mir auslöst. Die Walachei.

Ich fragte einen rumänischen Priester, wie ich die Brunnen unterscheiden könne, wie es für mich erkennbar sei, ob das Wasser trinkbar sei oder nicht. Seine Antwort war einfach: „Wenn über dem Brunnen ein Kreuz ist, kannst du es trinken."

Ich habe mich nicht daran gehalten. Auch über sichtlich unbenutzten Brunnen standen Kreuze. Eine gute Wasserstelle war am ehesten daran zu erkennen, dass sie von den Menschen genutzt wurde. Und fragen. Immer wieder fragen.

Nach mehr als zwei Monaten Wanderung durch Rumänien, konnte ich einfache Gespräche führen. Mit der Grammatik des Banats und dem Sprachklang der Südkarpaten. Und obwohl radebrechend, wurde mir oft nicht mehr geglaubt, dass ich Österreicherin bin, dort geboren und sogar von Eltern, die auch schon Österreicher waren und die übrige Verwandtschaft mehr oder weniger auch von Österreich war.

Ich müsse zumindest Verwandte hier haben. Unvorstellbar eben, dass eine „echte" Österreicherin zu Fuß mit einem Pferdchen durch ihr Land wandert.

Ein guter Lagerplatz im câmp, der Weidezone, die alle Dörfer dort umgibt, nicht weit vom Dorf entfernt. Ich hatte nächtlichen Polizeibesuch.

Von Weitem sah ich sie schon kommen. Die Sturmlampe hatte etwas Offizielles an sich.

Besucher in der Dunkelheit lassen mich zum Tier werden. Wie mein Pferd bin ich sofort hellwach, alle Sinne sind offen, der Körper gespannt, der Ort wird gecheckt, ist alles dort, wo es sein soll, dann geht die Aufmerksamkeit zu dem, was sich nähert.

Ich wusste nie, was kommt. Trägt jemand sein Kind zu mir, damit ich es segne, wird mir Essen gebracht, gibt es ein Revierproblem, das ich übersehen habe bei der Wahl des Lagerplatzes, will jemand von mir ins Zelt eingeladen werden, werde ich auf Raubbares gecheckt, ist der Besucher gewaltbereit.

Ich wusste es nie.

Die beiden Personen waren Männer, die ihren Schritt nicht verlangsamten, als sie sich dem Zelt näherten. Also offiziell. Jeder andere Besucher hätte sein Tempo gedrosselt. Die Schritte waren männlich und demonstrativ mächtig. Mehr konnte ich im Dunkeln nicht bestimmen.

Als sie angekommen waren, hatte ich das Licht der Sturmlampe im Gesicht. Nun konnte ich gar nichts mehr sehen. Das Pferd hörte ich gespannt, aber kein Galopp, also kein Panikausbruch. Er war noch da und die beiden hatten kein Interesse an ihm, also Entwarnung in dieser Hinsicht.

Die beiden standen eng zusammen. Geschultere Beamte verteilen sich sofort, nicht sehr weit voneinander entfernt nehmen sie ihre Positionen ein, immer wirkt es wie eine einstudierte Choreografie. Die Männer im câmp standen, als ob sie sich aneinander anhalten müssten und nur zusammen diese Machtdemonstration durchhalten konnten. Sie waren nicht gefährlich.

Ich musste nachfragen, konnte die ersten Befehle nicht verstehen. „Ich spreche nicht gut rumänisch. Das habe ich nicht verstanden." „Dokumente!"

Woher ich komme, fragt er. „ Aus Österreich." Ich deute auf meinen Pass, da stehe es ja. Das habe nichts zu sagen, meint er und wiederholt die Frage. Ich wiederhole die Antwort: „Aus Österreich." „Und dein Pferd?" „Mein Pferd kommt auch aus Österreich." Er schüttelt den Kopf. Zigarettenasche fällt in meine Papiere. Er bespricht sich mit dem anderen.

„Woher kommst du wirklich?" Er nervt. Ich bin nahe daran, etwas zu erfinden, lasse es, keine Scherze mit der Polizei.

„Ich komme aus Österreich. Ich bin Österreicherin und mein Pferd ist Österreicher. Wir sind zusammen hierher gekommen."

„Seit wann bist du in Rumänien?" Ich nenne das Datum. „Wo warst du vorher?" „In Ungarn." „Bist du Ungarin?" „Nein, ich bin Österreicherin!"

Jetzt befasst er sich mit meinen Vornamen. Petra, das komme doch aus Bulgarien. „Und Antonia!" Jetzt grinst er. „Antonia ist ein moldawischer Name!" Triumphierend nickt er seinem Begleiter zu. „Oder ukrainisch", wendet der ein.

Dieser Unterschied scheint keine große Bedeutung zu haben. Sie haben mich durchschaut. Nun will er alle Daten meines bisherigen Reiseverlaufes wissen. Ich nehme mein Tagebuch. Dass ich schreibe, beeindruckt ihn. Ich bekomme meinen Pass zurück.

In der Walachei war jeder Hof stolz auf seine Obstbäume. Oft brachten sie mir Säcke voll von ihren Früchten. In den kleinen Läden auf meiner Strecke östlich der Olt, Richtung Donau gab es weder Obst noch Gemüse. Das hatte man zuhause.

Ich erinnere mich an den morgendlichen Aufbruch von einem Ort, der zuerst recht hilflos mit mir war. Am Morgen aber standen Leute an ihren Zäunen, als wir vorbeikamen. Sie hatten auf uns gewartet, wussten längst, um welche Zeit wir bei ihnen vorbeikommen würden.

Eine alte Frau winkte mich zu sich. Sie tat es so zaghaft, dass ich zögerte. Vielleicht war es ein Segen, den sie uns mitgeben wollte. Ich blieb stehen und wartete, wollte sie nicht erschrecken. Soviel Angst war mir begegnet. Mit älteren Frauen war ich da besonders vorsichtig.

Es war kein Gruß und auch kein Segenswunsch. Ich solle zu ihr kommen. Mein Pferdchen, das oft besser weiß, worum es gerade geht, blieb stehen wie eingeparkt.

Die Frau griff in die Tiefen ihrer Schürzentasche und holte eine Birne heraus. Groß, schön. Ich bedanke mich und will weiter, sie hält mich auf und holt umständlich aus einer anderen Tasche einen Apfel. „Bun drum. Numai bine." Die rumänischen Wünsche. Guten Weg! Nur Gutes!

Das Pferd setzt sich schmatzend in Bewegung, was soviel heißt wie: Das teilen wir!

Joan. Er wusste schon alles über mich und informierte die anderen Dorfleute: „Sie kommt aus Österreich. Sie geht weiter nach Bulgarien. Sie geht pejos, zu Fuß. Und sie spricht mit ihrem Pferd.“ Man lächelte mir freundlich zu und wünschte mir eine gute Straße.

Finstere Blicke begeleiteten mich durch ein anderes Dorf. Ich wurde aufgehalten. Ein Mann stellte sich mir einfach in den Weg, stellte die hier üblichen Fragen: Woher. Wohin. Wie alt.

Dann grinste er und schüttelte den Kopf. „Du bist Rumänin“, sagte er. Ich war längst daran gewöhnt, dass man mir meine Herkunft nicht glaubte. Österreicherinnen gehen nicht zu Fuß. Sie sitzen zuhause und freuen sich an ihrem Reichtum.

Ich beharrte auf meiner Geschichte. „Nein, nein. Du bist Rumänin. Du hast Familie hier. Du bist schon mindestens zwei Jahre da.“ „Ich habe die Sprache auf der Straße gelernt, zwei Monate sind eine lange Zeit und jetzt gehe ich weiter.“ Er stellte sich mir in den Weg. „Du bist Rumänin!“ Er lachte. „Keiner lernt eine Sprache in zwei Monaten. Ich könnte das nicht.“ Mir gingen die Argumente aus. Ich machte einen Bogen um ihn, nickte und verabschiedete mich. Auf Rumänisch.

Petre. In einem Dorf, in dem man mir seltsam hämisch begegnete, war er meine Rettung. Er trieb gerade seine Truthahnherde heim, sah mich an, wie ich am liebsten angesehen werde. Offen. Freundlich. Machte sich gleich Gedanken, stellte mich seiner Frau vor, die mich sofort gut unterbrachte, mich am liebsten in den eigenen Garten geholt hätte, der belebt war von unzähligen Rassen Federviehs. Ich lagerte dann auf einem Wiesenstückchen gegenüber. Petre hatte den Auftrag, mich zu bewachen, die Gegend sei so gefährlich. Nachbarn kamen zu ihr, um Essen für mich abzugeben, entsetzt bei dem Gedanken, ihr Zuhause verlassen zu müssen und durch die Welt zu wandern.

Petre machte eine Führung für mich durch die Federviehstallungen, den Gemüsegarten, den Obstbaumgarten und vorbei an seinen beiden Ackerstreifen gelangten wir nahe an die Olt. Er zeigte auf den Maisacker, sagte „greu", was „schwer" bedeutet, er zeigte auf die Gemüsebeete und sagte greu, er zeigte auf die Bäume und sagte greu, er wies übers Land und sagte immer wieder greu, griff sich auf seinen Rücken, spielte mir vor, wie das viele greu ihn beuge und demonstrierte mir dann, was einen hier aufrichte: Schnaps. Und dann lachte er. Dieses Schauspiel bekam ich ein paar Mal.

Am Ende seines Grundstückes angekommen, wies er übers Land, nur wenig câmp trennte uns noch vom Fluss. Er schaute hinaus auf einen der vielen Dämme. Das da draußen habe der Ceauşescu gebaut. Er nickte dazu. „Der Ceauşescu. Da haben noch alle Arbeit gehabt." Wehmut schwang mit. „Da war noch alles gut." Jetzt säßen die Leute alle zuhause und hätten nichts mehr zu tun. Greu.

Slatina. Ich freute mich auf diese Stadt. Ich würde dort Briefmarken bekommen. Natürlich mussten die eine echte Post haben, mit einem echten Schild davor, für jeden sichtbar. Durch etliche Dörfer war ich gekommen, in denen mich freundliche Leute zu ihrem Postamt geführt hatten, ein Privathaus wie alle anderen Häuser in den Straßen, ein Gartentürchen, der Garten, die Haustüre und dahinter völlig unvermutet, gleich hinter dem Perlenvorhang eine Art Amtsstube, ein Wohnzimmer, ein Tisch voller Mappen, Papiere, Tabellen usw.

Aber was diese Ämter zu Ämtern machte, war einzig die würdevolle Distanziertheit der Amtierenden, meist eine Frau, die nicht mittratschte, wenn die Kundschaft (ihre Nachbarn) kamen und Geschichten austauschten, die ein ernstes Gesicht beibehielt, nicht grüßte und auch jede andere Regung außerhalb des Amtierens vermied. Briefmarken für ein Ausland hatte man oder eben nicht.

Vielleicht war sie auch gerade einkaufen und weil man das als Amtierende vielleicht nicht tun soll, brauchte ich als Fremde oft ein Weilchen um herauszufinden, dass das Amt, bevölkert von der Familie, gerade geschlossen war.

In Slatina würde es bestimmt eine Post geben und bestimmt auch Läden, in denen ich Lebensmittel und Verwöhnzeug kaufen könnte.

Junge Leute bewachten das Pferdchen vor dem Gebäude der Post. Sie wollten Fotos machen, dafür waren sie bereit, Wache zu schieben. Als ich nach gelungenem Briefmarkenerwerb wiederkam, war außer den Bewachern auch noch Polizei da. Bestens. So würde man mir das Pferd bestimmt nicht stehlen. „Dokumente!" Fragen. Ich durfte bald weiter, wollte am Rand der Stadt, oder besser noch weiter draußen, einen Lagerplatz für uns finden.

Ich fragte nach dem Weg. Ein Mann wies mich nach Osten. Meine Straße verließ südlich die Stadt. Andere Leute bestätigten, so müsse ich aber gehen, um dorthin zu kommen. Ich ließ mich überzeugen und gelangte an die Gürtelstraße der Stadt. Im Osten. Wir folgten dieser staubigen, mehrspurigen Straße über viele Kilometer, um an den richtigen Ausgang aus der Stadt zu kommen. Wir waren beide müde. Ich hatte meinen Sinnen nicht getraut und mich zur Autostrecke überreden lassen. Kein Futterplätzchen fürs Pferd, weit und breit kein Grünstreifen. Er schnappte sich ein paar dreckige Gräser. Er würde am Abend was bekommen. Wir würden schon was finden.

Als wir endlich das richtige Ende der Stadt erreichten, wurde es allmählich Abend. Zeit, einen Lagerplatz zu finden. Das Pferd zerrte nach jedem Grashalm.

Die Ränder einer Stadt sind oft die Lebensräume der Armen. An den Rändern einer Stadt wohnen auch oft die kleine Kriminalität und die nicht so kleine Gewalt. Wir mussten raus zum nächsten Dorf. An einer Tankstelle fragte ich nach Namen auf meiner Landkarte. Man sah mich an, als ob mein Rumänisch ganz plötzlich unverständlich geworden wäre. Ich wischte mir das Gesicht ab. Vielleicht hatte ich einen Streifen Dreck auf der Haut, hatte an diesem Tag noch keinen Spiegel gesehen.

Ich wiederholte die Frage, brauchte ein Dorf. Ob ich denn Musik mache, oder Musiker suche, fragte der Tankwart schließlich. „Nein, ich suche einen Platz für die Nacht." Er schwieg kurz. Dann wies er auf eine Seitenstraße „Da ist dieses Dorf. Fünf Kilometer.“ Er drehte sich um.

Ich war erschöpft und mit dem hungrigen Tier an der Hand wollte ich mir keine Gedanken machen über das, was er mir neben seinen Worten zu verstehen gegeben hatte. Wir würden schon was Rechtes finden und hoffentlich nicht erst in fünf Kilometern. Bald würde es dunkel sein.

Wir wanderten über die kleine Landstraße. Alte Fabriksgebäude, kaputte Zäune, Mauern aus rostigem Blech, Müll. Nach Bauernhäusern, an die ich mich wenden konnte, sah es ganz und gar nicht aus. Ein Moped überholte uns, hielt nach vielleicht hundert Metern an. Die zwei Männer sahen uns zu, besprachen sich kurz, sahen uns zu.

Am Tor zu ihrer „Farm“ riefen sie einen Namen, pochten an das rostige Eisen, warteten. Eine Mauer aus Blech und Rost umschloss ein Gelände. Das gehöre ihnen. Der Jüngere der beiden strahlte mich an. Sie hätten auch noch ein schönes Haus im Dorf, aber das sei die Ferma.

Das Tor wurde geöffnet. Ein Klacken, ein anderes, ein Schieben, das Quietschen in den Angeln. Der Mann dahinter machte sich sofort unsichtbar, verschwand, tauchte hinter uns wieder auf. Ich hörte wieder das Quietschen des Tores, das mehrteilige Verschließen der Riegel.

Raphael und sein Sohn redeten auf mich ein, führten mich weiter, wir balancierten durch Schlammlöcher und viele Arten von Mist über den Staub. Auf einer Koppel nebenan weideten Pferde. Mein Pony war also gut versorgt. Sie hätten eine Wiese für uns und Heu sowieso und Wasser und eben auch Pferde.

Gut eingeschlossen zu sein, bereitete mir ein leichtes Unbehagen. Dass das Pferdchen jetzt aber endlich alles hatte, was es brauchte – dieser Tag war schwer gewesen für ihn – war gut. Alles andere würde ich schon hinkriegen.

Die Männer führten mich an klapprigen Stallungen und Kettenhunden vorbei. Eine humpelnde Frau kam uns neugierig entgegen, blieb stehen, legte ihren Kopf schief, fast auf die Schulter, sprach mich in einer Art Singsang an. Hinter ihr sprang ein junger Mann aus einem flachen Gebäude, grinste und sprang wieder zurück. Die Männer zogen mich weiter. Das seien die Leute, die hier arbeiteten, erklärte mir der Jüngere süßlich. Der Ältere, Raphael, rief irgendwelche Anweisungen, während er sich über den Pfad zu unserem Lagerplatz mühte, eine abgeweidete Wiese. Hier könne ich bleiben, das sci ja wohl groß genug. Er lachte und wies mit einer ausladenden Handbewegung über den großen Platz.

Ein paar Muttersauen, gefolgt von ihren Ferkelscharen flüchteten vor dem Pony. Es stank entsetzlich. Hier solle ich das Zelt aufbauen und später solle ich auf einen Kaffee kommen, ich hätte bestimmt gerne Kaffee und es sei guter im Haus, italienischer. Er zwinkerte mir zu, noch schwer atmend von dem Gang hier heraus.

Ich bedankte mich, fragte um Wasser. Im Haus, im Haus würde ich welches bekommen. Zuerst das Pony abladen, das Zelt aufbauen, das letzte Tageslicht nutzen. Ich würde später zum Haus kommen. Sie verließen mich.

Der Gestank kam von den Resten einer toten Kuh, die auf dem Gelände lag, verweste. Offenbar hatte sich keiner die Mühe gemacht, wegzuräumen, was die Hunde übrig gelassen hatten.

Unmöglich, jetzt noch weiterzuwandern. Ich würde was finden, was ich anzünden konnte und meine Räucherstäbchen verbrauchen und irgendwie trotzdem schlafen. Das Pferd war mir den Sauen beschäftigt. Die Ferkel gefielen ihm. Ich baute das Zelt auf und gemeinsam verteidigten wir es.

Dann kam der Sohn, setzte sich vor mein Zelt. Er habe ein Haus im Dorf, Frau und Kinder, sein Vater lebe oft hier heraußen, damit alles gut laufe mit den Tieren und den Arbeitern. Er stellte ein paar Fragen, deren Antworten ihn nicht interessierten, fragte dann, ob es nicht sehr schwer für mich sei, so allein zu sein, lächelte mich süßlich an. „Nein, mir geht es gut allein." Er könne auch bei mir bleiben, wäre doch Platz für zwei im Zelt. Ich lehnte sein Angebot ab und fragte nach seinen Kindern, lenkte unser Gespräch konsequent auf seine Familie, spielte mit einem Kruzifix, das ich ein paar Tage vorher bekommen hatte und noch immer bei mir trug. Er ließ es bleiben, verabschiedete sich und verschwand.

Ich zündete Rauchzeug an, das Atmen war eine Qual.

Dann kam Matilda. Die Magd setzt sich unmittelbar vor den Zelteingang. Sie schaukelt und schweigt, sieht sich alles an, schaukelt. „Du musst jetzt hierbleiben!“, sagt sie schließlich. „Nein, Ich ziehe morgen weiter, morgen früh, bepacke ich das Pferd und ziehe weiter.“ Sie schüttelt den Kopf. Ihr Gesicht, ihre Hände und ihre Kleider sind dreckverschmiert. Sie schaukelt, sieht mich streng an. „Doch du musst! Ich bleibe hier, mein Mann bleibt hier, mein Sohn bleibt hier und du bleibst jetzt auch hier!“

Der Gestank. Ich zünde noch eine Kerze an. Ich kann das Thema wechseln. Sie habe also Familie. Jetzt strahlt sie. Ihr Mann, erzählt sie nun lächelnd, sei mit den Kühen aus Griechenland gekommen, ihr Sohn sei schön und stark und er könne schon alles arbeiten. Ich freue mich mit ihr und nun fällt mir nichts mehr ein. Wir schweigen.

Die Pferde werden von der Koppel geholt. Es muss ihr Mann sein, derselbe, der das Tor geöffnet hat. Wieder kann ich ihn nicht sehen. Sie nickt dazu, schaukelt weiter. Später kommt Ihr Sohn, springt von einem Bein auf das andere, strahlende Augen im dreckverkrusteten Gesicht, er läuft wieder zurück. Matilda steht mühsam auf, eine magere, krumme Frauengestalt, sie dreht ein paar Mal ihren Kopf und geht dann. Ich bin für einen Augenblick allein, lange genug um die Koppel zu queren, vorbei an der toten Kuh den einzigen Busch hier anzusteuern.

Als ich zurückkomme, ist Raphael auf dem Weg zum Zelt. Der Junge verfolgt ihn hüpfend. Der Kaffee. Ich solle doch auf einen Kaffee kommen, ob ich denn Angst hätte, er tue mir ja nichts, ich solle mich doch auf einen Kaffee zu ihm trauen. Ich nehme meinen Wassersack. „Natürlich komme ich, lange kann ich das Pferd nicht allein lassen, aber das geht schon. Und Wasser brauche ich auch.“ Wir gehen in die Richtung der Ställe. Nach ein paar Schritten fällt der Mann um. Ein Schleudern, aufgerissene Augen, dann liegt er auf der Erde. Der Junge stimmt ein Geschrei an, hüpft jetzt auf der

Stelle. Ich hocke mich neben ihn, fasse seine Hand. Sein Blick ist starr. Dann bewegt er sich wieder, stöhnt. Der unsichtbare Mann, der mit den Kühen aus Griechenland gekommen ist, steht neben uns, hebt seinen Herrn auf und sie wanken auf eines der Gebäude zu. „Sie soll mitkommen, soll mitkommen!" Er atmet schwer. Der Knecht dreht seinen Kopf zu mir, sieht mich an. „Ja, ich komme schon."

Raphael wird in sein Zimmer gebracht. Matilda taucht aus einer dunklen Ecke des Hauses auf, jammernd, sieht mich vorwurfsvoll an, verschwindet wieder. „Mach dem Mädchen Kaffee! Mach dem Mädchen Kaffee!" Der Knecht dreht eine unsichere Runde in der winzigen Küche, sieht bei der offenen Tür seines Herrn hinein und geht dann.

Raphael dreht sich aus seinem Bett, grinst mich an. „Es ist nichts. Nichts. Nur das Herz. Sonst nichts." Er zuckt die Schultern, windet sich mühsam auf seine Füße und in seine Sandalen, kommt schwer atmend auf die Beine, wankt in die Küche und präsentiert mir stolz seinen Kaffee. Echten italienischen Kaffee. Ein Neffe mache Geschäfte dort und ihm habe er Kaffee mitgebracht.

Er setzt eine Kanne auf. Dann präsentiert er mir seine Einrichtung. Ich mache mir Sorgen, er könnte gleich wieder umfallen. Der Mann mit den griechischen Kühen ist bestimmt in der Nähe. Raphael zeigt mir stolz seinen Fernseher und seinen DVD-Player. „Für Sexfilme", erklärt er mir grinsend und wankt wieder zurück zu seinem Bett. Ich solle mich setzen. Der unsichtbare Grieche taucht irgendwo hinter mir auf und verschwindet wieder. Der Kaffee ist fertig. Wieder quält er sich aus dem Bett, schenkt mir eine Tasse ein, wankt zurück, lässt sich fallen. Er atmet schwer.

Ich trinke den Kaffee, versuche dann zu gehen, das Pferd sei allein draußen. Er hält mich auf. Ein bisschen könne ich doch bleiben. Sein Mann werde schon nach dem Tier sehen. Der Grieche ist für einen Augenblick hinter mir, als ich mich umdrehe ist er schon aus der Tür. Raphael lächelt mich nickend an. Dann fragt er, ob ich ihn nicht heiraten wolle, er sei allein, ich sei allein, das würde doch gut passen. Meinem Pferd würde er dann einen eigenen Stall bauen, einen ganz eigenen Stall. Er zeigt nach draußen. Offensichtlich hat er sich schon Gedanken darüber gemacht, wo er dieses Gebäude errichten würde. Dann lässt er das Angebot wirken, lächelt und nickt mir aufmunternd zu.

Ich denke an das verschlossene Tor, an das Pferdchen, das längst nach mir ruft, frage mich, ob ich mich auf den Griechen verlassen kann, ja, der könnte in Ordnung sein, der Sohn, taucht der noch einmal auf oder kann er es sein lassen, die Nacht, nur dösen, nicht schlafen, vielleicht.

Raphael sieht mich noch immer aufmunternd an, hat wieder genug Kraft, um sich aufzurichten und nach mir zu greifen. Ich bin schon an der Tür. „Ich bin gerne allein und außerdem auf Reisen. Und jetzt muss ich unbedingt zum Pferd!" Ich wünsche ihm eine gute Nacht. Ob ich denn am Morgen zum Kaffee kommen werde. Ja, gerne. Ich bin schon draußen, begegne dem griechischen Schatten, laufe an den kläffenden Hunden vorbei, der Pfad zur Koppel, der Gestank, das wiehernde Pferdchen, die Schweine müssen schlafen gegangen sein.

Kekse aus der Stadt mit meinem Gefährten teilen. Es ist still. Von den vier Leuten droht mir im Moment keine Gefahr. Ich klettere ins Zelt. Später höre ich ein Auto in den Hof rumpeln. Laute Stimmen. Der Besucher ist ein Mann. Er scheint wütend zu sein, Raphaels Stimme höre ich kaum. Der Fremde spricht von der Frau, von dem kleinen Pferd und dass er sie hergeben soll. Geschrei. Dann wird es ruhiger. Ich kann nichts mehr verstehen. Wenig später wird der Motor wieder angelassen, das Auto verlässt den Hof. Ich erkenne das Quietschen des Tores.

Der Rest der Nacht ist ruhig. Asterix stellt sich zum Zelt. Ich schlafe in den Kleidern, lege das Messer zur Seite. Das Tor. Wenn man mir nur das Tor am Morgen aufmacht.

Der Morgen begrüßt mich mit einem zauberhaften Sonnenaufgang. Als ich vom einzigen Busch zurückkomme, liegt Heu da. Ich sehe den Griechen verschwinden, fange sofort an zu packen.

Als die Gepäckstücke pferdefertig sind, kommt Raphael. Der Junge stützt ihn.

Ob ich gut geschlafen hätte und alles in Ordnung sei. Er bemüht sich. Er habe Kaffee für mich gekocht, ich solle keine Angst haben und kommen. Ich gehe mit. Das muss ich alles gut beenden, sonst komme ich vielleicht nicht raus.

Der Kaffee steht schon auf dem kleinen Tischchen in seinem Zimmer, die Tasse, seine Geige daneben. Er setzt sich aufs Bett. Heiraten wolle ich ihn also nicht, sagt er. „Nein." Ich trinke den Kaffee, lobe ihn und versuche, mich zu verabschieden, ich bin reisefertig und der Tag wird heiß werden. Ich muss noch sitzen bleiben.

Wenn ich ihn also nicht heiraten wolle, dann doch wenigstens ein bisschen Sex, Sex für Geld, er würde mich selbstverständlich bezahlen, schließlich gefalle ich ihm und – jetzt macht er eine Pause, winkt ab, lächelt mich dabei freundlich an – er würde mich dabei auch nicht hin und her werfen, so – er beschreibt mit seinen Händen, was er nicht vorhätte – nein, bestimmt nicht, er wisse schon, dass das manche machten, aber er nicht, versprochen. Dann versucht er, mich festzuhalten. Heute ist er stärker als am Abend zuvor. Er ist zu langsam. „Leider, ich muss weiter!" Ich bin schon draußen.

Das Pferd steht wie ein Stein, als ich ihn bepacke. Wir sind schnell. Der Alte ist zu schwach, um mir gefährlich zu sein. Der Grieche. Das Tor. Die Leute aus dem Dorf. Das Tor.

Ich nehme das Pferd und verlasse den Lagerplatz, vorbei an den Kötern, den Wohngebäuden, den Schweinen, den Stallungen. Der Mann, der mit den Kühen aus Griechenland gekommen ist, steht schon am Tor, es ist offen, als ich es erreiche. Wir sehen uns nicht an. Ich bin ihm dankbar. Ich bin wieder auf der Straße.

Vor ein paar Jahren habe ich zum ersten Mal den Begriff „Gutmensch" gehört. Eine Künstlerin beschrieb mir damit abschätzig lächelnd das Wesen einer Person. Intellektuelle, Künstler, Therapeuten verwenden ihn immer wieder. Wer will schon ein Gutmensch sein.

Der Grieche öffnete mir das Tor. Ich war wieder auf der Straße, wandte mich sofort zurück zur Hauptstraße, erreichte die

Tankstelle, die mir am Vortag den Weg zum Dorf, das ich nie erreicht hatte, gewiesen hatte, folgte der großen Straße und atmete auf. Nach ein paar Kilometern machten wir eine kurze Rast auf einer Wiese neben der Straße. Beide hungrig. Dann zogen wir weiter.

Die weiten Ebenen. Die Äcker. Das Weideland. Pferdefuhrwerke. Manchmal Esel. Es ging uns gut. Mein Pferdchen in zufriedenem Schritt neben mir. Der wiegende Kopf. Ein guter Moment ist ein guter Moment. Pferde kennen keinen Konjunktiv.

Ein Auto bog in einen Ackerweg ein. Ein gutes Stück vor uns. Verschwand hinter Büschen. Als wir an der Wegkreuzung vorbeischlenderten, rief mich ein Mann an. Er hatte das Auto hinter den Büschen geparkt, lehnte an der Fahrertür. Ich rief ihm Guten Tag zu und ging weiter. Er wurde lauter, fuchtelte mit den Armen. Ich solle stehen bleiben. Ich winkte ab, ging weiter. Mein Pferd schritt zügig aus. Wenn jemand Obst, Geschenke oder Bewunderung für ihn hat, weiß er es. Der Abstand spielt da keine Rolle. Er zog mich weiter.

Der Mann kam näher. Ich solle doch einen Moment stehen bleiben. Nur einen Moment. Ich bin zu Höflichkeit erzogen worden, muss stehen bleiben und ihn anhören. Das Pferd zerrt an der Leine. Der Mann mustert mich. Ich sehe ihn fragend an. Ich solle mitkommen, da zum Auto. Nein, ich muss weiter. Wir setzen uns in Bewegung. Womit ich denn handle, fragt er. „Mit gar nichts. Ich reise. Guten Tag." Er wird wütend. Ja, aber dann solle ich doch gefälligst mitkommen, er bezahle ja schließlich dafür!

Wir gehen weiter. Er schimpft. Ich kann nichts verstehen. Autos fahren vorbei. Eine befahrene Straße. Wenn der mich angreift, erwürge ich ihn. Solange wir auf der Straße bleiben, sind wir ziemlich sicher.

Später hält wieder ein Auto an. Zwei Männer springen heraus. Ich sehe sie misstrauisch an. Sie verändern ihre Bewegungen, werden langsamer. Der eine packt einen Ausweis aus. Er sei von der Presse und ob er mir ein paar Fragen stellen könne. Asterix nutzt diese Pause für das Gras am Straßenrand. Der Mann spricht nun englisch, ist bemüht, möglichst höflich und sogar vorsichtig mit mir umzugehen. Er will die Geschichte und ich bin nicht besonders zuvorkommend. Sie machen Fotos, bedanken sich, steigen in ihr Auto, wenden und fahren dahin zurück, wo sie hergekommen sind.

Am späten Nachmittag erreichten wir ein Dorf. Man wollte nicht mit mir sprechen. Leute sahen mich und traten zurück in ihre Häuser. Hier würde ich bleiben. Musste den Menschen nur irgendwie klarmachen, dass ich nicht gefährlich war, musste jemanden finden, der nicht schnell genug im Haus war. Ich bog in eine Seitenstraße ein. Aus dem hintersten Garten der Straße hörte ich eine Frauenstimme. Ich wartete. Sie hatte mich nicht entdeckt. Ich konnte sie also ansprechen. „Guten Tag. Entschuldigen Sie bitte." Die Frau hielt inne, musterte mich. Nur schnell sagen, was ich brauchte, bevor sie sich in Sicherheit brachte. „Ich brauche einen Platz für die Nacht, ein Stückchen Wiese vielleicht. Kann ich hier irgendwo bleiben?" Ich wies hinaus aufs câmp. Sie zögerte noch einen Moment, dann trat sie an den Gartenzaun, stellte Fragen, entschied dann, dass ich unbedingt in der Nähe der Häuser bleiben müsse und bot mir ein abgemähtes Luzernefeld an. Kein Problem.

Sie war noch vorsichtig. Es war mutig von ihr, überhaupt mit mir zu sprechen. Ich richtete unser Lager unweit ihres Hauses, hatte die Nachbarschaft einer guten Frau nötig, um Wasser bat ich an einem anderen Platz.

Wasser wurde mir fast nie verweigert. Auch das Pferd einer Vagabundin hat Durst. Mein kleiner Gefährte ist mutig, eigensinnig und zäh, aber er kann Menschen schmelzen lassen. Und weil sie ihm was gaben, konnte ich danach auch meinen eigenen Wassersack füllen. Dass ich wieder wegging, mich ehrlich bedankend, machte mich erst ungefährlich für sie.

Später tauten sie auf, hatten mein Tun beobachtet. Das Zelt. Die Versorgung des Pferdes. Der Gaskocher. Die Flöte.

Man brachte mir Essen. Mais für Asterix. Eine Frau kam mit einer großen Plastikflasche voll Milch. Man führte seine Kinder an den Rand des Luzernefeldes. Ich schlief einen tiefen und guten Schlaf, hörte, wie sich das Pferd neben das Zelt legte.

Der Morgen. Die Sonnenaufgänge der späten Sommertage über den Weideflächen. Mais für das Pony. Brot, Zucker und Kaffee für mich. Als wir das Dorf verließen, begleiteten uns freundliche Gesichter und gute Wünsche.

Wir wanderten über die Landstraße. Polizeiautos standen am Straßenrand. Es sah nach Verkehrskontrolle aus, mit ziemlichem Aufgebot. Fünf Wagen, viele Beamte. Man sah mir beim Näherkommen zu. Ich überlegte, ob sie mich mit der kleinen Pferdestärke auch kontrollieren wollten, blieb unaufgefordert stehen. Sie würden mich ja doch anhalten.

Einer der Beamten trat zu uns. Er nickte immerzu, schwieg. Dann fragte er nach meinen Papieren und wieso ich rumänisch spreche. Andere Polizisten kamen dazu. Woher, Wohin, Wie lange in Rumänien, Familie hier usw.

Als ihm keine Frage mehr einfiel, schwieg er, hielt meinen Ausweis fest und nickte wieder. Ich nickte jetzt auch. So standen wir da. Ich war zufrieden. Mein Pony sah sich nach Essbarem um. Zu viele Menschen und Autos. Die Beamten sahen mich an oder zu Boden. Dann löste sich einer aus dem Bild, ging zu einem der Fahrzeuge, holte eine Zeitung, blätterte darin, fand, was er gesucht hatte, glättete das Papier und zeigte es seinem Chef, hielt es ihm vors Gesicht.

Sie betrachteten es, sahen uns an, schauten wieder in die Zeitung. „E vendetta", sagte schließlich der eine. Der andere nickte und gab mir meine Papiere zurück. Die Polizeibeamten kamen in Bewegung. Man wollte die Zeitung sehen, lachte, machte Scherze, alles war anders, dann zeigten sie es mir. Es war der Artikel der Reporter vom Vortag, ein großes Foto von uns daneben. Ich durfte weitergehen. Einer wurde so privat, uns eine gute Straße zu wünschen. Bun drum!

Später sah ich in meinem Wörterbuch nach. Vendetta. Star.

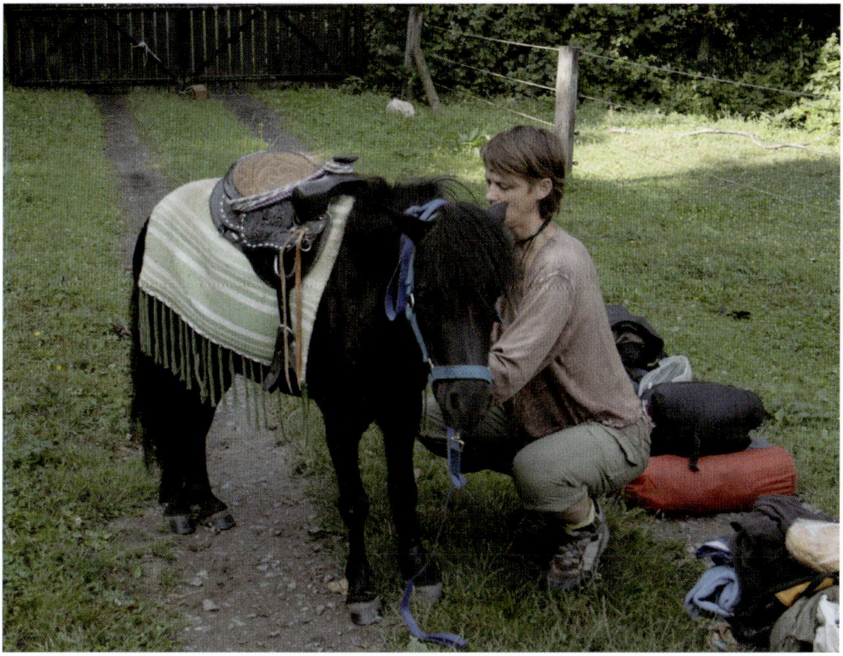

In Ungarn: Asterix wird gesattelt.

Wetterfest im Regenmantel.

Amadea und Asterix vor der ersten gemeinsamen Reise.

Am Bodensee.

Wir reisen zu dritt.

Das Fohlen schläft im Zelteingang.

In den Ostalpen.

Die Küche.

Immer wieder brachten Kinder Geschenke.

AMBASSADOR FOR PEACE

Universal Peace Federation

Interreligious and International Federation for World Peace

The Universal Peace Federation and the Interreligious and International Federation for World Peace acknowledge as Ambassadors for Peace those individuals whose lives exemplify the ideal of living for the sake of others, and who dedicate themselves to practices which promote universal moral values, strong family life, interreligious cooperation, international harmony, renewal of the United Nations, a responsible public media, and the establishment of a culture of peace. Transcending racial, national and religious barriers, the Ambassadors for Peace contribute to the fulfillment of the hope of all ages, a unified world of peace wherein the spiritual and material dimensions of life are harmonized.

The Universal Peace Federation and the Interreligious and International Federation for World Peace are proud to hereby recognize as an Ambassador for Peace,

PETRA

Rev. Dr. Sun Myung Moon, Founder

Dr. Hak Ja Han Moon, Co-Founder

Urkunde der Moon-People in Szeged.

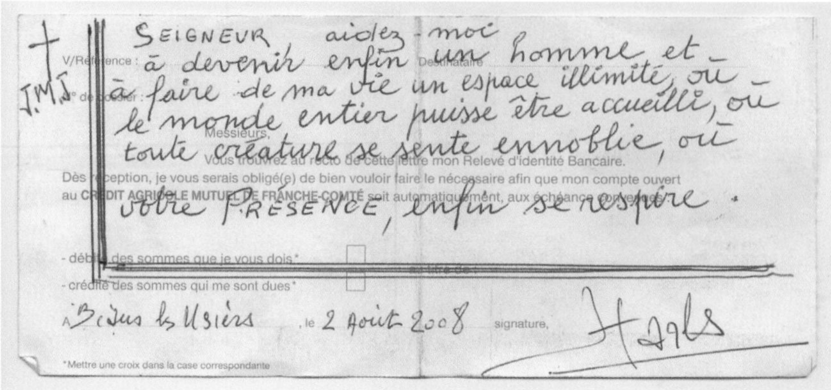

J.M.J.

SEIGNEUR aidez-moi
à devenir enfin un homme et
à faire de ma vie un espace illimité, où
le monde entier puisse être accueilli, où
toute créature se sente ennoblie, où
votre PRESENCE, enfin se respire.

V/Référence :
Destinataire
N° de dossier :
Messieurs,
Vous trouvrez au recto de cette lettre mon Relevé d'identité Bancaire.
Dès réception, je vous serais obligé(e) de bien vouloir faire le nécessaire afin que mon compte ouvert au CRÉDIT AGRICOLE MUTUEL DE FRANCHE-COMTÉ soit automatiquement, aux échéance convenues :
- débité des sommes que je vous dois*
- crédité des sommes qui me sont dues*
au titre de :
A Bians les Usiers, le 2 Août 2008 signature,
*Mettre une croix dans la case correspondante

Charles' Geschenk.

In den Ostalpen.

Oameni adevărul Vineri, 7 septembrie 2007 17

Frumusețile munților Parâng reprezintă un punct de atracție pentru orice călător care vizitează România

Cu poneiul Asterix în jurul lumii

Austriaca Petra a rămas impresionată de frumusețea locurilor din România și de ospitalitatea locuitorilor

» O tânără artistă din Austria a plecat într-o călătorie prin Europa, pe jos, însoțită de un căluț

Austriaca Petra și cel mai bun prieten al ei, poneiul Asterix, au plecat pe jos în cadrul unui inedit proiect: o călătorie prin Europa care a cuprins și România. Pentru a-și îndeplini visul, Petra spune că a renunțat la tot, la serviciu, casă, la tot ceea ce are o valoare materială. Nu regretă nicio clipă că a făcut acest lucru, deoarece recompensa este cu mult mai mare - împlinirea sufletească. Dintr-o eroare, a ajuns în munții Parâng, în Valea Jiului, dar frumusețea locului a convins-o să zăbovească o zi pe aceste minunate

Maximilian Gânju
maximilian.ganju@adevarul.ro

Petra are 42 de ani, este din Graz - Austria și dintotdeauna a fost pasionată de călătorie. A făcut numeroase drumeții, dar niciodată una așa de mare, cum este aceasta. Și-a propus să [...] la un capăt la altul, dar nu singură, ci alături de Asterix – un ponei în vârstă de 9 ani, pe care l-a primit de mic, în dar, de la un prieten apropiat.

A strâns bani ca să călătorească

Călătoria nu a fost tocmai [...] și-a impus punctul de vedere, iar la începutul lunii mai a făcut primul pas spre aventură. „Ideea de a călători doar cu poneiul nu a fost pe placul mamei mele, dar nu a avut ce face. Am renunțat la tot pentru a-mi finanța visul, iar acum sunt aici și nu [...] am ales așa", povestește Petra. Până acum a străbătut câteva mii de kilometri, a fost prin toată Ungaria și deja a [...]

» Ideea de a călători doar cu poneiul nu a fost pe placul mamei mele, dar nu a avut ce face. Am renunțat la tot pentru a-mi finanța visul, iar acum sunt aici și nu regret nici măcar o clipă că am ales așa

Petra, cetățean austriac

2.000 de kilometri parcurși

Excursionista din Austria spune că va mai sta aproximativ o săptămână în România, iar apoi vrea să meargă în Bulgaria, și de acolo în Grecia. „Deja se apropie iarna și vreau să merg spre Grecia, la mare, unde este mai cald, dar îmi este greu să mă despart de locurile acestea frumoase pe care le aveți. Vreau să mai revin în România cât se poate de curând", ne spune Petra. De la începutul călătoriei, tânăra a străbătut mai bine de 2.000 de kilometri pe jos, alături de poneiul ei, pe care-l consideră cel mai bun prieten, capricios uneori, dar întotdeauna de încredere.

Asterix atrage privirile

Petra a rămas impresionată de căldura românilor, care nu au ezitat nicio clipă să o ajute la nevoie. „În satele din Timiș, toată lumea era fericită când auzea de planul meu. Asterix era în prim-plan, toți voiau să-l mângâie. România este o țară superbă, este minunată. Oamenii de la voi, de obicei, când mă văd și află planul meu exclamă «este minunat ceea ce vrei să faci» și îți dau încredere", povestește tânăra.

În Parâng, din greșeală

Petra se îndrepta spre sudul țării, spre Vâlcea. Însă a încurcat drumul și a ajuns în Parâng chiar în toiul unei furtuni. Salvamontiștii din zonă nu au mai lăsat-o să traverseze crestele Parângului, cum intenționa tânăra din cauza pericolului extrem de mare. „Avea o hartă cu toată România. I-am oferit noi o hartă cu munții și traseele din Parâng să poată ajunge la Voineasa în Vâlcea, în siguranță. Vremea a fost extrem de rea, cu vânt puternic, rupere de nori și nu am lăsat-o să înainteze. Ne-a mulțumit pentru asta, după ce a văzut ce poate face o furtună în munte. Eu apreciez ce face și chiar am rămas impresionat", ne-a declarat Dumitru Bârlida, șef Salvamont Petroșani.

Foto: Maximilian Gânju

„Mit dem Pony Asterix um die Welt" – ein Bericht in einer rumänischen Zeitung.

Auf der Reise nach Westen.

Aufstehen und weitergehen. Die Kreise den Kreisenden überlassen. Mich verabschieden und einen Fuß vor den anderen setzen. Oft hätte ich bleiben können, an sehr unterschiedlichen Orten, guten und üblen. Der Zauber des Weiterziehens. Aufstehen und weitergehen. Und durchgehen. Oft wollte man mich aufhalten. Geh da nicht weiter! Geh nicht durch dieses Gebiet! Geh heim!

Als wir an jenem Tag weiterwanderten, vorbei an all der Vorsicht, an der Schönheit, an den Menschen, an ihren Tieren, begegneten uns oft auch erschrockene Blicke. Man hatte Angst um uns.

Am Nachmittag machten wir eine kurze Rast auf einem guten Wiesenstück. Mein Pferd freute sich am Gras. In der Nähe der Dörfer waren oft schon Gänse vor ihm dagewesen, und das Futter war dünn. Auf der Strecke fanden wir immer wieder gute Plätze. Ich legte mich neben ihn ins Gras. Ein friedlicher Platz.

Ein Auto hielt an. Es dauerte einen Augenblick, bis die Wagentüren geöffnet wurden. Eine Frau stieg aus. Dann ein Mann. Sie zögerten, sahen sich an, warteten, dann kam die Frau vorsichtig auf mich zu. Der Mann folgte ihr. Sie grüßten mich schon aus einiger Entfernung, nickten mir freundlich zu, blieben stehen, warteten ab, ob sie willkommen waren. Ich rief ihnen einen Gruß zu. Sie wagten sich näher, fragten, ob sie herkommen dürften, bewunderten das Pferd und fragten dann, ob sie sich zu mir setzen konnten. Der Mann blieb hinter ihr, nicht aus Furcht, sondern aus demonstriertem Respekt.

Sie hätten von mir gehört und seine Frau wollte mir unbedingt begegnen, und darum sei er nun mit ihr hier herausgefahren, sagte er. Sie lächelte mich an. Ihre Kleidung und die lebendigen Augen erzählten mir, dass sie Roma waren. Sie fragten nach allem, was sie schon gehört hatten, vervollständigten das Bild mit ein paar Details. Dann wollten sie wissen, wie ich weiterzuwandern vorhatte. Die Frau nickte mir zu, dann sah sie ihren Mann an, wandte sich wieder an mich. Als sie alles wusste, was ihr wichtig gewesen war, bedankte sie sich besonders höflich für das Gespräch, wünschte mir alles Gute, stand auf und ging in ihrem langen Rock durch das Gras wieder zurück zum Auto. Der Mann verabschiedete sich mit einer kleinen Verbeugung, folgte seiner Frau, überholte sie, um ihr die Wagentüre zu öffnen. Winkend fuhren sie zurück.

Am Abend half ein ganzes Dorf mit, einen sicheren Platz für mich zu finden. Ich brauchte außer Sicherheit vor allem einen Platz, an dem das Pferdchen grasen konnte in der Nacht. Man suchte, bot mir etwas an, suchte weiter. Die Gänse hatten hier nicht viel übrig gelassen. Unmöglich, ich dürfe nicht außerhalb des Dorfes bleiben. Sie deuteten nach Süden. Von dort kämen die Diebe. Ich packte ab und musste unter dem Druck des ganzen Dorfes wieder weiter an einen besseren Platz. Als es endlich geschafft war, als ich in einem verlassenen Garten lagerte mit gut verschlossenem Tor und die Besitzerin die Dorfjugend vom Zaun vertrieben hatte, war ich völlig erschöpft. Ich hatte wahrscheinlich an die hundert Mal erklärt, wo ich schon gewesen sei, wohin ich weiterwandere.

Man warnte mich. Ich müsse in der Stadt da vorne zur Polizei gehen und die müssten mich begleiten, ein paar Kilometer. Die Kilometer nach der Stadt seien lebensgefährlich für mich. Allein käme ich da nicht durch. Sie waren sich alle einig, beschworen mich.

Es war mir damals nicht vorstellbar, mit Polizeibegleitung zu wandern. Undenkbar. Für die Informationen war ich sehr dankbar. Außerhalb des Dorfes nachts gefährlich, in der Stadt sehr vorsichtig sein, später drei Kilometer lebensgefährlich.

Ich würde da durchgehen. Eine andere Straße gab es nicht, frei übers Gelände zu gehen, wagte ich erst recht nicht. Ich hatte ein gutes Gefühl. Das würden wir schon packen.

Am Morgen wiederholten sie noch einmal, unbedingt Polizeibegleitung, sahen mich streng an, eine Frau schluchzte. Ich bedankte mich für die Gastfreundschaft und zog weiter. Mein Pferd war guter Dinge. Er empfindet lagern als gefährlich, wandern ist der sicherere Teil.

In der Stadt hatten wir keine Probleme. Leute sprachen uns an. Derb, manche freundlich. Es gab keinen Grund zu verweilen. Mittagsrast an einem verwachsenen Abbruchplatz nach der Stadt.

Der Mann, den ich dazu um Erlaubnis gefragt hatte, warnte mich noch einmal vor den kommenden Kilometern. Wie eine Zone beschrieb er sie. Da vorne beginnt es und nach drei Kilometern bist du durch, WENN du durch bist und mit Polizei das wäre schon besser. Er wiegte den Kopf.

Ich baute mir einen Liegeplatz zwischen den Ziegeln, und das Pferdchen fand genug zu fressen, wenn ihm auch der Boden unheimlich war. Später legte ich ihm wieder das Gepäck auf. Ich hatte keine Angst. Wir hatten schon vieles durchwandert. Was nicht zu verhindern war, war eben nicht zu verhindern. Man müsste mich schon umbringen, um mich von meinem Pferd zu trennen. Und sonst. Ich tätschelte meinen Gefährten, erzählte ihm, dass ich heute eine Queen sei. Er schien einverstanden. Ich musste lachen. So zogen wir los.

Menschen traten aus ihren Häusern, Kinder liefen uns nach. Fragen. Die Antworten warf ich mit einem Lächeln um mich. Freundliche Gesichter, glühende Augen, Begleiter, die wieder verschwanden.

Dann kamen zwei Männer. Einer von rechts, der andere von links, bauten sich zur Mauer auf vor meinem Weg, schmieriges Grinsen.

Wir hielten nicht an. Ich lächelte sie an, als ob sie zu meinen Bewunderern gehörten, mein Pferd biss den linken und beide sprangen zur Seite. Wir verringerten nicht einmal unser Tempo. „Der beißt!", rief der Gebissene. „Ja, er beißt." Ich nickte, lächelte, tätschelte das Pferd und spazierte weiter. Sie folgten uns nicht.

Die Menschen kamen an die Gartenzäune, grüßten, ich nickte ihnen zu. Das Pferdchen ließ sich durch nichts aufhalten. Er spielte seine Rolle prächtig.

Kinder, die unfreundlich waren, wurden sofort zurückgepfiffen, man warf uns allerlei Worte nach, Blicke. Ich hörte und sah nur die Bewunderer, während gleichzeitig alle Sinne offen waren und mir keine Bewegung entging.

Eine lange Siedlung. Drei Kilometer Laufsteg. Wieder zwei Männer. Dasselbe Muster. Ich sah schon ihren Start von den Hauswänden, wusste, dass sie sich in der Mitte treffen würden. Die Mauer, die sich erst schließt, wenn ich kurz davor bin.

Ein Pfiff. Sie wandten sich um, verschwanden so behende, wie sie aufgetaucht waren. Ich sah mich nicht nach ihnen um, schritt weiter, vorbei an dem Mann, der gepfiffen hatte. Es war der Mann vom Vortag, der seine Frau, die meine Wanderung bewundert hatte, zu mir auf die Wiese gebracht hatte. Er lehnte an seinem Wagen, nickte mir zu. Mehr nicht. Auch ich grüßte ihn nur mit einem kleinen Nicken, schritt weiter, wusste nun, dass wir beschützt wurden.

Wir wanderten weiter. Ich dachte, die drei Kilometer hätten wir längst. In dieser Region folgte oft ein Dorf unmittelbar auf das andere. Ich beschloss, mich allmählich um ein Nachtlager zu kümmern. Freundliche Gesichter grüßten mich am Straßenrand. Eine alte Frau saß an der Hausmauer umringt von Kindern. Sie sprach mich an. Ich blieb gerne stehen. Der Weg hierher war anstrengend gewesen. Ich hatte das Gefühl, Stunden gewandert zu sein, Uhr besaß ich keine, in Wahrheit waren es gerade jene drei Kilometer gewesen.

Die Frau hatte ihren Spaß mit meiner Geschichte. Ich fragte sie, wo ich hier lagern könne. Sie wies mich auf ein Nachbargrundstück. Die Besitzer waren offenbar schon lange nicht mehr da gewesen, sie hatte ihr Federvieh darin. Da könne ich bleiben. Kein Problem.

Für das Pferd war nicht viel Essbares da, aber ich hatte noch Mais im Gepäck. Sie führte mich hinein, zeigte mir, wie ich das Gartentor verschließen müsse. Das sei sehr wichtig, ich solle vorsichtig sein. Sie machte große Augen. Das Tor war von einer Kinderhand zu öffnen, aber ich gehorchte. Als ich das Zelt aufstellte, war längst der ganze Zaun zur Straße von der Dorfjugend besetzt. Ich beantwortete Fragen, ignorierte Anzüglichkeiten, begrüßte den Rest der Familie, versorgte das Pferd. Ich war noch in der „Zone". Egal. Hatte zwei Nächte gut geschlafen, würde in dieser Nacht Wache schieben, und ein Theater veranstalten, das ihrem Ort würdig war, wenn ich Probleme bekäme.

Die Frau kam mit einem Teller voll Essen zu mir. Brot, Marmelade und Käse. Ich hatte selbst noch genug, wollte es zurückweisen. „Nein, das nimmst du, du bist jetzt mein Gast!" Ich bedankte mich, fand noch ein kleines Geschenk in meinen Taschen, gab es ihr. Sie verließ mich, vertrieb lauthals schimpfend die Jugendlichen am Zaun, die schimpfend antworteten, heruntersprangen und sofort wieder da waren.

Dann kamen die Männer. Man rempelte die Kinder zur Seite, begutachtete mich und sagte: „Du bist allein. Du brauchst doch einen Mann. Ich komme zu dir, wenn du magst." Ich beschloss kurzerhand, aus der Queen eine asketische Pilgerin zu machen, lehnte alle Angebote höflich ab, sie verschwanden, der Zaun gehörte der Jugend, bis zum nächsten Freier. Unüberhörbar war Sex ein bestimmendes Thema dieses Ortes. Aber der Begriff Pilgerschaft war ihnen durchaus auch vertraut. Sie waren nicht scharf auf das Pferd, immerhin, in anderen Gegenden war das meine größte Sorge gewesen.

Später kam die jüngere Generation meiner Gastgeber. Eine stolze, schöne Frau mit ihrem Kleinkind auf dem Arm besuchte mich. Die Derbheiten, ja die Anwesenheit überhaupt der Leute am Zaun perlten an ihr ab. Sie sah mich grußlos an, ließ das Kind auf den Boden. Der Junge war begeistert vom Zelt und von meinen Sachen. Seine Mutter sah mich regungslos an. Dann begutachtete sie mit ihren Blicken und später auch mit den Händen meinen Wanderhaushalt. Sie wurde neugierig. Wie ich kochte, wie ich die Wäsche wusch. Sie stellte Fragen und ich erklärte ihr, was sie zu interessieren schien. Sie sah mich starr an dabei. Ihr Kind kletterte auf mir herum. Er war mir eine Wohltat in diesem Szenario.

Warum ich überhaupt reise und nicht besser zuhause bleibe! Sie wiederholte den zweiten Teil. Sah mir ins Gesicht. Streng. Vorwurfsvoll.

Wie sollte ich gerade ihr eine solche Frage beantworten. Am Zaun wurde wieder gestritten. Sie sah nicht einmal hin. „Weil es gut ist." Ich lächelte sie an. Sie veränderte ihre Miene nicht. Dann ging sie zurück. Das Kind ließ sie bei mir.

Wieder ein Mann und ein Angebot. Nein, danke. Autos fuhren auf und ab auf der Dorfstraße vor dem Zaun. Meist besonders langsam. Ich dachte an meinen Beschützer. Selbstverständlich wusste er längst, wo ich lagerte. Selbstverständlich kannte er die gefährlichen Teile seiner Kommune. Ich war sicher.

Die Nacht war ruhig. Das Pferd döste vor dem Zelteingang. Er schmatzte freundlich, wenn er mich hörte, weckte mich vorsichtig, als es hell wurde. Wir waren allein. Ich konnte mir erst jetzt ansehen, wo wir eigentlich übernachtet hatten, streckte mich, tanzte, stand auf dem Kopf und entdeckte die junge Frau vom Vortag. Reglos stand sie am Gitter, das ihr Grundstück von meinem Nachtplatz trennte. Sah mir zu, eine Weile vielleicht schon. Ich hatte ihr Kommen gar nicht bemerkt. Sie sprach heute gar nicht. Sah mich nur an. Schärfer noch als am Abend zuvor. Es war Wut in ihren Augen.

Sprâncenata. Tag 136. Eine Tagesreise weiter entschloss ich mich für einen Pausentag. Ein warmer, auf meinem Lagerplatz sogar heißer Tag im September. Wer es am ersten Abend verabsäumt hatte, mich zu besuchen, kam am zweiten. Zwei Nächte hintereinander an einem kritischen Ort zu verbringen, ist grundsätzlich gefährlich. Aber ich war müde und auch mein Pferdchen war am Tag zuvor schon recht lustlos gegangen.

Seit Stunden hatte man mich schon zur Polizei geschickt. Ich solle unbedingt bei der Polizei lagern. Unabhängig voneinander waren sich darin alle einig: Du suchst einen Platz? Geh zur Polizei. Dort wollte ich nicht hin. Ich wollte eine kleine Wiese in der Nähe guter und gastfreundlicher Leute.

Kinder verfolgten mich an diesem Abend. Normalerweise waren das angenehme Begleiter. In den zwölf Wandermonaten gab es da nur wenige Ausnahmen. Diese Kinder waren eine. Einer der Jungen kreiste unentwegt mit seinem Rad ums Pferd. Viel zu nah. Asterix war gereizt. Ich bat den Jungen, vor uns zu fahren, dem Pferd werde es zuviel. Er hob längst drohend die Hinterbeine.

Der Junge sah aus wie eines jener Kinder, die einem knifflige Wissensfragen über Physik oder das Universum stellen. Heller Blick. Offenes Gesicht. Brille. Gutes Rad. Ich ertappte mich bei meinen eigenen Schablonen und Vorurteilen. Die Kinder, die mir in Rumänien sonst Schwierigkeiten gemacht hatten, waren fast ausschließlich Romakinder gewesen.

Ich lagerte am Ende tatsächlich oberhalb der Polizei. Nicht direkt darüber, das sei chemisch verseuchtes Gebiet, eine Geländestufe höher. Es roch nach Formalin. Die Jungen begleiteten und bedrängten mich bis hinauf zu meinem Lagerplatz, ließen mich erst allein, als einer von ihnen nachhause musste.

Am nächsten Abend waren sie wieder da. Ich war gerade dabei, anderen Besuch zu verabschieden, der mich über Stunden belagert hatte. Ich hatte alles mögliche über die sexuellen Aktivitäten der Mädchen in der Runde erfahren, hatte mich erfolgreich dagegen gewehrt, mit dem Mist meines Pferdchens beschmiert zu werden, hatte mich erfolglos dagegen gewehrt, von der Frau mit den Misthänden abgeküsst zu werden, war die Geschichte, woher, wohin unendlich oft losgeworden. Ich hatte genug, war zu müde für neue Besucher.

Die Burschen bestanden darauf, sich vor mein Zelt zu legen. Die Stimmung wurde aggressiv, auf beiden Seiten. Sie hätten ein Recht, hier zu bleiben, also würden sie auch bleiben. Eine alte Geschichte, die mir schon oft geholfen hatte, wirkte auch diesmal: Kommt morgen früh wieder! Noch nie sind Leute in der Früh wiedergekommen, die abends schwierig waren. Sie ließen von uns ab. Es war längst dunkel.

Der nächste Tag. Ein Spätsommertag in der Walachei. Es war der letzte Septembertag im Jahr der Wanderung nach Osten. Ich verbrachte die Mittagsrast unter dem einzigen Baumschatten, den ich über eine lange Strecke finden konnte. Diese Region war voll von Begegnungen aller Art. Ich war vorsichtig, hatte mit viel Rauem zu tun, aber auch warmherzige, fürsorgliche Begegnungen prägten diese Tage. Wie mit jener Frau, die wenige Tage vorher beim Abschied in ein schüttelndes Weinen ausgebrochen war, ihre

Nachbarinnen konnten nicht verstehen, warum sie sich wegen einer Fremden so gebärdete. Keiner verstand es. Sie selbst am wenigsten.

Ich war erschöpft von der Hitze an diesem Tag, der Pausentag hinter mir, dessen Umstände keine echte Erholung gebracht hatten. Ich schlief ein wenig unter dem Baum. Das Pferdchen hatte mit den Insekten zu tun und Hunger. Er würde sich nachts ausruhen. Jetzt wollte er Gras.

Als ich später die Spannseile über dem Gepäck auf dem Pferd festzog, kam ein Mann. Er grinste mir den ganzen Steig vom Dorf herunter schon entgegen. Gut. Die Rast war ohnehin vorbei, er würde mich nicht lange aufhalten. Er wollte, dass ich in seinen Garten komme, versuchte mich lang und breit davon zu überzeugen, dass ich Pause brauchte. Er war betrunken. Wir würden ihn schon loswerden. Er begleitete uns ein Stück und war bald des Gehens müde, ließ von mir ab.

Wir betraten das Nachbardorf. Kein Mensch auf der Straße. Dann hörte ich Musik. Schräge Klänge von mehreren Instrumenten. Ein Hochzeitszug. Von einer Seitenstraße kamen die Musiker, gefolgt von den Brautleuten mit den entsprechenden Führern, dahinter die Hochzeitsgäste.

Ich blieb stehen, freute mich, das zu sehen. Die gespielte Lustigkeit der Musikanten, der Ernst der Braut, die Instrumente, die trotz ihres Zustandes noch für einen solchen Zug dienten. Die Gitarre hatte nur zwei Saiten, das Blech der Bläser erzählte von zahllosen Zusammenstößen.

Als die Musikanten mich und das Pony erblickten, geriet der Rhythmus ins Stocken. Die Leute riefen mir etwas zu, was ich nicht verstand. Ich winkte ihnen zu, und die Musik spielte weiter.

Ein paar Leute lösten sich aus dem Zug und kamen auf mich zu. Voran der Bürgermeister. Sie waren alle betrunken. Der Boss stellte Fragen und lud mich ein mitzukommen. Er packte mich am Arm und ließ nicht los.

Der Hochzeitszug hatte sich inzwischen geteilt. Die Hälfte der Leute war bei der Braut geblieben. Man bestürmte und bedrängte mich und das Pferdchen. Wir waren eingehüllt in eine Wolke aus Obstfliegen. In den Kellern gärte der Wein und wir wischten uns pausenlos die kleinen Insekten aus dem Gesicht.

Ja, ich solle nur mitgehen, rief eine Frau, der da sei ein reicher Mann. Sie nickte mir zu und wiederholte: „Geh nur mit mit dem!"

Der Hochzeitszug war schon weitergegangen. Wir nahmen eine andere Straße und kamen zugleich mit ihnen auf dem Festplatz an. Ein Planenzelt über dem Garten eines Wohnhauses. Die Hochzeitsgäste bildeten einen Tanzkreis auf der kleinen Kreuzung zweier Staubstraßen. Der Bürgermeister ließ meinen Arm los.

Man wollte mir das Pony abnehmen. Das verweigerte ich. Die Kinder wurden zum Pferd gebracht und dann war der Bürgermeister wieder da. Man machte einen großen Lärm um mich, was mir unangenehm war, wollte den Brautleuten ja nicht die Leute wegnehmen.

Dann kam eine zornige Frau, beschimpfte den Bürgermeister, er solle endlich kommen und nicht dauernd bei der da – sie meinte mich – herumstehen. Er verließ mich für eine Tanzrunde und andere Leute konnten mir die immergleichen Fragen stellen. (Eigentlich kein Wunder, dass man damals schon oft glaubte, ich sei Rumänin aus einem anderen Landesteil, jene immergleichen Fragen konnte ich ja nun wirklich fließend beantworten.)

Der Bürgermeister kam mit einem Plastiksack voll Brotscheiben und Tomaten zurück, drückte mir den Sack in die Hand und sagte, das solle ich nehmen und nun wieder verschwinden. Er nahm wieder meinen Arm, er wolle mir die richtige Straße zeigen, drückte mir unterwegs noch seine Brautgabe in die Hand. Das könne ich haben, das schenke ihr sowieso jeder. Es war ein Handtuch und eine Kochschürze.

Ich verließ das Dorf und wanderte ins nächste. Die lang gezogenen Dörfer in diesem Tal gingen fast ineinander über. Wenige Menschen auf den Straßen und an den Hausmauern. Man war wohl bei der Hochzeit oder bei einem anderen Fest.

Als es Zeit war, mich um einen Lagerplatz zu kümmern, war ich im Dorf Dudu. Ich schaute mich nach einem möglichen Nachtplatz um und nach Menschen, die ich fragen konnte. Natürlich kam das câmp in Frage, aber vielleicht konnte ich in einem der Grünplätze im Schutz der Häuser bleiben. An der Abbiegung auf die Weidefläche ging ich vorbei.

Eine Frau eilte die Straße herauf. Ich hielt sie auf. Ob sie einen Lagerplatz für mich wisse. Sie wies aufs câmp, dort könne ich bleiben, kein Problem. Andere Menschen waren nicht auf der Straße. Mir blieb nichts anderes übrig. Vielleicht konnte ich in der Nähe der Häuser bleiben. Ein bisschen Gras sollte noch stehen.

Ich fand einen weiteren Zugang aufs câmp. Am Ende dieses Weges aus dem Dorf hinaus saßen zwei Jungen auf den Zaunbalken der Häuser. Ich sprach sie an. Sagte, dass ich hierbleiben wolle. Sie würden mir helfen, einen geeigneten Platz zu finden.

In der Nähe der Häuser waren Scharen von Gänsen vor uns dagewesen. Keine Weidemöglichkeit für das Pferd. Wir suchten. Er brauchte nicht viel, aber er brauchte etwas. Weiter draußen, am Anfang der Buschzone schien noch Gras zu wachsen. Der Boden dort war voller Dornen, aber dazwischen wuchs Gras. Ich würde ein paar Dornen abschneiden und einen Lagerplatz daraus machen. Sah mich um. Viel zu weit vom Dorf entfernt. Ich wusste, dass der Platz gefährlich war und hatte keine andere Wahl.

Um Papier betteln. Man gab mir ein Blatt. Ein Stück Papier. Ich saß auf meinem Bett im Bukarester Universitätsspital und hielt es in der Hand. Die Schwester war längst wieder fort. Sie würde wiederkommen oder eine andere und dann würde ich auch noch um einen Stift bitten. Vielleicht würde man mich nicht verstehen oder man hätte für so unmedizinische Bedürfnisse keine Zeit oder Geduld. Dann würde ich warten und es später wieder versuchen.

Die Schwester sah mich einen Augenblick lang groß an, schüttelte den Kopf und wandte sich wichtigeren Dingen zu. Einer der Besucher, die im Krankenzimmer wohnten, half mir, schenkte mir einen Stift aus seiner Tasche. Seine Frau, die Patientin, lächelte.

Später legten sie mir vorsichtig Trauben auf mein Bett, breiteten Zeitungspapier darunter aus. So wurde hier immer gegessen. Sie boten mir die Früchte nicht an. Sie legten sie vorsichtig hin, wie einem wilden, scheuen Tier, freuten sich später, als ich sie aß.

Im câmp waren zwei Männer zu mir gekommen, junge Männer, sie waren wieder gegangen und später, als es schon eine Weile dunkel war, zurückgekehrt. Ich hatte versucht, sie zu vertreiben, hatte geschrien, um im Dorf gehört zu werden, hatte versucht, sie mit meinem Messer zu vertreiben, sie waren davor zurückgewichen, sogar ein wenig fortgegangen, dann umgedreht und erst dann kam das Schreien, erst als ich wusste, wusste, dann kamen die ersten Schläge, zuerst die Fäuste.

So erzählte ich es auch den Polizisten, flüsternd, weil ich an jenem Tag noch keine Stimme hatte, die kam erst Tage später allmählich wieder, so erzählte ich es auch den Polizisten, die den weiten Weg aus dem Tal der Olt nach Bukarest zurückgelegt hatten, nun in dem Krankenzimmer standen und meine Aussagen in protokollarisch verwendbare Form verzauberten. An meinem Gesicht sahen sie vorbei, und ich konnte sie gut verstehen, den Weg zum Badezimmerspiegel hatte ich schon geschafft und dort eine Weile gebraucht, um das, was ich darin sah, als mein Gesicht wiederzuentdecken.

Im câmp sind zwei Männer zu mir gekommen, sie sind wieder gegangen und später zurückgekehrt, ich habe versucht, sie zu vertreiben, habe es mit Reden versucht, später mit dem Messer und dann habe ich geschrien. „Es waren drei Männer“, sagte die Polizei und ich widersprach. Sie beharrten darauf und nahmen meine offensichtliche Konfusion angesichts meines Zustandes nicht besonders ernst. Man hatte sie also gefunden. „Was ist mit meinem Pferd?“ „Sicher untergebracht. Alles in Ordnung.“ Die Polizisten fuhren zurück in ihr Dorf. Ich legte mich wieder auf die Pritsche, weinte. „Er ist sicher untergebracht. Es ist alles in Ordnung. Er lebt. Ich werde ihn wiedersehen.“

Am nächsten Tag fühlte ich mich stark genug, um Papier zu betteln. Es war niemand da, dem ich erzählen konnte, was geschehen war. Ich musste schreiben. Ich bekam ein Blatt Papier und einen Stift, war am folgenden Tag stark genug, um ein weiteres Blatt zu bekommen und am Tag darauf hielt ich mich schon an der Tür des Schwesternzimmers an und fragte: „Kann ich Papier zum Schreiben haben?“ Ich bekam es und fragte um ein weiteres Blatt. Ich störte sie. Was sie zu tun hatten, war wichtig. Man gab mir ein zweites und schloss die Tür. Ich nahm meine Schätze, setzte einen Fuß vor den anderen. Die Türe, das Zimmer, die Pritsche am Fenster, die Schätze in meiner Hand. Schreiben.

Das Licht der Taschenlampe in meinem Gesicht. Ich schrie. Das Dorf. Ich schickte meine Stimme über die weite Weidefläche hinüber zu den Häusern, zu den Menschen. Ich schrie. kein Gellen, kein Quietschen oder Rufen. Ich schickte meine Stimme hinüber ins Dorf. Die Männer standen einen Augenblick still. Ich erkannte es am Schein ihrer Taschenlampe in meinem Gesicht, der für einen Moment ruhig geworden war. Alles stand still für einen langen Augenblick. Einer der Männer sagte etwas wie „Poh“. Dann der zweite Schrei. Über die Weide, weit, weiter, über die Gärten der Menschen dort, durch ihre Mauern durch. Schickte die Stimme bis in die Dorfstraße dahinter. Was unmöglich war. Was meine einzige Chance war. Ein dritter Schrei. Ich schrie. Eine Faust in meinem Gesicht. Ich fiel. Ich schrie nicht mehr.

Man hatte mich gehört. Man hatte eine Lampe genommen. Man war herausgekommen auf die Weide. Man hörte dann aber keine Schreie mehr. Man war wieder zurückgegangen, weil man keine Schreie mehr hörte. Zurück ins Dorf.

Zuerst die Fäuste. Ich ging sofort nieder, rappelte mich auf, lief zum Zelt, weiß Gott warum, sie fingen mich, schlugen zu, waren selbst beim Zelt, nahmen meine Jonglierkeulen, schwangen sie. Jeder Schwung traf meinen Kopf. Ich ging nieder, kam wieder auf, rannte zum Pferd, weiß Gott warum. Man fing mich am Fuß, zerrte mich durch den Dornenplatz zurück, schlug ein paar Mal zu, die erste Ohnmacht. Ich wachte wieder auf, als sie versuchten, mich auszuziehen, ich versuchte mich freizukämpfen. Schläge. Die zweite Ohnmacht. Wachte auf und versuchte, meine Hose wiederzubekommen, weiß Gott warum. Trommeln in meinem Kopf. Ohnmacht. Aufwachen. Kämpfen. Schläge. Tritte. Ohnmacht. Aufwachen. Kämpfen.

Dem, der mich als erster haben sollte, war die Situation vielleicht nicht erotisch genug. Meine Ohnmachten waren vielleicht nicht lange genug. Das Messer fanden sie vielleicht erst am nächsten Morgen.

Meine rechte Hand war frei, man hielt mich für bewusstlos. Ich zog sie an. Der Boden darunter, der Sand, die Dornen. Ich wollte mich von dem befreien, was sich auf mir wälzte, erwischte Hoden, packte zu und drehte meine Hand. Fußtritte gegen meine Rippen. Ich landete von dieser Gewalt auf einem dritten Körper. Der Stoff seines Hemdes, der plötzlich an meinem Kopf war. Ich wischte mein Gesicht an diesem Hemdstoff ab. Als ob es gerade das Wichtigste und Naheliegendste sei, sich in einer solchen Situation zu säubern. Es kam mir seltsam unpassend vor. Er ließ es sich gefallen, auch das kam mir unpassend vor. Also sprach ich. „You are killing me", sagte ich. Er verstand mich nicht. Der Einzige, der hier englisch sprach, war der Zuschläger. „Was hat sie gesagt?" fragte das Hemd jenen. Ich wiederholte. Mehr als flüstern ging nicht mehr. „You are killing me." Dann tauchte ich wieder ab in den Nebel.

Als es still um mich geworden war, kehrte ich aus dem Nebel zurück, wusste, dass ich allein war, dass ich mich bewegen konnte, und dass das Pferd unweit von mir stand, reglos und dicht wie die Nacht selbst.

Steh auf und geh. Ich stand auf. Ich ging. Zum Zelt. Die Gürteltasche mit dem Pass und das Pferdehalfter mit dem Führstrick nehmen, auf Asterix zuwanken, ihm das Halfter überstreifen, ihn vom Bodenseil lösen.

Er half mir. Das geschockte Pferd, das selbst Schläge abbekommen hatte und zusehen musste, was mit mir passiert war, stand ganz ruhig, als ich die Karabiner suchte und öffnete und schloss.

Dann hielt ich mich an seiner Schulter an, flüsterte: „Ins Dorf, Tiger, ins Dorf", und wir gingen los. Er stütze mich, hielt mein Tempo, führte mich auf dem kürzesten Weg zu den Häusern.

Da waren Menschen an einer Hausmauer. Wir gingen schnurstracks auf dieses Haus zu. Aiuto! Aiuto! Hilfe! Dann lag ich neben dem Pferdchen, hielt die Leine fest umklammert. Keine Schläge. Keine Gewalt. Die Erde. Das Gras. Nicht mehr kämpfen. Liegen. Asterix stand bei mir, leckte mir das Blut vom Kopf. Seine weiche Schnauze. Seine vorsichtige Zunge.

Man versuchte, mir das Pferd wegzunehmen, man band mir ein Tuch um den Kopf, weil er voll Blut war, man gab mir eine ärmellose Jacke, weil ich fror. Ich versuchte, sie zuzumachen. Sie hatte keine Knöpfe mehr. Ich gab auf und fror weiter. Man fotografierte mich, hob meinen Kopf von der Erde, damit ich in die Kamera schaute, fotografierte mich und ließ mich wieder in Ruhe.

Die Schläger kamen auch, um mich zu sehen, erzählte man mir viel später. Sie hatten sich nicht einmal die Mühe gemacht, ihre blutverschmierten Kleider zu wechseln. Die Dorfleute wussten längst, dass sie es waren, die mich so zugerichtet hatten. Haben SIE mich fotografiert? Zeigen SIE vielleicht noch immer jenes Bild herum? Stolz?

Nach zwei Stunden kam ein Rettungswagen. Man leuchtete in mein Gesicht, sagte „Oh mein Gott“, wischte es ab und versuchte wieder, mir das Pferd wegzunehmen. Ich hielt meine Faust um die Leine geschlossen. Marin sprach auf mich ein. Er war sanft. Er war vertrauensvoll. „Lass das Pferd los! Ich nehme ihn mit und ich werde gut auf ihn aufpassen. Ich habe selber Tiere. Lass nur das Pferd los. Er hat es gut bei mir. Keine Sorge. Lass nur los!“ Marin, der meine Schreie gehört hatte, Marin, der mit seiner Lampe aufs câmp hinaus gekommen war, Marin, der umgedreht war, als ich nicht mehr schrie. Ich ließ los. Das Pferdchen ging mit ihm mit. Sie hoben mich auf eine Trage, schoben mich in den Wagen. „Asterix!!“ Ein Schrei brach aus mir heraus. Man schloss die Tür. Wir fuhren los.

Im Krankenhaus von Turnu bekam ich eine Decke, man versorgte meine Platzwunden und entschied, mich weiter nach Bukarest zu transportieren. „Wir haben keine CT hier.“ Man verbot mir aufzustehen, um auf die Toilette zu gehen. Wie seltsam kam mir das vor! Ich hatte mich gewehrt, gegen die Gewalt gekämpft, mich und das Pferd ins Dorf gebracht. Ich KONNTE gehen. Ich war bereit, ALLES zu können. Die Frauen versuchten, mir auf der Trage zu helfen, machten sich an meinen Kleidern zu schaffen. Ich schrie. Wir erschraken. Dann sah ich sie nicken. „Ja, ja, sexuell. Sexuelle Aggression." Die Decke durfte ich bis Bukarest behalten.

Zwei Stunden fuhren wir in die Hauptstadt. Meine Begleiterin war sanft. Sie sprach englisch. Sie versuchte, mich zu verstehen. „Kann ich ein sms schreiben?" Wir versuchten es. Ich schrieb auf die Seitenwand des Rettungswagens. Die junge Frau las jeden Buchstaben einzeln und ich bestätigte. Es war zu schwierig. Sie hatte Papier in ihren Taschen. Ich versuchte, zu schreiben. Sie wiederholte. Es klappte. „bin auf dem weg nach bukarest. krankenhaus. bitte holt mich." Sie tippte es in ihr Mobiltelefon, zeigte es mir. Quasi fehlerfrei. Sie sah es noch einmal an. „I don`t understand it. I cannot send it", sagte sie dann, und ich gab auf, sank zurück in den Nebel.

Im ersten Krankenhaus hatten sie gerade keinen Strom. Ich wurde noch ein weiteres Mal verladen. Spitalul universitar. Die sanfte Frau übergab mich einem Wärter. Ich hätte sie gerne festgehalten.

Vielleicht war der Wärter müde. Vielleicht hatte ihn heute jemand gekränkt. Vielleicht erinnerte ich ihn an eine abscheuliche Geschichte. Auf dem Parcours durch die nächtlichen Gänge des Krankenhauses, von Untersuchungszimmern in andere Gänge, in Lifte und Computerräume ließen wir keine Ecke aus. Die Pritsche donnerte von Kante zu Ecke, an die Lifttüren, die Zwischentüren, alles. „Da hinüber!", befahl er, als wir vor der CT-Anlage standen, verschränkte seine Arme und wartete. Ich verstand ihn gut in jenem Moment. Ich war blut- und dreckverschmiert, steckte in der alten Jacke, die mir die Dorfleute gegeben hatten, stank bestimmt nach allem Möglichen. Ich verstand in jenem Moment gut, dass er mich nicht anfassen wollte. Der Gewalt zweiter Teil. Ich KANN diese Liege wechseln! Es dauerte ihm dann doch zu lange, und er half nach.

Bevor man mich einem Chefarzt vorstellte, wurde ich ausgezogen und mit Lappen abgewischt. Die Frauen taten es mit unverhohlener Abscheu. Ich schämte mich meiner zerrissenen, verdreckten Kleider, schämte mich des Drecks und Bluts auf meiner Haut, der Dornen darin, schämte mich meines ganzen Zustandes. Als sie meine Füße sauber wischen wollten, gaben sie auf. „Die ist so dreckig, die decken wir zu und genug." Gatta, sagten sie. Gatta. Genug. Und beschwerten sich über ihre Arbeitsbedingungen im Allgemeinen.

Der Chefarzt sprach mit mir. Englisch. Lächelte, weil ich manche seiner Fragen in der Landessprache beantwortete. Er untersuchte mich ohne Ekel. Einfach so. An mir gab es nichts zu operieren. Station der Neurochirurgie. Er gab mir trotzdem ein Bett, eine Pritsche eigentlich, am Fenster. Ich sah die Wolken. Ich sah den Nachthimmel. Weil kein Polster mehr da war, gab man mir eine zusammengelegte Wolldecke unter meinen völlig blauen Kopf. Der Wirbel eines rumänischen Krankenzimmers hinter mir. Das Fenster. Da draußen wartete irgendwo mein Pferdchen. Ich finde dich.

Der Primararzt, den man nur zur Visite in den Krankenzimmern sah, verlangte täglich, dass ich entlassen werden müsse. Dem Chefarzt fiel alles Mögliche ein, um mich dabehalten zu können, kam später wieder, ich solle mir keine Sorgen machen.

Die Schwestern verboten mir, aufzustehen, also wartete ich eben, bis sie wieder draußen waren. Gehen. Ein Schritt. Ein anderer. Toilette im Zimmer. Eine Dusche im zweiten Gang. Ein weiter Weg. Blut klebte in meinen Haaren. Auf meiner Haut. Mein Körper roch noch immer nach dem Staub des Weidelandes, nach dem Schweiß des Kampfes, nach den Männern. All das Grauen abwaschen! „Ja, Ja", sagten die Schwestern und dass ich warten müsse mit dem Waschen.

Am dritten Tag nahm ich der Decke unter meinem Kopf den Überzug weg, so hatte ich ein Handtuch, klaute ein Seifenstück von Mitpatienten und machte mich auf. Der Gleichgewichtssinn war durch die Schläge gestört, ich musste mich an den Wänden entlangbewegen, so konnte es gehen. Einen Fuß vor den anderen setzen. Keine Schwester in der Nähe. Die Menschen im Zimmer wussten längst, dass es keinen Sinn machte, mich aufzuhalten. Mir zu helfen, wagten sie nicht. Die Türe erreicht. Der Gang. Pause an der Wand. Warten, bis Kraft und Sinne bereit waren für ein weiteres Stück.

Man sah mich, kam angerannt, wollte mich zurückschleppen. Ich war wütend, sie sollten mich in Ruhe lassen, wollte endlich alles abwaschen. Die Frauen wechselten den Ton. Sie hielten mich für verrückt. Ich wollte nur duschen. Und weil sie versprachen, bestimmt, bestimmt mit mir zu gehen, später, aber bestimmt, ließ ich mich zurück ins Bett führen. Am Abend lösten sie ihr Versprechen ein. Ich hatte den ganzen Nachmittag mit dem Seifenstück und dem Tuch in der Hand auf sie gewartet.

Und weil ich ihnen so dankbar war, ließ ich die geklaute Seife und das Tuch liegen, sie hätten schon was draußen, sagten sie. Die Frauen hoben mich hoch packten kräftig zu, erwischten eine Prügelstelle. Ich zuckte, riss mich aber zusammen, nur diese Frauen nicht wieder vertreiben. Wir erreichten das Badezimmer. „Nicht den Kopf! Kein Wasser auf den Kopf!", befahlen sie, als sie mich in die Dusche stellten und mir den Duschschlauch überließen. „Das kann ich selbst, danke."

Das Wasser auf meinem Körper. Die Seife. Die wunderbare Seife. Ich konnte nicht genug von ihr kriegen. Die Schwestern hatten es eilig. „Das ist genug. Wir haben noch andere Patienten." Sie kamen aber nicht näher und ich beschloss, ihre Sprache gerade nicht zu verstehen.

Im Badezimmer hing ein körpergroßer Spiegel. Dunkle Flecken und Striemen überall auf meinem Körper. An manche Schläge konnte ich mich erinnern, andere überraschten mich.

„Sie schaut ihre Flecken im Spiegel an!", sagte eine zur anderen und beide stürzten auf mich zu, wollten es offenbar verhindern. Meine heftige Reaktion. Ein Reflex. Sie wichen zurück. Eine war blass geworden. Die Frauen hielten mich für verrückt und für gefährlich. „Mir egal", dachte ich „wenn sie mich nur in Ruhe lassen" und wie zu einer Verrückten fing nun eine zu säuseln an, ich sei jetzt seeehr schön und jetzt sollten wir doch etwas überziehen, dann sei es wieder warm. Süßes Lächeln überzog ihr Gesicht. Ihre Kollegin verschanzte sich hinter ihr, angstgeweitete Augen. Sie taten mir leid. Ich war fertig und bereit, mit ihnen mitzugehen. So glücklich, endlich nach all diesen Tagen gewaschen zu sein.

Man brachte mich ins Krankenzimmer zurück. „Ich bin gewaschen", verkündete ich meinen Mitpatientinnen und ihren Familien. Sie applaudierten, machten Komplimente. Später brachten sie mir Früchte aus ihren Körben.

In Plastiksandalen, die – wie man mir besonders ausdrücklich nahelegte – dem Krankenhaus gehörten und die ich also nicht einpacken durfte! – worin hätte ich sie auch verpacken können, ich hatte nichts, also auch keine Tasche, war in Fetzen eingeliefert worden. In Plastiksandalen und einem vergessenen Bademantel der mit einer Binde zusammenhielt und trotz aller Verbote und Versuche, mich wieder ins Bett zu schicken, brachte ich mir das Gehen neu bei. Der Fuß, den du hebst und der an einer anderen Stelle den Boden wieder berührt. Das Gewicht erst verteilen, dann verlagern. Der andere Fuß.

Wenn keine der Schwestern in der Nähe war, konnte ich es barfuss versuchen, die Zehen, der Ballen, die Ferse. Wenn ich Pech hatte und gesehen wurde, rannte man mir nach, um mich wieder in Schuhe und Bett zu zwingen. Ich war vorsichtig. Ein Tier, das leben will.

Der Raum. Die Wände. Die Bettkanten. Eine Strecke planen. Und aufrecht und mutig darauf zugehen. Ein Lächeln gehörte mit zu dem Plan. Für die, die mich aufhalten wollten, die keine Ahnung hatten, nicht wissen konnten, dass mir keine Wahl blieb. Der Primararzt, der mich loswerden wollte, für Gewaltopfer gibt es keine eigene Station, und in diese passte ich nicht. Das Pferdchen, das zweihundert Kilometer weiter IRGENDWO stand. Die Polizei hatte mir versichert, es gehe ihm gut und wollte wissen, wann ich denn wieder entlassen werden würde.

Ich musste gehen. Ein Schritt. Ein anderer. Und jede Strecke feiern. Jede war ein neuer Sieg. Auch über die Gewalt. Am fünften Tag hatte ich es bis zum Kaffeeautomaten geschafft. Das Zimmer. Der erste Gang. Die Wegkreuzung. Vorbei an den tadelnden Blicken. Der lange Gang. Die kurzen Konzentrationspausen darin. Die Stationstür. Die Lifthalle. Der Kaffeeautomat.

Ich hielt mich an ihm an und weinte. Vor Freude. Bei dem Zustand meines Gesichtes konnte das sowieso keiner sehen. Ein Mann half mir. Nahm eine eigene Münze, wollte meine nicht nehmen. Ich sah furchtbar aus. Und feierte doch einen neuen Sieg. Und wünschte, es wäre jemand da, der ihn mit mir feierte.

Im Krankenzimmer wurde gelebt, gegessen, gefeiert, getrauert, die Familienangehörigen schliefen im Bett der Patienten oder auf dem Boden darunter, versorgten ihre Leute mit Essen, wuschen sie und füllten den Raum zu jeder Tages- und Nachtzeit mit ihren Geschichten und mitgebrachten Speisen. Pflege und Versorgung durch Angehörige war hier selbstverständlich. Ich hatte keine Angehörigen.

Man sprach über mich. Eine Patientin und ein Besucher im Krankenzimmer musterten mein Gesicht. „Sie ist überfallen worden", erklärte die Frau. „Und da sieht sie so aus?", fragte er ungläubig. „Ja", antwortete die Frau und zuckte mit den Schultern. „Sie hat sich gewehrt."

Die Polizei kam und ging wieder. Sie würden in Österreich anrufen, versprachen sie. Ihr Anruf kam nie an. Ich sah in den Himmel, weinte, trainierte. Es wurde still in mir. Ich erzählte mir selbst, was geschehen war, kramte nach Details, sah sie an, benannte sie. Gab dem Unsagbaren Bilder und Worte. Man nahm mir einen Augenverband ab. Ich konnte sehen. Beide Augen unverletzt. Die Füße unverletzt. Nach ein paar Tagen erreichte ich den Balkon. Die Türe öffnen. Der Himmel. Die Bäume des kleinen Parks. Die Straßen. Das Pferdchen. Irgendwo. Etwa 200 km entfernt. Ich rechnete mir aus, wie lange ich dafür zu Fuß brauchen würde, heulte zu Ende, steuerte wieder zurück in das Krankenzimmer. Am nächsten Tag kam meine Stimme zurück. Ich stand auf jenem Balkon und sang. So dankbar. Ich bat um Papier.

Eine Krankenpflegerin fragte mich, warum ich denn nicht besser rumänisch spreche. Sie selbst könne schließlich gut Rumänisch. Es lag nicht an meinen Sprachkenntnissen, dass ich eine Weile brauchte, bis der Inhalt ihres Vorwurfes bei mir ankam. Dass jemand mit der Kenntnis der eigenen Muttersprache protzt, war mir vorher noch nie begegnet.

Ich war in diesen Tagen nach der Gewalt froh, überhaupt wieder sprechen zu können, meine holprige Grammatik in einer Sprache, die ich auf der Straße gelernt hatte, war mir kein Grund zur Sorge. Diese Verblüffung.

Eine Besucherin fragte mich am selben Tag, wie es ihrem Bruder gehe. Sie wollte Details über den Zustand meines Mitpatienten auf dieser Station der Neurochirurgie erfahren. Ich war zu diesem Zeitpunkt die Einzige unter den elf Patienten im Krankenzimmer, die überhaupt sprechen konnte.

Ich entschuldigte mich. Mein Rumänisch sei nicht so gut, um ihre Frage beantworten zu können. Ich erinnere mich gut an ihren Blick. Er war voll Mitleid. Ich bräuchte mich nicht zu entschuldigen, sagte sie dann, es läge bestimmt an meiner Kopfverletzung, dass ich nicht besser rumänisch sprechen könne. Diese Verblüffung.

Einer der Ärzte sprach deutsch. Er war aus Siebenbürgen, oder Transsylvanien. Dieses Gebiet hat so viele Namen. Aus einer deutschen Familie. Mit geradezu herzlicher Fröhlichkeit fragte er mich, was man Touristen so fragt: „Und? Wie gefällt Ihnen Rumänien?"

Ich war überfordert. Konnte ihm die erwartete Antwort nicht gleich liefern, zögerte. „Gut, ohne das da." Ich wies auf mein Gesicht. Mein halber Körper war blaue Zwetschke von den unzähligen Schlägen und Tritten. „Ah, der Unfall, natürlich!" Er lächelte noch immer.

Als er am nächsten Tag wiederkam hatte er meine Krankenakte genauer gelesen. Aggressione. Der Vergewaltigungsversuch stand nicht drin. Nur aggressione. Und die Liste meiner Verletzungen.

Florina. Florina war vor kurzem erblindet und wollte zu jeder Tages- und Nachtzeit die Uhr angesagt haben. Sie wiederholte die Antworten und vergaß sie sofort wieder, vergaß auch, dass sie eben gefragt hatte. Alle halfen mit. In den ersten Tagen lernte ich. Als meine Stimme zurück war, übernahm ich diese Aufgabe, und weil ich Ausländerin war, bekam ich Liedzeilen dafür, ein bisschen Französisch, ein bisschen Englisch, ein bisschen Deutsch. Sie sang ein wenig, lächelte, „Ich bin eine Frau von Welt!" Wir applaudierten. Sie räkelte sich und fragte nach der Uhrzeit.

Ihr Mann und ihre Söhne schliefen nicht wie andere Verwandte im Krankenzimmer, kamen aber täglich, sagten ihr die Uhrzeit und brachten, was sie für richtig hielten. Florina wollte Fanta. „Ich will Fanta!" Die Söhne gaben ihr Wasser, ihr Mann gab ihr alles, was sie wollte. „Ich rieche Kaffee. Hier riecht es nach Kaffee! Ich möchte einen Kaffee haben!" Kaffee war den Patienten verboten. Ich war die Missetäterin und schwieg, rang mit mir und wagte nicht, ihr einen anzubieten. Die Blinde und die Lahme auf der Reise zum Kaffeeautomaten. Wir hätten eigentlich ein gutes Team abgegeben.

Als Vegetarierin und Diabetikerin hatte ich ein Versorgungsproblem. Das Fleisch nahm ich nicht, die Kartoffeln gab man mir nicht. Die Schwestern zuckten die Schultern und fuhren mit den Kartoffeln weiter. Man versorgte sich ohnehin selbst im Krankenhaus. Bald fingen die Angehörigen an, mir Essen zu organisieren, brachten ein wenig mehr, als gebraucht wurde und wenn ich etwas wolle, es sei sauber und frisch, dann solle ich es doch annehmen.

Man wollte mich nicht beschämen. Man erfuhr mit den Tagen, dass ich zusammengeschlagen worden war. Man wusste, dass ich allein war.

Einer der Theologenbrüder, junge, feine Leute, brachte seiner Mutter Blumen, kam mit dem Strauß zu mir und gab mir einen Teil davon. „Das ist für Sie." Ich schwieg. Für manche Geschenke kann man sich nicht bedanken. Sie sind zu kostbar. Ich nahm den kleinen Strauß und drehte mich zum Fenster.

Sie sprachen über mich. Überlegten, wie mir zu helfen war. Der junge Mann kam vorsichtig an meine Liege. Vielleicht wolle ich telefonieren. Er hielt mir sein Mobiltelefon hin. „Nein", deutete ich. Er blieb stehen, wartete einfach, stand da und hatte unendliche Geduld mit mir. „Vielleicht ein sms schreiben", sagte ich später. Er lächelte. Brachte Papier und Stift und bat mich, aufzuschreiben, was er eintippen sollte. Ich musste an meinen Versuch im Krankenwagen denken. Jetzt war alles leicht. Plötzlich. Ich schrieb. Er tippte und versandte, lächelte mir aufmunternd zu und ging zurück zu seiner Familie.

Es läutete. „Es ist für Sie." Die Stimme meiner Freundin an meinem Ohr. Ich konnte nicht sprechen. Weinen.

Am nächsten Tag rief die österreichische Botschaft im Krankenhaus an, und ich musste den Platz am Fenster verlassen und in ein echtes Bett ziehen. „Keine Widerrede!", sagten die Schwestern. Man bot mir nun täglich Schmerzmittel an, die ich immer ablehnte. Ich lernte gehen, ich versuchte mein Gleichgewicht wiederzufinden, ich musste stark genug werden, dieses Krankenhaus zu verlassen. Schmerzen waren mein kleinstes Problem. Die Oberschwester trat dicht an mein Bett und sah mich starr an. Sie sagte nichts. Wollte sie mir Angst machen? Diese Frau, konnte sie denn wissen, was ich ganz abgesehen von dem Überfall bis hierher alles überlebt hatte? Ich studierte ihr Gesicht. Wir sprachen nicht.

Die nächste Mahlzeit war ein Fest. Ich bekam einen echten Teller, nicht wie sonst Wegwerfgeschirr aus Plastik, das man mühsam auf dem Leintuch platzierte, bloß keine neuen Flecken machen, die Betttücher wurden nicht gewechselt. Auf dem Teller waren Kartoffeln.

Zu diesem Zeitpunkt kannte ich die Ursache dieser plötzlichen Veränderungen noch nicht, erfuhr sie erst später. Die Botschaft. Der Teller. Die Kartoffeln.

Am späten Nachmittag kam Renate. Besuch war mir angekündigt worden. Ich würde Besuch bekommen von der evangelischen Kirche in Bukarest. Ein Kontakt über viele Ecken, der von Österreich aus organisiert worden war. Deutsche. Reden! Ich würde endlich REDEN können! Ich wartete. Ich sagte die Uhrzeit an. Ich würde Besuch bekommen. Ich schrieb. Ich trainierte. Ich wartete.

Am späten Nachmittag kam Renate. Klein, blond, mit Brille und Handtasche. Sie stand in der Tür, sah sich mit strengem Blick im Krankenzimmer um. Ihr Blick blieb an mir hängen, sie kam einen Schritt näher, veränderte ihre Miene nicht, sagte meinen Namen.

Mir wurde heiß und ich wollte aufspringen und sie umarmen. Sie veränderte ihre Miene nicht. Sie reichte mir ihre Hand, sagte ihren Namen und dass sie von der deutschen evangelischen Kirche in Bukarest geschickt worden sei und nicht wisse, was sie für mich tun könne. „Brauchen Sie Geld? Ich habe Geld dabei." „Nein", sagte ich, „Nein, Geld brauche ich nicht. Nein. Ich habe Geld. " Eis breitete sich in meiner Brust aus, strömte in meine Schultern, meinen Hals, meine Arme.

„Ja, dann weiß ich nicht, was ich für Sie tun kann." Mir fiel keine Antwort darauf ein. Mir fiel gar nichts ein. Die Frau sah sich im Zimmer um, entschied sich dann, ein wenig zu bleiben, setzte sich auf mein Bett und fragte. Als sie alle Fragen gestellt hatte, stand sie auf, reichte mir die Hand. Sie würde am nächsten Tag wiederkommen, und ob ich zu einer Zeit da sei. „Ich kann noch nicht weit gehen." Mir gelang ein Lächeln. Sie verließ das Zimmer. Ich hörte die Absätze ihrer Schuhe auf den Gängen.

Am nächsten Tag hatte ich es bis zum Kaffeeautomaten geschafft, mich an ihm angehalten und vor Freude geheult. Der Primar wollte, dass ich die Station verlasse, die Kartoffeln fuhren wieder wie früher an mir vorbei, ich sagte die Uhrzeit, bettelte um ein weiteres Stück Papier, trainierte Muskeln und Nerven, deckte Mitpatientinnen zu, tröstete Angehörige.

Renate kam wieder. Sie brachte Kleider, Schuhe, Wachzeug, sie hatte Essen gekocht und Früchte vom Markt geholt, sie setzte sich zu mir, tätschelte meinen Arm und redete. Ich schwieg. Für manches kann man sich nicht bedanken. Es ist zu kostbar.

Ich würde weitergehen. Mich aufhalten lassen? Von der Gewalt? Mich aufhalten lassen von Kerlen, die mich mit einer Figur in einem Computerspiel verwechselt hatten?? Nein.

Im Grunde war alles leicht. Ich musste meinen Körper wieder so weit bringen, mir seine Grunddienste zu leisten. War ja nichts gebrochen. Warum erholte ich mich nicht schneller? Ich zwang mich ins Treppenhaus. Menschen liefen an mir vorbei, lachten. Die Männer. Seit Tagen schon teilte ich sie in zwei Kategorien ein: die, die fähig waren, eine Frau zusammenzuschlagen und die anderen.

Im Treppenhaus waren entsetzlich viele. Ich bewegte mich Stufe für Stufe vom achten Stock hinunter, rastete und ging weiter. Ich hätte auf Renate warten können, aber ich musste es allein können, denn allein würde ich mich wieder auf den Weg machen. Also weiter.

Drei junge Männer kamen mir entgegen. Kategorie eins. Ich war bereit, sie zu töten. Sie stiegen vorbei an mir, wussten von nichts. Ich hielt mich am Geländer an, wartete, das Treppenhaus drehte sich und der Boden wölbte sich in Wellen unter meinen Füßen. Nur nicht hier umkippen. Dachte an den Wärter der ersten Nacht und setzte mich auf die Stufen. Die Wellen legten sich. Ich schalt mich. Kannst doch nicht gleich TÖTEN wollen! Und doch. Die drei gehörten zur ersten Kategorie.

Zweiter Stock, erster Stock, Parterre. Die Menschen nicht ansehen. Die Tür. DAS ging noch. Bis zur Tür. Was für ein Ziel! Der Portier wollte mich aufhalten. Kategorie zwei, kein Problem, aber die Tür! Das konnte er mir doch nicht verwehren! Er verließ seine Portierloge und stellte sich mir in den Weg, versuchte herauszufinden, von welchem Stockwerk ich kam, tippte richtig. Neurochirurgie. Alexander kam mir zu Hilfe. Alexander, der bei seiner kranken Frau in unserem Zimmer wohnte und immer seinen Arztmantel trug, damit man ihn hier ernst nahm. Er redete auf den Portier ein. Der zog sich zögernd zurück. Beobachtete mich. Ich nickte meinem Retter zu, gelangte zur Tür. Die Welt draußen. Der Rückweg. Stufe für Stufe. Ich würde bald stark genug sein, zu meinem Pferdchen zurückzukehren. Bald.

Der Chefarzt redete mir zu, noch zu warten. Er hatte recht. „Werden Sie nach Österreich zurückgehen?" „Nein. Ich werde weitergehen. Kann mich doch nicht von ein paar Kerlen aufhalten lassen!" Er musste lächeln und das tat mir gut. Er war der Einzige, der es zu verstehen schien.

Tag neun nach dem Überfall. Wir versuchten es. Renate hatte den Fahrer ihrer Pfarre organisiert, sie würden mich zur Polizei nach Turnu bringen. Zuvor solle ich noch eine Nacht bei ihr zuhause bleiben. „Dann bist du ein bisschen kräftiger. Der weite Weg und dann bist du ja erst einmal bei der Polizei!" Sie hatte recht. Asterix musste noch eine weitere Nacht auf mich warten.

Wir bekamen die Entlassungspapiere und gingen auf die Straße. Ich hatte es mir leichter vorgestellt. All die Menschen. Die Busfahrt in ihre Straße. Renate sicherte mich, tat nichts Unnötiges, war da, wenn alles andere wankte. Männer. Die Kategorien. Zwei. Zwei. Zwei. Eins. Mir graute. Ich sah wieder hin. Das musste bald aufhören. Konnte doch nicht so durch die Welt gehen! Wir kamen an.

Nicu öffnete die Tür. Er legte Musik auf. Musik, die mir helfen sollte. Er sprach über europäische Geschichte und Völkerwanderungen. „Ich bin Walache, ein echter Walache", sagte er und Renate seufzte. „Ja, das bist du." Diese beiden wunderbaren und so unterschiedlichen Menschen lebten seit einer langen Weile schon zusammen, ohne miteinander zu sprechen. Meinetwegen taten sie es nun.

Am Morgen mussten wir los. Mir graute vor der Fahrt, mir graute vor der Polizei und mir graute besonders vor dem Dorf. Asterix. Ich finde dich.

Nicu legte wieder Musik für mich auf. „Das hilft dir bestimmt." Es war „Frühling" aus Vivaldis „Vier Jahreszeiten".

In der Stadt Turnu übergaben sie mich der Polizei. Renate blieb noch eine Weile, um zu übersetzen. Dann verabschiedete sie sich, stieg in den Wagen der evangelischen Kirche, fuhr zurück nach Bukarest. Ich war allein.

Man erklärte mir, dass ich die Männer nicht anzeigen konnte, wenn ich nicht bereit wäre hierzubleiben. Ich verzichtete ohne zu zögern darauf. Sie boten mir an, mich über die Donau nach Bulgarien zu bringen. Es gab keine Fährverbindung mehr von dieser Stadt aus, aber es gab ein Polizeiboot. Ich war einverstanden, wenn man damit auch mein Pferd übersetzen konnte. Sie fragten nach. Nein, für ein Pferd sei das Boot zu klein. Man könne mich nur alleine hinübertransportieren. Ich lehnte ab. Ich würde zur nächsten möglichen Grenze weiterwandern. Man entschied, dass ich das nur mit Begleitung der Polizei tun durfte.

Ich wurde in das Dorf gefahren, zur Polizeistation dort.

Man zeigte mir eine Liste der Dinge, die man nach dem Überfall im câmp gefunden, eingepackt und in der Polizeistation sortiert hatte, übergab mir meine Bankomatkarte und wies mich besonders auf den Geldbetrag hin, den sie sichergestellt hatten, mit gewisser Verwunderung, dass man mir das Geld nicht überhaupt abgenommen hatte bei jenem Überfall. Das hätten sie sichergestellt und ich solle nur unterschreiben. Ich wagte unvorsichtigerweise die Frage, wo das so sichergestellte Geld denn sei. Man wies mich auf den Haufen im Nebenzimmer. Da müsse es irgendwo sein.

Der Anblick all meiner Sachen in einem wüsten Durcheinander, dreck- und blutverschmiert, war schon Herausforderung genug. Das Geld war wirklich unwichtig.

Ich solle mich beeilen, alles durchsehen und zusammenpacken, damit ich dann zum Pferd gebracht werden konnte. Ich räumte einen Tisch in der Kammer frei, damit ich einen sauberen Platz hatte, auf dem ich meine Sachen richten konnte. Man hatte alles in die Zelthülle gegeben und diese als Sack benutzt.

Das Zelt. Hoffentlich war es noch ganz. Ich würde es sonst eben flicken. Kein Problem. Fand die Zeltstangen, das Überzelt, faltete und ordnete, ruhte mich wieder aus. Dann ein Nächstes.

Ein Beamter, der offensichtlich neben aller Amtlichkeit die Situation noch wahrnahm, brachte mir eine Trinkflasche, damit ich wenigstens ein bisschen etwas sauber bekam. Ich hatte damals nicht mehr gewusst, wo ich im Kampf überall gewesen war. Das viele trockene Blut auf den Sachen erzählte mir viel von dem, was geschehen war in jener Nacht.

Der Chef schaute bei der Tür herein. Ob ich schon fertig sei und ob ich das Geld gefunden hätte. Ich verneinte beides. Er wies seinen Kollegen an, mit ihm zu kommen und ich war allein.

Nicht heulen. Nur nicht heulen. An einem anderen Platz. Später. Einfach weitermachen. Ich stand neben mir. Im besten Sinn. Die Brotscheiben und die Tomaten vom Hochzeitsfest. Die Brautgaben, Schürze und Handtuch. Die blutverschmierten und verbogenen Jonglierkeulen. Die Bilder der Schläge. Jetzt standen sie da. Ich wischte die Keulen notdürftig ab, stellte sie in die Ecke. Der wackere Polizeiwichtige musste warten. Mehr als dieses Tempo schaffte mein Körper nicht.

Ich rollte und packte, wischte und sortierte. Die Angreifer hatten nur meine Medikamentendose geöffnet, nur das dort verstaute Bargeld gefunden, hatten alle viel offensichtlicheren Plätze nicht angerührt. Ich räumte Medikamente, Adressen und Kleinzeug wieder in die Box. Musste lächeln über all dem Irrwitz.

Der Zuständige kam wieder, ob ich das Geld nun gefunden hätte. Nein, sagte ich. Konnte mir auch durchaus nicht vorstellen, dass man etwas sicherstellte, um es dann in diesen Haufen von Lebensmitteln, Dreck, Packmaterial zurückzuwerfen. Fragte, ob es vielleicht in ihrem Büro sei.

Ich bedauerte diese Frage umgehend. Ein Vortrag über die Rechtschaffenheit der rumänischen Polizei war die Folge und in den Pausen wurde von mir erwartet, dass ich eben dieser Polizei meine besondere Wertschätzung vermittelte.

Man hatte mir nur zwei Stunden vorher erklärt, dass ich die Verbrecher, obwohl bewiesen, verhört und bis zu einem gewissen Grad geständig, nicht anzeigen konnte, wenn ich vorhatte, das Land zu verlassen. Ich HATTE vor, das Land zu verlassen. Schon die Frage!

Der Vortrag dauerte endlos. Ich lehnte mich an den Tisch. Sessel gab es keinen, mich auf den Boden zu setzen, wagte ich nicht, war nicht sicher, ob ich ohne Hilfe wieder hochkäme. Konnte nur denken, er möge bald fertig sein. Ich brauchte das Geld doch nicht. Sollten sie es doch behalten. Ich brauchte nur die Kraft, das alles hier zu packen.

Irgendwann verließ er mich wieder. Jetzt war ich froh, allein in dem Raum zu sein. Die Taschen. Die Packsäcke. Das Anbindeseil fehlte. Ich würde ein anderes basteln müssen. Der Pflock steckte wohl noch draußen auf dem Lagerplatz.

Alles fertig. Ich trug die Taschen auf die Außentreppe. Der Beamte, der schon mit Wasser gekommen war, stand auf und half mir. Sein Chef rief ihn zurück und fragte, ob ich das Geld jetzt gefunden hätte. Es sei bestimmt irgendwo, nickte ich, bestimmt, und schloss die Tür hinter mir. Sollte er mich noch einmal fragen, dann HATTE ich das Geld gefunden. Nur keinen Vortrag mehr!

Ich setzte mich auf die Treppe und wartete. Dachte daran, dass ich jetzt endlich zu meinem Pferd konnte. Man würde mich da hinbringen. Alles andere war jetzt unwichtig. Liegen. Ja, auch in dieser Nacht würde ich irgendwo schlafen.

Dorfleute spähten um die Ecke, verschwanden wieder, andere kamen, verschwanden gleich wieder. Ich kannte Rumänien schon gut genug, um zu wissen, dass sie alle die Geschichte kannten, dass sie sehen wollten, wie sie aussieht, die Frau. Ich sah noch geschwollen und gefleckt aus, steckte aber in sauberen Kleidern, Spenden der evangelischen Kirche in Bukarest.

Die Polizisten in ihrem warmen Büro, die es nun doch nicht mehr eilig hatten, die ihren Dienst taten. Die Leute, die mich wie ein fremdartiges Objekt betrachteten, ein Bild, mit dem sie eine Geschichte vervollständigen konnten, tuschelten. Nicht heulen. Nur nicht heulen. An einem anderen Platz. Später.

Das Ich neben mir sprach über die nächsten Schritte. Da unten stand der Polizeiwagen. Das Gepäck. Die Stufen. Das schaffe ich nie, dachte ich und das Ich neben mir schwieg. Hier zusammenbrechen, nachdem ich diesen Tag, diesen unendlichen Tag schon fast geschafft hatte?

Der Chef kam heraus. „Wir fahren", sagte er. „Gut", sagte ich, zog mich hoch an der Mauer, wartete, bis der Schwindel nachließ und ich wieder sehen konnte. Konzentrieren und eines nach dem anderen, meldete sich das Ich neben mir und der Polizist meldete, ich solle mich beeilen, verschwand wieder in seinem Büro.

Ich nahm einen Packen und stieg Stufe um Stufe hinab. Man sah mir zu. Leute, die nicht gewagt hatten, mich anzusprechen. Ein Mann trat zu mir, nahm mir die Tasche wortlos ab. Ich lehnte mich an die Mauer, traute mich keinen Schritt mehr zu machen. Der Mann war schnell. Der Polizist tauchte wieder auf. Ich solle mithelfen! Er war verärgert. Der Mann war schnell, stoppte mich, als ich zu einem letzten Packen wieder die Treppe hinaufklettern wollte. Mulţumesc. Er nahm meinen Dank kaum an, nickte mir nur zu, auch er ärgerte sich. Nicht über meine Schwäche.

In den Kofferraum des Wagens lud der Polizeibeamte die Sachen am Ende selbst, ungeduldig über mein Tempo. Einsteigen!

Zwei Kilometer weiter wartete mein Pferd auf mich. Ich war ihm schon so nah.

An der Straße stand eine Gruppe von Menschen. Als das Polizeiauto dort stehen blieb, verstummte man. Ich öffnete die Wagentüre. Man sah mich nicht an, sah mich doch an, sah auf den Boden. Ich stieg aus. Begrüßte die Leute, wie ich immer gegrüßt hatte, auf der Wanderung durch dieses Land. So gut es eben ging.

Eine kleine alte Frau brach das Schweigen. Sie stimmte ein Geheul an, packte meinen Kopf, zog ihn zu sich herunter, besah mich, jammerte laut. Ein Klagegesang. Meine Tränen lösten sich wie auf Knopfdruck.

Dana nahm mich in ihren Arm, führte mich weg von den klagenden Frauen, führte mich in ihren Hof, zu ihrem Stall, zu meinem Pferdchen. Er hatte zehn Tage hier auf mich gewartet.

Zwei Tage und zwei Nächte lang hatte er nur auf den Boden gestampft, das Wasser umgeschüttet, kein Futter angenommen, nur gestampft. Am dritten Tag hatte Dana es mit frischem Brot versucht. Sie war damit am Stall vorbeigegangen. Ein paar Male hin und her, hatte ihm dann ein Stück angeboten. Er nahm es schließlich an und danach auch alles andere.

Er war da. Eine Narbe auf seiner Stirn. Ich band ihn los, führte ihn ins Freie. Wir begutachteten einander. Ich war langsamer als er mich kannte und geriet leicht ins Wanken. Er war abgesehen von der verheilten Kopfwunde körperlich in Ordnung. Er bot mir seine Schulter als Stütze an und führte mich durch den Hof. Der Platz an dem er grasen durfte. Das Bächlein, das mitten durch den Hof floss und von dem er am liebsten soff.

Zwei Tage später zogen wir weiter.

Der erste Tag wieder auf der Straße, nach der Gewalt, nach der Zeit im Krankenhaus, nach dem Aufenthalt im selben Dorf.

Ein Polizeiauto würde mich abholen und begleiten, sagte man mir, ließ mir keine Wahl. Es gelang mir, das Pferd zu bepacken. Asterix half, stand wie ein Fels. Geriet ich ins Schwanken, schob er sich vorsichtig näher, ich konnte mich auf ihn stützen. Er war bereit, alles, alles zu tun, um nur mit mir hier wegzukommen. Der Ort, an dem noch überall mein Blut klebte, war nur ein paar hundert Meter entfernt.

Marin, Danas Mann, sah mir zu, wie ich ein Gepäckstück nach dem anderen auf dem Packsattel fixierte, so wie wir es schon hunderte Male getan hatten.

Ich musste gehen. Wusste nur das. Mich aufhalten lassen von Gewalt? Die Gewalt also wirklich siegen lassen? Nein. Aufstehen. Weitergehen. Ich musste sowieso mit den Schäden an meinem Körper klarkommen. Mein Reha-Zentrum würden die Straße, die Wiesen, die täglichen Aufgaben sein. Meine Psychotherapie jeder einzelne Schritt, den ich weiterging.

Polizeisirene. Blaulicht vor dem Gartentor. Die Frauen weinen. Man umarmt mich, schüttelt meine Hand. Sie alle fühlen sich mitschuldig. Sie werden ohne mich mit ihrer Geschichte zurechtkommen.

Wir wandern in unserem gewohnten Tempo aus dem Dorf hinaus. Ich halte mich an der Schulter des Pferdes an, wenn ich ins Schleudern komme. Wenn es gut geht, gehe ich alleine. Das Polizeiauto fährt mit Blaulicht hinter uns her. Ich kenne einen Teil der Beamten schon. Sie sind ein Teil der Gewalt. Ich brauche sie nicht anzusehen.

Nach ein paar Stunden wird es ihnen endlich zu dumm. Sie kommen nun immer wieder nachsehen, wo ich bin, fahren wieder. Und ich solle mich melden, wenn ich lagere.

Wir wandern nicht weit an diesem Tag. Eine Rast abseits der Straße. Die Stille. Die Weide. Dann wieder packen und einen Nachmittag wandern. Am frühen Abend ein Dorf erreichen. Viele Pausen auf dem Weg gemacht. Wir haben beide viel zu tragen.

Menschen, die mich ansehen. Mein Gesicht ist noch geschwollen und voller Flecken in allerlei Farben. Mein Pferdchen will gar keinen Menschen ansehen.

Die Kirche im Dorf ist offen. Leute sind darin unterwegs. Ich binde das Pferd an den Zaun davor. Drinnen wird renoviert. Ein Mann spricht mich an, erklärt mir die Bilder, ein hohes Fest in den kommenden Tagen, darum bereite man alles vor. Es ist der Pope.

Von den Popen der rumänisch-orthodoxen Kirche und ihren Familien bin ich immer gut betreut worden. Immer halfen sie mir weiter. Ich fragte ihn also, ob er einen Lagerplatz für mich wisse. Er dachte eine Weile nach, dann schickte er einen der Arbeiter der Kirche mit mir mit, der solle mir den Weg zu Joanna zeigen.

Unterwegs versucht mich der Mann umzustimmen, ich solle bei ihm nächtigen. Ich möchte weiter zu Joanna. Joanna ist Witwe und hat einen kleinen Platz im Garten, sie hört sich die Erklärung des Mannes an und bittet mich herein.

Ich bin erschöpft. Wankend und zitternd lade ich das Pferd ab. Als die Gepäckstücke am Boden sind, wirft sich mein kleiner Begleiter sofort hin, wälzt sich, steht wieder auf, wirft sich wieder hin. Eine Kolik. Ich bin nicht die Einzige, die ein Trauma zu verarbeiten hat. Ich bekomme den Weg zum Tierarzt erklärt, wir ziehen los. Dem Pferd geht es schlecht, aber er ist bereit zu gehen.

Männer stehen am Straßenrand. Ich frage nach dem Veterinär. Man stellt mir ein paar Fragen. Das sei der Veterinär, sagt einer der Männer schließlich und deutet auf einen, der an der Mauer lehnt. Ich solle mit ihm spazieren gehen, meint dieser und damit ist die Sache für ihn erledigt.

Ich spaziere also zurück zu Joannas Garten, werde unterwegs von einem Auto aufgehalten. Zivilstreife. Dass sie Beamte sind und meinetwegen hier unterwegs sind, sagen sie mir erst später. Gut, so muss ich nicht auch noch die Polizeistation suchen, um mich zu melden. Nur den Zeltaufbau noch hinbekommen und mit dem Pferd gehen, solange ich noch gehen kann.

Am Zaun zu Joannas Garten steht der Pope. Ich freue mich, ihn zu sehen, begrüße ihn.

Ich solle verschwinden, sagt er, sofort alles zusammenpacken und verschwinden, egal wohin, einfach weg. Ich hätte offensichtlich mit der Polizei zu tun, ich solle abhauen.

An den Grenzen unserer Belastbarkeit sind wir immer aufgefangen worden. Das war eine Grenze. Ich musste das Pferd trotz Kolik bepacken. Er stand. Er schien zu wissen, dass wir keine Wahl hatten. Ich heulte und er stand still. Nur die paar Schritte aus dem Dorf hinaus schaffen und keinen Menschen mehr sehen. Ich schaffte die Seitenstraße, an der Hauptstraße ging nichts mehr. Setzte mich auf einen Stein. Verbarg mein Gesicht in den Händen. Warten bis das Schlottern nachlassen würde. Mein Pferd stand still neben mir.

Herr Cotean begleitete mich später zum Spielplatz, wo ich ablud, konnte seine Fragen kaum beantworten, reden ging nicht, Vali kam dazu und er erklärte ihr, dass ich einen Nachtplatz bräuchte. Ich war nicht mehr bereit, irgendwohin zu gehen, aber jetzt zwang man mich fast.

Die wunderbaren Kinder, die inzwischen bei uns waren, trugen das Gepäck, Herr Cotean schob mich in Valis Garten. Man nahm mir das Pferdchen ab. Er hat eine Kolik! Ja, in Ordnung, dann bekommt er noch nichts zu fressen. Sie stellten ihn neben ein freches Kalb und als ich den Weg in den Stall später schaffte, sah ich, dass er wunderbar damit beschäftigt war, dem Kalb Manieren beizubringen. Pferdemanieren. Es ging ihm gut. Alles war gut.

Herr Cotean, ein Politiker, war inzwischen bei der Polizei gewesen, hatte gehört, was im Dorf und in den Dörfern davor vorgefallen war, kam zurück. Vali legte mich auf ein Bett. Später kochte sie für mich und reichte Wein und Schnaps, den sie selber machte, machte Wasser für ein Bad heiß, setzte mich hinein, rieb mir mit einem Abwaschschwamm den Rücken, vorsichtig. Mein Körper war voll blauer Flecken und Striemen. Steckte mich in ein Nachthemd ihrer Tochter, führte mich zum Stall. Meinem Pferd ging es gut. Führte mich zum Bett, deckte mich zu.

Vali versorgte mich wie ein kleines Kind. Ich wehrte mich kaum. Heute war alles gut und morgen würde ich wieder ein Stückchen stärker sein.

Damals war ich auf dem Weg nach Bethlehem. Nicht, dass ich besonderen Wert darauf legte, an jenem geografischen Ort anzukommen.

Mir war die Zeit abhanden gekommen. In der Nacht der Schläge muss es passiert sein. Als ich wieder denken konnte, als mein Bewusstsein sich meines Zustandes und meiner Situation wieder bewusster war, stellte ich fest, dass mir die Zeit fehlte.

Ich konnte Tage zählen und einer blinden Mitpatientin die Uhrzeit sagen, ich WUSSTE alles über die Zeit und doch war sie mir abhanden gekommen.

Bis dahin war es aber die Zeit gewesen, die eine Form in mein Wandern gebracht hatte. „Ich gehe mindestens ein Jahr und vielleicht gehe ich dann weiter und wenn ich vorher aufhören will oder soll, ist es auch gut."

Nun war sie weg. Ich hatte keine Beziehung mehr zu dieser Achse unseres definierten Seins. Lag auf der Pritsche im überfüllten Krankenzimmer und wandte mich also dem Raum zu. Bisher war ich ziellos gegangen, hatte nur mit einer Richtung begonnen und sie in einem Tal der Südkarpaten geändert.

Aber wohin könnte man schon wandern? Auf den Spuren eines Jakobs, dessen Geschichte mich nicht berührt? Oder gar nach Rom? Ich war in Südosteuropa und auf dem Weg nach Süden. Jerusalem kam ebenfalls nicht in Frage. Aber Bethlehem.

„Ich gehe nach Bethlehem." Ob ich jemals dort ankomme oder nicht, ist nicht so wichtig. Ich gehe nach Bethlehem.

Kein Mensch wollte begreifen, dass ich nach jener Attacke, als ich kaum die Krankenhausgänge schaffte, unbedingt eine auch für einen Gesunden schon schwierige Fußreise noch fortsetzen wollte. Ich gehe nach Bethlehem. Man schwieg. Das war ein Argument. Man ließ mich weitergehen.

Die Polizei wollte mich draußen haben aus ihrem Distrikt. In ihrem Zuständigkeitsbereich war ich überfallen und zusammengeschlagen worden. Sie hatten Druck von ihren Oberen in Bukarest, und die hatten ein Gespräch mit der österreichischen Botschaft. Sie wollten mich loswerden. Das Polizeiboot, das sie mir angeboten hatten, um auf dem schnellsten Weg fortzukommen, also über die Donau nach Bulgarien, war nicht groß genug für ein Pferd, auch nicht für ein ganz kleines Pferd. Ich musste gehen, wollte auch gehen. Dem nächsten Grenzübergang ein paar Tagesreisen weiter im Westen zu.

Ich wurde begleitet, ein motorgequältes Auto mit Blaulicht hinter uns langsam Wandernden, später nur mehr ein Streifenwagen, der stündlich nachsehen kam, ob wir noch da waren und wo.

Am zweiten Tag nahm man es glücklicherweise gelassener. Ich sah kaum Polizei. Bevor ich die kleine Hauptstraße verließ, um zur Olt weiterzuwandern, fragte ich eine freundliche junge Frau um Wegauskunft, wollte sichergehen, dass ich an der richtigen Kreuzung stand. Sie sprach englisch, was mir seit vielen Wochen nicht mehr passiert war. Sie wusste, wer ich war, was geschehen war.

„Nein, da darfst du nicht durchwandern", beschwor sie mich. „Dieses Dorf da vorne ist sehr, sehr gefährlich!" Eine Roma-Siedlung. „Da nimmt man dir alles weg und vielleicht bringt man dich auch um." Sie fing an zu weinen. Sie rief nach ihrem Vater. Der nickte nur. „Ich habe Polizeibegleitung hier", versuchte ich sie zu beruhigen. Ihr Vater nickte dazu. Hier wusste man wirklich alles.

Ich machte eine Mittagspause. Ein abgeerntetes Feld im Oktober. Das Tuch auf trockener Erde. Ein warmer, guter Tag. Renate. Dana. Vali. Die guten Frauen der letzten Tage. Ich aß, ich trank, gab Asterix Früchte, Valis Gaben, schlief ein wenig, das Pferdchen bot sich als Wache an, stellte sich neben mich. Aufwachen und Bewegen. Das Pferdchen streckte sich mit mir. Es ging uns gut.

Das Dorf vor uns. Ich bepackte meinen Gefährten. Keine Polizei weit und breit. „Durch dieses Dorf wandern wir als Stars!“ Asterix war dabei und wir zogen völlig gelassen weiter.

Der Polizist für diese Strecke verspätete sich. Sie hatten ihm kein Dienstauto gegeben. Wahrscheinlich weil auch ich zu Fuß war. Der Arme. Ich hielt es ohnehin für sicherer, ohne den uniformierten Mann in das Dorf zu kommen.

Ich war schon mitten im Dorf, als er mit bleichem und schweißnassem Gesicht aus dem Lieferwagen eines Bauern stieg, sich vorsichtig, wie ein schreckhaftes Tier umsah, geduckt, und mich fragte, ob eh alles in Ordnung sei, ob ich Probleme gehabt hätte. Nein. Alles bestens. Er war sichtlich erleichtert. Er tat mir leid. Ich war froh, hier nicht an seiner Stelle zu sein. Hatte mit meiner eigenen genug zu tun. Ich lächelte, blieb aber nicht stehen. Grüßte ihn und schritt weiter.

Durch dieses Dorf war ich als Star unterwegs und es klappte wunderbar. Wie ich neben aller Gefährlichkeit dieses Volk auch liebe! Diese Lebendigkeit. Die Kinder umringten mich begeistert, die Älteren darunter pfiffen die übermütigeren Kleineren zurück, versuchten, mich respektvoll zu behandeln, um möglichst viel Geschichte von mir zu erfahren. Die Frauen stritten lauthals und mit gegenseitigen wüsten Beschimpfungen um meine Aufmerksamkeit und den besten Platz neben mir. Die Frage, ob ich etwas zu vergeben hätte, war rasch geklärt. Was ich habe, brauche ich. Und der Fragenden flog schon Geschimpf nach, ob sie denn wirklich jeden anbetteln müsse. Die Männer beobachteten mich und in ihren Blicken war alles Mögliche. Ich beschloss, sie seien gar nicht da. Wir waren heute Stars und hatten mit den Bewunderern genug zu tun.

Mein Pferd war auch ein Star. Das kann er gut und wenn wir uns auf so etwas einigen, wagt keiner, uns anzufassen, zumindest nicht, solange wir in Bewegung sind.

Die Kinder begleiteten mich bis zu einer Kreuzung außerhalb des Dorfes, ganz offensichtlich die Marke, die sie nicht überschreiten durften. Sie waren wunderbar. Die Frauen stritten im Dorf ohne mich weiter. Ein paar Männer kamen noch langsam vorbeigefahren, saugten unseren Anblick förmlich auf mit ihren Augen. Dann waren wir an der Olt.

Der arme Polizist folgte uns in einigem Abstand. Seine Furcht vor den Leuten hier war unübersehbar. Ich erreichte die Brücke. Die Bezirksgrenze. Er überwachte mich vom Damm aus. Als ich die Mitte der Brücke erreicht hatte, wandte er sich ab und ging hastig zurück. Hoffentlich würde ihn einer in seinem Auto mitnehmen.

Entlang der Donau nach Westen.

An einem stürmischen herbstlichen Nachmittag rasteten wir in einem tiefen Graben, der die Straße von den Feldern und Weiden und dem Niemandsland trennte. Der Wind sauste hoch über unseren Köpfen weiter und wir hatten etwas Ruhe in dem Graben. Mein Pferd war sichtbar von der Straße aus. Die Straße war befahren genug, um mich trotzdem sicher zu fühlen.

Ein Auto hielt an. Ein Mann stieg aus. Er strahlte, freute sich, sagte: „Das ist Rumänien! Da ist Rumänien!" Er kam näher, lachte. „Das ist Rumänien", wiederholte er. „In Rumänien kann eine Frau allein an der Straße lagern und nichts wird ihr geschehen!" Er war jetzt über mir.

Mein Gesicht war noch gescheckt und geschwollen. Die letzten sichtbaren Spuren des Überfalls. Ich wusste nicht, was ich antworten sollte. Ich war dran, musste irgendetwas dazu sagen. Seine Begeisterung. Seine Freude. „Das ist Rumänien", wiederholte er. „Ja, es ist schön hier", fiel mir ein. Jetzt tanzte er, lachte, verabschiedete sich, wünschte mir weiterhin viel Freude in seinem Land Rumänien, stieg in sein Auto und fuhr hupend davon.

Ich packte sofort meine Sachen zusammen, belud das Pferd und verließ den Ort.

Donauaufwärts. Ein paar Stunden später erreichte ich das Dorf, in dem ich nach einem Lagerplatz suchen würde.

Am Eingang des Dorfes ließ ich das Pony grasen, ruhte mich aus, die Pause, die wir uns angewöhnt hatten, Lagerplatzsuche kann anstrengend sein.

Ein Mann sah uns, kam auf die Wiese, grüßte und stellte ein paar Fragen. Ich war vorsichtig. Er verstand es und bemühte sich. In einem Land, in dem man ausreichend Gründe hat, vorsichtig zu sein, ist man auch bemüht, dem Vorsichtigen zu zeigen, dass es gerade keinen Grund gibt, dass alles in Ordnung ist und dass man gastfreundlich ist. Was in meinem Kulturkreis als unfreundlich und misstrauisch ausgelegt würde und dem man dann ebenso begegnen würde, (wenn ich in einem österreichischen Bergdorf so vorsichtig wäre, würde sich die Bevölkerung sofort angegriffen fühlen, würde hoffen, dass ich weitergehe) wurde hier verstanden.

Es war der Bürgermeister. Er überzeugte mich in langer Rede, dass er ein guter Mann sei und dass er den besten Lagerplatz im Dorf habe. Ich ging mit. Vor seinem Grundstück entschied er sich anders und führte mich zu seinem Nachbarn, dem müsse er mich vorstellen. Mir war es recht. Längst wusste ich natürlich, dass es Sorgen um den Ruf geben kann, wenn ein Mann eine Frau von der Straße in den Hausgarten holt. Einem Nachbarn kann man sie aber ans Herz legen.

Der Nachbar hatte seine Freude und lud uns an den Tisch im Garten. Der Bürgermeister sprach unentwegt, lobte sein Land und zog über die Kulturlosigkeit des Westens her. Wir tranken frischen Wein, knackten Nüsse, klärten die Möglichkeiten des nächtlichen Lagers. „Ihr habt keine Kultur!“, dröhnte er. „Keine Kultur!“ „Der Westen hat keine Kultur mehr!“

Dann bewies er diese These zuerst mit Geschichten aus amerikanischen Fernsehserien und dann mit Fragen an mich: „Wann starb Goethe? Wann starb Goethe?“, rief er und ich wusste die Antwort nicht (muss gestehen, ich weiß es auch heute nicht). Seine Hand landete auf meinem Oberarm. Er hatte eine Prügelstelle erwischt. Ich erschrak, rutschte ein wenig weiter auf der Bank.

Die Frau des Hauses brachte Gebäck. „Ihr habt keine Kultur!", dröhnte der Herr Bürgermeister wieder und beantwortete seine Frage selbst. Er lebe in Rumänien und wisse es! Und ich aus dem Westen nicht. Klare Beweisführung. Er war noch nicht fertig, fragte weitere Sterbedaten ab. (Das ist nicht gerade ein Wissensgebiet, auf dem ich etwas zu sagen hätte.) Seine Hand landete auf meiner Schulter.

„Ihr habt keine Kultur!", donnerte er wieder, diesmal schon fröhlich, stieß mit seinem Nachbarn an. Woher ich die Flecken in meinem Gesicht habe, fragte mein Gastgeber dann. Ich bin zusammengeschlagen worden „Wo?", fragte streng der Bürgermeister.

Ich beschrieb die geografische Lage. „Hier in Rumänien?" „Ja, etwa hundert Kilometer von hier." Jetzt wurde es still am Tisch. Die Männer schenkten nach und tranken aus und schenkten nach. „Wann starb Dante Alighieri? Wann starb Dante Alighieri? Sag es, wenn du es weißt!!", plärrte der Bürgermeister. Ich hatte keine Ahnung und seine Hand steuerte mein Gesicht an. Ich war diesmal schneller, konnte ausweichen, er fiel von dem Schwung beinah über den Tisch.

Ich zog meine Beine auf die Bank, um den Schlägen besser ausweichen zu können und lenkte das Tischgespräch auf berühmte Philosophen. Ich weiß da zwar auch keine Sterbedaten, aber immerhin. Dachte: Das glaubt mir wieder keiner.

Nach der Philosophie waren alle betrunken und ich fand, dass es Zeit sei, das Lager zu errichten. In einem Truthahngehege stellte ich das Zelt auf, pflockte das Pferd an, bekam trockene Luzerne für ihn. Die Sonne war schon gesunken. Der Bürgermeister verzog sich. Die Hausfrau schickte ihren Mann noch einmal zu mir, ob ich etwas bräuchte und dann waren wir allein.

Eine kalte Nacht. Am Morgen war das Zelt außen mit Raureif bedeckt, und weil es so kalt geworden war, wurde ich ins Haus geholt, mit Kaffee bewirtet. Ich hatte den Auftrag, das örtliche Museum zu besichtigen. Der Bürgermeister habe schon nachgefragt, wann ich soweit sei. Ich musste mich beeilen, packte, belud das Pony und ging ins Dorfzentrum.

Ich wurde schon erwartet. Leute hielten mich auf. Ja, das sei das richtige Gebäude und der Bürgermeister müsse gleich kommen. Wir warteten also auf ihn. Ja, ich wäre lieber weitergegangen. Die beste Zeit zu gehen war der Vormittag, seine ersten Stunden.

Er kam, begrüßte alle mit Handschlag, zuletzt mich, erzählte allen, dass man der Österreicherin zeigen müsse, wie viel Kultur man hier habe und das Museum wurde geöffnet. Mit einer ausladenden Handbewegung lud er mich ein, mir doch nur alles genau anzusehen.

Ich tat, was er sagte, das Pony wartete vor der Türe. Allerhand gab es in diesem Museum. Alte Geldscheine und Bücher und Landkarten und Schädelknochen und vieles andere. Er bat eine Frau darum, Licht zu machen, damit ich alles besser sehen könne. Sie schwieg, sah ihn groß an. „Wir haben hier keinen Strom", sagte sie und ich beteuerte, dass das Licht, das durch die Fenster in den Raum fiel, durchaus ausreiche. Ich machte die Runde, entschuldigte mich, dass ich mir nicht mehr Zeit nehmen konnte, das Pferd warte draußen.

Der Bürgermeister wies mich noch auf manches hin. Die Kultur Rumäniens und dass wir im Westen das alles nicht hätten. Seiner Hand konnte ich fast immer ausweichen. Nur einmal erwischte er mich noch hart. Ich schrie auf, schämte mich gleich wegen meiner Empfindlichkeit, war doch eben erst verprügelt worden, konnte keine Grobheit mehr vertragen, wollte nur weg, weg aus diesem Museum, weg aus diesem Ort, weg von der schlagenden Kultur. Die Frau lächelte, er sei halt stark, lächelte.

Alle lächelten und ich versuchte zu flüchten. Mein Pony wieherte, das dauerte ihm natürlich viel zu lange. Ich müsse zum Pferd, versuchte ich und der Bürgermeister packte mich am Arm, hielt mich fest. Alle lächelten und ich musste warten. Er legte ein großes Buch auf einen Tisch, schrieb eine ebenso große Widmung hinein und überreichte es mir mit großer Geste.

Es reichte. Ich hatte keinen Platz auf dem Pferdchen, lehnte ab, hielt eine Rede über das wunderbare Museum, die beeindruckende Kultur dieser Gegend und die besondere Gastlichkeit des Ortes, reichte dem Bürgermeister mit angemessen großer Geste die Hand, schüttelte dann auch noch ein paar andere Hände und ging rückwärts zur Tür, band mein Pferd vom Zaun los und hielt mich an ihm an, verzog mich mit Dankesworten und allerlei Huldigungen. Man ließ mich gehen.

Ein paar hundert Meter weiter wusste man nichts von mir und ich atmete auf.

Die letzten Tage in Rumänien, im „Zigeunersommer", wie man dort die späte Wärme im Oktober nennt, eine Zeit voll von bizarren Begegnungen.

Unentwegt wurde ich dazu genötigt, Rumänien zu loben und zu preisen. Meistens fiel mir das leicht. Der Zauber dieses schillernden Landes hatte mich längst gefangen, und wenn ich heute versuche, davon zu erzählen, weiß ich nie recht, wo ich beginnen könnte. Wo beginnt ein Wirbeln?

Ich liebe Rumänien. Ich habe auch die Gefahren dieses Landes kennengelernt. In den Wochen vor Beginn der Wanderung sagte ich einem Freund, wovor ich mich fürchtete. Vor Hitze, Kälte, Hunger, Durst, Einsamkeit und Gewalt.

Wir waren nie lange durstig und wenn es auch manchmal recht magere Tage gab, litten wir nie Hunger. Alles andere habe ich erfahren, erlebt und bin weitergegangen.

Die letzten Tage in Rumänien. Die Leute in den Dörfern wandten sich rasch ab, oder liefen aus den Häusern und wünschten mir einen guten Tag, oder standen stumm am Zaun, zeigten ihren Kindern das Pony. Pferde gibt es in der Walachei natürlich jede Menge, Ponys aber kennt man nur vom Zoo oder vom Fernsehen. Wieder gab es Kaufangebote. Undenkbar. Ebenso gut hätte ich eines meiner Beine verkaufen können. Er ist mein Freund. Einen Freund verkauft man nicht. Man hatte mir schon Autos und Kutschen samt Großpferden für meinen Begleiter angeboten. Ich verstand sie natürlich. Wie stolz und schön schritt er neben mir, trug unseren Haushalt mit aller Selbstverständlichkeit.

Auf der Straße fühlte ich mich immer (abgesehen von Italien) am sichersten. Wurde meinem Pferd dabei immer ähnlicher. In Bewegung zu sein war gut. Hindernisse konnte man bewältigen, notfalls durch einen Umweg, an schwierigen Menschen und unheimlichen Dingen (aus Pferdesicht) konnte man vorbeigehen. Solange wir auf dem Weg waren, waren wir beweglich.

Reporter hielten uns auf, fragten, ob ich einverstanden sei, ein Interview zu geben und gefilmt zu werden, sie hätten die Kamera gerade nicht dabei, könnten mich aber in ein paar Stunden finden. Der Mann sprach englisch. Schon das war mir eine Wohltat. Sie würden mich schon einholen, sie lachten. Ich ging weiter.

Der Wind hatte sich ein wenig beruhigt. Ein klarer, warmer Herbsttag. Der Körper müde von der Frostnacht. Das Pferd froh, mich an seiner Seite zu haben.

Ein Junge fuhr mir mit dem Rad aus einem Dorf nach. Ich solle eine Pause machen, ich brauche bestimmt eine Pause. Ich brauchte keine Pause und der Junge umkreiste uns mit seinem Rad. Dort, dort solle ich eine Pause machen, dort könne ich mich ein bisschen hinlegen.

Ich brauchte eine Weile, bis ich kapierte, warum ihm mein Hinlegen so wünschenswert war. Er war höchstens zwölf Jahre alt. Ich versuchte ihn abzuwehren, verblüfft, von einem Kind belästigt zu werden.

Es war nicht das erste Mal. Ich hatte ein paar Wochen vorher in einem Dorf gelagert, in dem ich Kinder und Greise abzuwehren hatte.

Zuerst kamen die Buben, die dann ihre größeren Brüder holten (eigentlich auch noch Kinder), die ich mit Mühe davon überzeugen konnte, dass ich gerade keine sexuellen Bedürfnisse hatte. Als sie endlich verschwanden, kamen die Alten, auf einen Stock gestützt, humpelnd und gebeugt. Sie waren nicht weniger deutlich als die Kinder. Den letzten schickte ich zur Nachbarin, die das Treiben um meinen Lagerplatz schon lange beobachtet hatte. Er ging wirklich zu ihr. Sie würde schon klarkommen mit ihm.

Den Jungen auf dem Rad wurde ich erst los, als es vorbei war mit meiner Geduld und ich ihm drohend, schimpfend und die Tasche schleudernd nachlief. Die Tasche überstand es unbeschadet, und das Kind ließ von mir ab.

Am frühen Abend erreichten wir ein Dorf. Wieder einen Lagerplatz finden, einen Menschen, den ich ansprechen konnte und der einigermaßen vertrauenswürdig aussah. Man wich mir aus. Die Gärten leerten sich, als wir uns näherten. Oft hatte ich schon das Pferdchen entscheiden lassen. Wo er anhielt, gab es herzliche Leute. Er hielt nirgends an. Auf offener Weide zu lagern, wagte ich gerade in dieser Gegend nicht. Ich würde jemanden finden. „Ich habe noch in jeder Nacht irgendwo geschlafen."

Zwei Männer unterhielten sich am Straßenrand. Sie würden nicht schnell genug sein, um sich verstecken zu können, ich musste mit ihnen sprechen.

Marian nahm mich mit. Ich fragte, was ich noch nie gefragt hatte: „Hast du eine Familie?" Er zögerte. Die Kinder seien schon aus dem Haus. Er wohne mit seiner Frau allein. Ich war zufrieden.

Die Sonne ging gerade unter, als wir in seinem Garten ankamen. Auch diese Nacht würde frostig werden. Marian hatte eine Stute mit Fohlen. Wir konnten sie nicht zusammen lassen, aber mein Pferdchen wusste, dass andere Pferde da waren, also fühlte er sich sicher. Ich brachte ihn im Gemüsegarten unter, würde nachts nach ihm sehen. Er war zufrieden.

Ich selbst nahm das Angebot, im Kinderzimmer zu schlafen, an. Noch immer jaulten meine Rippen auf bei manchen Bewegungen. Ins Zelt zu steigen, war eine dieser Bewegungen.

Verginica kam, Marians Frau, eine freundliche stille Person. Sie bereitete Essen für uns drei, während ich Gepäck verstaute und das Pferd versorgte. Ich solle in die Küche kommen. Marian holte mich. Er wollte mich in den Arm nehmen und weil mir ein Gepäckstück runterfiel, konnte ich ausweichen.

Ich solle nur kommen, sagte er, wartete, bis ich neben ihm war und packte mich wieder. Ich wand mich. Die Tür des Küchenhauses wurde geöffnet, Marian ließ mich sofort los. Verginica stellte mir ein Limonadenglas voll Schnaps hin und ging in den Keller um Kartoffeln zu holen. „Schnell, sie sieht es nicht!“ Marian packte mich und versuchte mich zu küssen. Schritte auf der Treppe. Er ließ los. Verginica lächelte mich freundlich an, den Schnaps solle ich doch austrinken und verließ erneut die Küche. Ich wollte mitkommen. Sie wehrte ab. Ich solle im Warmen bleiben. Sie schloss die Tür hinter sich.

Marian steuerte wieder auf mich zu, ich stellte einen Sessel zwischen uns, zwang ihm ein Gespräch auf. Ich glaube, ich fragte ihn nach der Strecke für den nächsten Tag. Er musste einen Augenblick lang nachdenken, wir hörten die Schritte der Frau, sie war wieder da und fragte mich, warum ich mich nicht setzte.

Ich müsse mich ums Pferd kümmern, antwortete ich und eilte in den Garten. Marian kam mir nach. Jetzt nahm ich das Pony zwischen uns. Mein kleiner Gefährte, der jede Art von Respektlosigkeit hasst, schnappte drohend nach dem Mann, als er ihm zu nahe kam. Ich hatte ein wenig Ruhe.

Den weiteren Abend verbrachte ich damit, der Frau nicht mehr von der Seite zu weichen. Sie muss mich für verrückt gehalten haben. Ich war wie ihr Schatten. Vielleicht hielt sie es auch für eine österreichische Sitte. So entstehen Vorurteile.

Das Zimmer war nicht abzusperren, also baute ich eine Lärmhürde. Wenn ich ungefragten Besuch erhalten sollte, würde es wunderbar krachen und scheppern. Er ließ mich in Ruhe.

Dorf reihte sich an Dorf am nächsten Tag. Im größten fragte ich nach einem Telefon. Bis zur Fährstation, dem Grenzposten nach Bulgarien waren es nur mehr wenige Kilometer. Man wies mich auf ein Telefon in den Arkaden eines Lebensmittelladens. Das Pferd konnte ich über die Stufen nicht mitnehmen, also band ich es an eine Laterne an der Straße. Das Telefon funktionierte. Ich hatte Glück. Seit Wochen war es mir schon nicht mehr gelungen, ein funktionierendes Gerät zu finden.

Auf der Straße war viel los. Schulkinder waren auf dem Weg nachhause, Männer saßen im Straßencafé, Sprüche erreichten mich, die ich nicht zu verstehen brauchte, man machte noch Besorgungen. Während ich telefonierte, kam eine Gruppe von Leuten. Einer hielt Reden, ich hielt ihn für den Bürgermeister und hatte recht, eine Filmkamera war mit dabei.

Der Bürgermeister ging zum Pferd, band es los und nahm es mit. Ich beendete das Gespräch, hängte den Hörer auf und folgte den Menschen um eine Häuserecke. Das Pferdchen rief schon nach mir.

Der Bürgermeister gab ein Interview, als ich sie erreichte. Das Pony lief längst nervöse Runden um ihn, die Kinder versuchten es aufzuhalten und anzufassen. Er beschimpfte sie donnernd und entdeckte mich dann in der Menge, packte mich mit eisernem Griff und zog mich vor die Kamera. Ich versuchte einzuwenden, dass mein Rumänisch für ein Interview zu schlecht sei. Er winkte ab, grinste und brachte mich schon mit der ersten Frage in Verlegenheit. Ob ich denn wisse, in welchem Dorf ich gerade sei.

Es war schon das dritte Dorf an diesem Vormittag, ich hatte den Namen weder auf der Karte noch behalten. Ich zögerte. Der Bürgermeister formte mit den Lippen den Namen des Dorfes und ich versuchte also, es zu erraten. Alle lachten. „Sie ist halt nicht von hier." Der Bürgermeister klopfte mir auf die Schultern und ich nutzte die Gelegenheit, das Pferd wiederzubekommen. Eine Reporterfrage – weder mich noch das Pferd und Reisende überhaupt betreffend – war mir dann Deckung genug, in die Menge einzutauchen und mich davonzumachen. Die Kinder begleiteten mich aus dem Dorf hinaus.

Die Reporter vom Vortag fanden mich. Sie hätten mich den ganzen vorigen Tag gesucht und nun leider wieder keine Kamera dabei. Nun fragten sie genauer nach meinem Weg. Ich würde eine Mittagsrast halten, auf der ersten freien Wiese hinter dem Dorf. Das schien ihnen leicht, sie fuhren weiter.

Am Ende des Dorfes gab es wirklich Wiesen und wie versprochen nahm ich die erste, lagerte keine hundert Meter von der Straße entfernt. Endlich allein. Ich blieb ein paar Stunden dort, das Pferd legte sich nieder, das hatte er in der Nacht nicht gewagt. Es ging uns gut.

Als ich packte, kamen die Reporter. Hier sei ich also. Sie hatten zwei Stunden nach mir gesucht. „Wirklich alle, alle Leute bis hierher haben gewusst, dass Sie durch ihr Dorf gegangen sind und alle Leute ab hier haben gefragt, ob wir denn verrückt seien, weil wir nach einer Österreicherin zu Fuß und mit kleinem bepackten Pferd an der Hand gefragt haben." Also fanden sie mich an der Grenze dieser Antworten.

Als wir uns später verabschiedeten, warnten sie mich noch vor der Gefährlichkeit Bulgariens. Sie waren nie dort gewesen.

Ich war wieder auf der Straße und das Fernsehteam des letzten Dorfes überholte mich, hielt an und filmte. Sie gingen davon aus, dass mich das freuen müsste und ich tat als verstünde ich ihre Fragen nicht, die sie mir zuriefen, lächelte sie nur an und hoffte, dass man mich bald in Ruhe lassen würde, ging weiter.

Die Reporter, die mich lange gesucht hatten, fuhren mir noch einmal nach, hatten eine Frage zu stellen vergessen. Dann noch einmal die Fernsehleute. Aus dem fahrenden Wagen filmten sie uns, hupten, riefen allerlei und dann war es ruhig.

Der Abend brachte Erholung. Nach einem Umweg über den Schulhof, den Begegnungen mit den Kindern des Dorfes und einem Anruf bei der Direktorin wurde ich mit allseitiger Zufriedenheit des ganzen Dorfes bei wunderbaren Leuten untergebracht. Das Zelt reparieren. Schlafen. Man versorgte mich. Man sah, dass ich erschöpft war, man fragte vorsichtig nach der Ursache der blauen und grünen Flecken auf meinem Körper, man erzählte Geschichten und ließ mich schlafen. Die letzte Nacht in Rumänien.

Der Grenzort war freundlich. Zu Beginn wurde ich mit Nüssen beschenkt. Eine Frau blieb mit ihrem Rad stehen. Die solle ich nehmen. Ich hatte selbst Nüsse an diesem Tag, sagte es ihr. Egal. Ihre seien größer. Ich solle sie nur nehmen. Sie füllte meine Taschen damit. Die Frau hörte erst auf, als diese überquollen. Dann war sie zufrieden. „Bun drum şi numai bine!" Guten Weg und nur Gutes. Die Glückwünsche Rumäniens. Sie fuhr davon. Einfach so.

Auf den letzten zwei Kilometern zwischen dem Dorf und dem Fährhafen begann ich, Abschied von diesem Land zu nehmen. An der Grenze war nicht viel los. Der Beamte schaute mich ungläubig an. Als er unsere Papiere sah, erst recht. Ich bezahlte die Fährüberfahrt für mich. Mein Pferd, das koste nichts. Sie hatten wohl keinen Tarif auf der Liste für ihn. Die Leute sahen mir nach.

Außer uns beiden wollten nur Fernfahrer auf die andere Seite der Donau. Ich ließ Asterix frei grasen. Legte mich auf die Wiese am Wasser. Der breite Strom vor uns. Warmes Oktoberlicht auf der Haut. Nach drei Monaten in Rumänien und fünf Monaten Unterwegssein standen wir wieder an einer Grenze. Ich hatte Rosenschnaps, Fladenbrot und Schokolade für mein ganz privates Fest.

Die Donau. Die Fähre, die noch zu tun hatte. Das Land hinter mir. Bulgarien da vorne. Ich hatte Rumänien überlebt. Auf der anderen Seite warteten neue Geschichten auf uns.

Der Fährmann war fürsorglich. Vor zehn Jahren hatte er zuletzt ein Pferd hier übergesetzt. Eine Französin war das damals. „Ja, vor zehn Jahren", rechnete er nach. Und dass er sich gut daran erinnere. Wir stiegen zuletzt über die Rampe auf das Schiff, als all die Trucks schon den Motor abgestellt hatten. Asterix war tapfer. Er bemühte sich um eiserne Nerven. Er mistete auf der Fähre und die Männer sagten, das sei ja wohl normal und als er doch ein paar Kreise ging, passten sie auf, dass er sich nicht verletzte. Abschied von Rumänien. Geliebtes Land.

Drüben war alles anders.

България. Bulgarien.

Und eigentlich lag ja nur dieser Fluss dazwischen. Es war ein anderer Kontinent. Mindestens. „Drei Wochen", erinnerte ich mich, sprach es bisweilen wie ein Gebet. Drei Wochen! In drei Wochen spreche ich die Umgangssprache dieses Landes. Wie verhalte ich mich, um Vertrauen aufzubauen. Wie komme ich an die Menschen heran? Wie komme ich zu einem Lagerplatz? Welche Plätze sind vielleicht sowieso für Nomaden vorgesehen? Spreche ich hier die Frauen an, die Männer oder die Kinder? Wie handhabt man das hier mit dem Trinkwasser? Wovor fürchtet man sich hier? Wovor sollte ich auf der Hut sein?

Es amüsierte mich, dass man sich hier vor Rumänien fürchtete, wie man sich in Rumänien vor Bulgarien gefürchtet hatte. Und es beruhigte mich auch. Denn nach dem Überschäumen Rumäniens, wo jeder alles von jedem wusste und das in Windeseile, wo ich mich oft kaum retten konnte vor den Menschen, wo man mir in manchen Regionen Steine nachgeworfen hatte, um mich zu zwingen, stehenzubleiben und Fragen zu beantworten, wo man aufs Pferd spuckte und nicht selten auch auf mich, um alle bösen Geister vertreibend uns Glück zu wünschen, ehrlich und inbrünstig, nach der wütenden Lebenskraft Rumäniens fror ich im Nachbarland.

Kein Gruß auf den Straßen. Ich sah bald, dass auch Dorfbewohner untereinander selten Freundlichkeiten austauschten.

Nach ein paar Tagen wechselte zudem das Wetter. Der Zigeunersommer war vorbei. Ende Oktober. Der Herbstregen trieb die Menschen in die Häuser. Mein Material brauchte dringend Erneuerung. Regenplanen, Regenschutz, Zeltdach und Schuhe hielten längst kein Wasser mehr ab. Ich kombinierte die Materialien, hatte ja unterwegs viel gesehen und besonders von den Roma in den verregneten Wäldern der Karpaten viel gelernt. Krank zu werden war natürlich tabu. Der Schlafsack musste immer trocken sein, nach Möglichkeit der gesamte Schlafplatz.

Asterix hatte bereits das Winterfell. Zusammen mit dem Regenmantel, den ich ihm am Fuß der Karpaten nach den langen

Regentagen im Gebirge aus dem Unterboden des Zeltes gebastelt hatte, kam er gut mit dem Wetter zurecht. Und gut genährt war er nach der Wanderung durch Rumänien sowieso. Jeder rumänische Bauer, der mit dem Erntewagen an uns Wandernden vorbeigefahren war, hatte uns etwas abgeben müssen. Das gebot der Anstand. Ich bekam viel zu viel. Ponys sind besonders genügsam. Aber es half auch nichts, den Bauern die Maiskolben zu zeigen, die schon längst zwischen den Packseilen klemmten. Es war eine Frage der Ehre, zu geben und zu nehmen.

Monastir. Bereits zu Mittag waren wir durchnässt. In der Nacht davor war zudem Wasser durch den Zeltboden gedrungen. Im Morgengrauen brachte ich die Sachen sicher unter das Vordach eines Amtsgebäudes. Die Sozialarbeiterin hatte mir später geholfen, aber bleiben konnte ich dort nicht. Es regnete ununterbrochen. Wir zogen weiter und zu Mittag war mir endlich klar, dass es so keinen Sinn mehr machte.

In Monastir sprach ich den ersten Menschen an, der nicht davonlief. Polina machte große Augen, holte ihren Mann und dann durften wir in ihren Hof. Asterix wurde in den Stall zum Esel des Hauses gestellt, was ihm überhaupt nicht gefiel. Ein Stall! Was für eine Zumutung!

Ich selbst war dankbar, meine nassen Sachen im Haus aufhängen zu können. Ein Ofen! Polina wollte allerhand von mir wissen und weil ich Bulgarisch noch nicht verstehen konnte, sagte sie dieselben Sätze eben besonders laut. Ich saß an ihrem Ofen in der kleinen Küche und Polina schrie, lachte dann, weil das Schreien auch nichts half und schrie etwas anderes. Ihr Mann lief inzwischen zu Verwandten, die gerade Besuch aus der Stadt hatten und fremde Sprachen sprechen konnten. Ich durfte in eine andere Küche. Ein Familienfest. Man hatte viel zu viel zu essen und Wein und Schnaps gab es in Unmengen.

Sie bewirteten mich ausgiebig, verwöhnten mich. Der Oktoberfrost war feucht dahergekommen. Die fröhlichen Leute, der Schnaps. Ich blieb zwei Tage.

Ivan war besonders froh, einen österreichischen Gast zu haben. Wie hoch er unsere Kultur schätzte. Man habe sie abgeschnitten, ABGESCHNITTEN, von der Kultur in Europa. „Abgeschnitten", sagte er wiederholt. „Die deutsche Sprache!" Er atmete schwer, kramte seine deutschen Sprachkenntnisse aus.

Der lange Weg zum winzigen Klosett im hinteren Teil des Gartens, für das man sich immerzu entschuldigte, über Balken führte dieser Weg durch den Hühnerstall und vorbei am humpelnden Schaf, das am nächsten Morgen in der Küche verarbeitet wurde. Nur der Kopf.

Ivan und seine Frau blieben auch zwei Tage. Ihr Mann traue sich bei dem Wetter nicht, so weit zu fahren, erklärte sie mir. Den Hausleuten war es recht, sie hatten gerne Gäste, waren sonst meistens allein. Ivan schlief viel, er verabscheute seine Schwäche, er verabscheute sein Alter. Ich solle in ihrer Vorstadt vorbeikommen, wenn ich vor Sofia, der Hauptstadt sei, einen kleinen Garten hätten sie auch für das Pferd.

Ich selbst schlief auch viel, ein Bett. Die Regentage und Nächte im inzwischen undichten Zelt hatten viel von mir gefordert. „Und jetzt gehst du nachhause!", sagte Ivan einmal unvermittelt und sah mich böse an dabei. Ich wusste, dass er recht hatte, aber es war noch nicht Zeit.

Das Wetter besserte sich. Als wir nach zwei Tagen weiterzogen, lichtete sich der Himmel. Alles war leichter. Asterix war flott. Er wollte weiter. Von Pausentagen in Ställen hält er rein gar nichts.

Ein Raum, angefüllt mit leeren Zigarettenschachteln. Große Netzsäcke hängen von der Decke, vollgefüllt mit Zigarettenschachteln. Auf einem breiten Tisch steht ein Modell aus Zigarettenschachteln. So möchte Lena umbauen. Der Raum in einem Haus, das unbewohnt ist und gekauft wurde, weil Lena eine eigene Kuh haben möchte wegen der Milch. Das Haus hat einen Garten, logisch, darum für die Kuh. Kuh ist noch keine da, aber den größten Raum im Kuh-Haus verwendet sie für ihre Umbaupläne.

Das andere Haus in diesem freundlichen bulgarischen Dorf, das sie zusammen mit ihrem Mann bewohnt und das Lena gerne umbauen und vor allem vergrößern möchte, steht nur ein paar Schritte weiter. Man muss die Steinstraße überqueren und dann ein paar Schritte gehen. Sie hat auch dort einen Garten, aber den möchte sie so gestaltet haben, wie sie es aus den Illustrierten Westeuropas kennt. Kein Gemüse und so was. Rasen! Sie zeigt ihn mir. Eine große Rasenfläche, drei Obstbäumchen darauf, Blumenrabatten, die im Oktober schon abgeblüht sind und das Plumpsklo.

Keiner wolle ihr helfen beim Umbauen, die Kinder nicht, die längst fortgezogen sind aus dem Dörfchen und auch nicht der Mann, der lieber herumsitze und meine, das Haus sei ja schon jetzt zu groß für sie beide. Trotzdem. Sie würde es schon schaffen. Sie beschreibt mir anhand des Zigarettenschachtelmodells, wie leicht es wäre, hier eine Terrasse und da ein neues Zimmer, nur die Mischmaschine, und Ziegel würden ja auch nicht so viel kosten.

Lena führte mich durch ihr Dorf. Schon vor meiner Ankunft, hatte sie alle wichtigen Leute darüber informiert, dass eine Reisende bei ihnen übernachten würde. Der Bürgermeister begrüßte mich mit Handschlag, als ich kaum das Dorf betreten hatte. Vorsichtig, weil unterwegs Hirten allzu erfreut gewesen waren, eine Frau allein anzutreffen.

Das Frischfleisch-Gefühl in diesen Tagen in Bulgarien. Einen halben Tag lang ging ich mit einem Stock, einem starken Ast. Ich war bereit, den Nächsten, der mir zu nahe kam, zu verprügeln. Mein Pferdchen fürchtete sich vor dem Holz in meiner Hand. Also warf ich es nach ein paar Stunden weg. Nahm mir fest vor, nicht wieder meine Tasche als Waffe zu schleudern, die das nicht gut vertrug und nach jedem Einsatz geflickt werden musste. Einfach zum nächsten Baum, einen dicken Ast nehmen, lagen ja genug herum. Nicht die Tasche!

Lena hatte mich in einem größeren Dorf davor angesprochen. Was für eine schöne Überraschung, plötzlich deutsch reden zu können. Die Lehrerin lud mich also ein, in ihrem Dörfchen zu lagern, nur ein paar Kilometer weiter.

Auf der Strecke wurde ich angehalten. Polizeikontrolle. Ich wurde gefragt, was ich eigentlich fast nie gefragt wurde: Wo verbringst du diese Nacht? An anderen Tagen hätte ich diese Frage auch gar nicht beantworten können. Diesmal hatte ich eine Gastgeberin. Der Polizist wollte mir nicht glauben. Ein Junge, der mich begleitete, bestätigte die Einladung der Lehrerin. Er ließ mich gehen. Ich fragte mich noch, was geschehen wäre, wenn ich nun keine zufriedenstellende Antwort gehabt hätte. Eine Nacht bei der Polizei? Wenn sie einen Garten für das Pony hätten und ich im Zelt neben ihm bleiben dürfte, kein Problem.

Ich durfte also weitergehen, dann kamen die Hirten. „Gib ihr eine Zigarette! Gib ihr eine Zigarette!" Sie waren plötzlich auf dem Hang über mir. Der gesprochen hatte und selber offenbar kein Rauchzeug hatte, sah lüstern zu mir herunter. Ich hielt mich nicht lange mit Nichtraucher-Erklärungen auf, haute ab, mein Pferdchen zog mich schon fort. Seit dem Entsetzen im câmp riecht er menschenmännliche Sexualduftstoffe. Seit dem Entsetzen im câmp weiß er, dass seine Chefin nicht unverwundbar ist. Die Hirten hatte er, wie ich, spät bemerkt.

Lena redete den ganzen Abend fast pausenlos. Ich genoss es. Sie bot mir deutsches Fernsehen an. Danach hatte ich überhaupt keinen Bedarf. Sie bot mir typisch bulgarische Leckereien an und öffnete ihre Schatzkiste mit deutschen Süßigkeiten, versorgte mich mit Geschichten und blätterte einen Stapel deutscher Gartenzeitschriften vor mir durch.

In ihrem 300-Seelen-Dorf gab es drei Lebensmittelläden, die auch Bars waren. Ich wurde überall vorgestellt. Der Altkleider-Verkaufsladen, die Bar im Zentrum, die kein Verkaufsladen war. Stolz erklärte mir meine Gastgeberin, dass man in ihrem Dorf versuche, zu bleiben und nicht abzuwandern, wie in den meisten anderen Dörfern der Region. Ich war schon durch kleine Städte gekommen, in denen es sogar Brot nur aus dem fahrenden Laden gab, der eben zu seiner Zeit an jener Ecke auf die Kundschaft wartete. Schwierig für eine Reisende. Oft erfuhr ich erst im Nachhinein, wo ich Brot bekommen hätte.

Am Morgen verließ ich ihr Haus und ihr Dorf, ausgeruht und vor allem satt von Sprache und Gespräch. Ein Kurzurlaub vom Überleben.

Wir wanderten durch ein paar Dörfer an diesem Tag. Die Menschen waren meist verschlossen, duckten sich bei unserem Anblick. Ich nahm es hier nicht persönlich. Hier ging man eben so miteinander um. Am Abend erst war ich gezwungen, mich mit den Menschen auseinanderzusetzen, wenn ich einen Lagerplatz brauchte.

Am Abend erreichten wir das Dorf, in dem wir bleiben mussten. Ein weiteres ging sich nicht aus. Wen sollte ich hier fragen? Hatte ich das Glück, einen Pferdeliebhaber anzutreffen, am besten einen, der durchaus respektierte, dass es MEIN Pferd war, und dass dieser Umstand so bleiben sollte? Die wenigen Menschen, die sich nicht rechtzeitig unsichtbar gemacht hatten, verschwanden gleich wieder in ihren Türen. Ich hatte noch jede Nacht irgendwo geschlafen und würde auch in dieser Nacht irgendwo schlafen. Bestimmt.

Ein Pferdefuhrwerk fuhr vorbei, hielt an. Zwei Frauen saßen auf dem Maisstroh, das sie geladen hatten. Sie riefen mir etwas zu. Ich erklärte ihnen, dass ich kaum bulgarisch spreche, dann machten sie es mir leicht. Ich solle zu ihnen kommen, da könne ich übernachten. Die habe ein großes Haus allein, sagte eine über die andere. Liliana, die allein in ihrem großen Haus wohnte, nickte stolz. Ich solle nur mitkommen, das Pferd bringe sie auch unter, sie habe ja selbst eines.

Ich folgte dem Wagen. Sie bemühten sich, langsam zu fahren und mein Pferdchen bemühte sich, Schritt zu halten, dem großen Pferd zu folgen.

Als wir ankamen, hatte sich Liliana anders entschieden. Ich solle bei Lubka und ihrem Mann Asen wohnen. Die beiden teilten ein winziges Zimmer in einem baufälligen Häuschen. Zwei schmale Betten, ein winziger Tisch, der etwas von der Wand gerückt wurde zur Essenszeit, ein Fernseher, Asen, der auf seinem Bett wohnte, weil er einen schwarzen Fuß hatte und man ihn vom Arzt wieder heimgeschickt hatte mit einer Salbe, die nicht half.

Im Fernseher lief eine Survival-Show, die ich mittlerweile von sehr verschiedenen Bildschirmen kannte. Junge Bulgaren essen Würmer auf einer Südsee-Insel. Hier begleitete man deren Tun in flimmerndem Schwarz-Weiß. Wie seltsam, die immergleichen lachenden Gesichter in so verschiedenen Räumen aus so verschiedenen Geräten präsentiert zu bekommen.

Mein ganz persönliches Survival hieß, unter den gegebenen Umständen Schlafplätze für mich und das Pferd zu organisieren. Lilianas Haus und Hof waren ausgeschieden. Ich bat, in Lubkas Gärtchen campieren zu dürfen. Löste Entsetzen aus. Unmöglich. Ausgeschlossen. Ich müsse im Haus bleiben und das Pferd. Das Pferd! Undenkbar, es allein draußen zu lassen. Am Morgen wäre es nicht mehr da.

Er wurde in einen Holzschuppen gesperrt. Die Größe eines Plumpsklos, wackelige Holzstöße um ihn. Er wehrte sich und das Holz setzte sich in Bewegung. Die Sonne war schon untergegangen. Wir mussten mit diesem Platz klarkommen. Ich ließ ihn wieder heraus, ließ ihn grasen, räumte das Hüttchen so frei wie eben möglich. Solange ich wach war, konnte er ja draußen bleiben.

Lubka stellte mir Kartoffeln und Zwiebeln zum Schälen hin. Ich gehorchte. Liliana stritt mit einem jungen Mann, der ihr das Pferd abgenommen und versorgt hatte. Dann kam sie in den Hof ihrer Knechtleute, denn das waren sie ganz offensichtlich, grinste mich an. Sie wollte Geschenke von mir und versuchte sich selbst zu bedienen.

In Rumänien und Bulgarien gab es regen Austausch von Heiligenfiguren, Kreuzen, Bildern, Anhängern. Ich bekam und gab, was ich zuvor bekommen hatte. Meist war es ein gegenseitiger Segen, manchmal waren diese Sachen aber auch sehr nützlich, um habgierige Hände zu befriedigen.

Liliana griff an meinen Hals, schneller als ich reagieren konnte, waren ihre Finger dort, ich hatte nicht damit gerechnet. Die Alte war schnell und deutlich. „Das will ich haben!“ Ihre Hand hatte mein Amulett umklammert. Ich fasste ihr Handgelenk, drückte zu. „Nein." Wir sahen uns an. Einen langen Augenblick. Dann ließ sie los.

Ich hatte noch irgendwo schlampig verstaut ein Heiligenbildchen, foliert. Mehr hatte ich nicht an diesem Tag. Das musste reichen. Suchte hastig in meinen Taschen. Da. Ich gab es ihr. Das könne sie haben. Sie nahm es zwischen die Finger, drehte es. Wenn es sie nicht zufriedenstellen sollte, hatten wir ein Problem. Es war zu spät, diesen Platz zu verlassen. Sie sah mich zweifelnd an. Ich nickte ihr zu, als ob ich ihr gerade ein kostbares Schmuckstück angeboten hatte. Sie MUSSTE es akzeptieren. Mir fiel nichts anderes ein, was ich entbehren konnte. Das musste für meinen Freikauf reichen. Sie steckte das Bildchen ein. Ich atmete auf.

Ob alles in Ordnung sei, fragte sie dann. Ja, antwortete ich, bewachte meine Sachen, hatte beschlossen, auf der Veranda zu schlafen, so war ich nah beim Pferd und hatte mein Gepäck bei mir.

Das komme nicht in Frage, ich müsse ins Zimmer. Lubka nickte, führte mich wieder hinein. Wo ich denn da schlafen solle. Sie wies auf ihre Pritsche. Lubka war eine voluminöse Frau, sie hatte kaum allein auf dem schmalen Bett Platz. Ich schlug für mich den Gang vor. Wir verhandelten, dann durfte ich ins zweite Zimmer des Hauses. Das Dach war hier undicht, es roch nach allem Möglichen, zwei Flöhe zogen kurzfristig in meinen Schlafsack ein, aber so ging es.

Der Holzschuppen wurde versperrt. Ich betete, dass das Pferd sich keine Knochen brechen würde, wenn Holz zwischen seine Beine rollte und ihn vielleicht panisch machte. Das Vorhängeschloss. Der Schlüssel. Ich nahm ihn an mich. Hatte keinen Grund, hier irgendwem zu trauen. Man war einverstanden. Ich würde meinen Freund beim ersten Tageslicht befreien, oder vorher, nur nicht zu warm zudecken, dann würde ich bestimmt früh aufwachen.

Ich wachte früh auf, weil ich fror, konnte das Pferd befreien. Er hatte keinen Augenblick geschlafen, stürzte heraus, hatte das Maisstroh, das ich ihm gebracht hatte, nicht angerührt. Gab ihm altes Brot, das wir noch in den Taschen hatten. Er graste. Ein paar Halme, bis das Gepäck ladefertig war.

Lubka war aufgestanden, fragte, ob ich Brot brauche. Ich bedankte mich. Hatte Brot, wollte nur weiter. Ihr Abendessen hatte ich nicht angerührt. Ich roch noch nach den vielen Zwiebeln, die sie mir zu schneiden gegeben hatte. Ich wollte nichts haben.

Als wir aufbrachen, war Liliana da. Ich verabschiedete mich im Weggehen. Nur weiter. Mein Pferdchen hatte es noch wesentlich eiliger. Immerhin war er noch da. Immerhin waren alle Knochen noch heil. Der Boden der Hütte war voller Holzscheiter gewesen am Morgen. Es hatte sich viel bewegt.

Wenn man in Bulgarien Nein sagt, nickt man dazu, etwa so, wie man in anderen Ländern ein Ja nickt. Wenn man in Bulgarien Ja sagt, schüttelt man den Kopf hin und her, wie ein Winken. Manchmal sieht es auch aus wie das Nein in anderen Ländern. Junge Leute aus den Städten bemühen sich um international anwendbare Körpersprache und schütteln oder nicken eben andersrum. Kompliziert wird es für einen Westeuropäer, wenn man gerade nicht weiß, ob das Gegenüber traditionell oder modern agiert. Schwierig erst werden die Mischformen, wenn also ein Bulgare sich gegenüber einem Ausländer bemüht, für diesen verständlich zu sein und beide Formen zusammen verwendet.

Vrazza. Eine Stadt im Norden Bulgariens. Ende Oktober über die Höhen des Balkangebirges zu wandern, in einem Gebiet, das recht entvölkert ist und dessen Wege üblicherweise nicht beschildert sind, musste ich vermeiden. Ich wählte die Täler. Fand gut wanderbare, also verkehrsarme Straßen, abseits wichtiger Verkehrsverbindungen und musste aber auch durch dichter besiedeltes und stärker befahrenes Gebiet. Und musste durch die Stadt Vrazza.

In einer Stadt zu lagern, ist grundsätzlich schwierig. Wiesenplätze sind rar und diese raren Stellen sind zumeist gut geschützt, hohe Mauern und Zaunanlagen trennen diese Oasen von den Leuten, die keine Oasen haben.

In Vrazza kam ich spät an. Die Stadt war viel größer als ich aus meiner Karte schließen konnte. Meinen ursprünglichen Plan, diese Stadt zu durchwandern und an ihrem Ende ein Plätzchen für die Nacht zu finden, musste ich aufgeben. Es nieselte und der frühe Abend drängte. Die Nacht würde bald anbrechen.

Die Menschen drehten sich weg oder nickten freundlich (was Nein bedeutet), als ich nach Grünflächen fragte. Vorbei an Hochhäusern wanderte ich stadtauswärts, um vielleicht auf ein Gebiet von Einfamilienhäusern zu stoßen, vielleicht hatte ich Glück und begegnete Pferdefreunden oder Menschen, die aus anderen Gründen keine Angst vor mir und dem Pony hatten. Bestimmt gab es sie. Es gibt sie überall. Es regnete leicht, die Dämmerung trieb die Menschen in die Häuser. Nichts zu machen. Ich musste „wild" campieren. Mir blieb keine andere Wahl.

Ich suchte zwischen den Grünflächen von Hochhäusern einen Ort, an dem ich einerseits Rückendeckung hatte, dazu ein wenig Laub gegen den Regen und andererseits von den Bewohnern gerade soweit gesehen wurde, dass sie nicht unnötig erschrecken mussten und vielleicht sofort nach der Polizei riefen. Wählte einen Platz unweit einer Bar. Mit irgendwem MUSSTE ich sprechen, schon um mich im Polizeifall auf einen Einheimischen berufen zu können.

Die Leute in der Bar waren überraschend freundlich. Sie schüttelten den Kopf und für einen Augenblick sank mir der Mut. Mein Pferdchen und ich waren erschöpft. Ich wollte schon wieder gehen, als mir wieder einfiel, dass das Schütteln des Kopfes hier etwas anderes bedeutete. Die Frau sah mich erwartungsvoll an. Sie hatte mir ja eben zu verstehen gegeben, dass ich durchaus hier bleiben könne, kein Problem. Ich fragte sicherheitshalber ein zweites Mal. „Ja? Kann ich dort drüben bleiben? Kein Problem?" Sie lächelte und weil ich Ausländerin war, hielt sie ihren Kopf ganz ruhig und sagte laut „Da." Wir mussten beide lachen. Ich würde später wiederkommen und um Wasser bitten. Sie schüttelte den Kopf.

Als ich fertig war, war es längst dunkel. Dem Pferd behagt es nicht, wenn es beobachtet wird. All die Balkone und Fenster hinter denen Menschen lebten. Er war Schlimmeres gewohnt. Eine Frau erschrak noch, wir lagerten offenbar an einem ihrer Wege. Ich grüßte sie und wusste heute den Vorteil zu schätzen, eine Frau zu sein. Trotz des kalten Nieselregens war ich immer wieder draußen. Bis es ruhig wurde auch hinter den Scheiben der Wohnblocks. Das Pferd war etwas entspannter und ich kroch in meinen Schlafsack, legte die Decke darüber. Der Körper musste selber heizen. Was er tat.

Mitten in der Nacht kam ein Motor sehr nahe. Scheinwerfer beleuchteten das Zelt. Ein Sirenensignal. Ich schrak auf und wartete. Eine Autotür, dann öffnete jemand den Reißverschluss des Zeltes. Das Innenzelt hatte in diesen Tagen nur mehr einen Vorhang, ich schob ihn zur Seite und sah eine Uniform. „Guten Abend“, sagte ich und fand es nur unpassend, dass man meinen Schlaf störte.

„Eine Frau“, sagte er, und ich zog den dicken Pullover über, kletterte aus dem Schlafsack. „Ja“, sagte ich, und der Beamte hockte sich vor meinen Eingang und besah sich meine Wohnung mit Hilfe der Taschenlampe. Es regnete noch immer. Wenn das lange dauerte, waren meine Sachen nass.

„Dokumente“, sagte er schließlich und ich gab ihm meinen Pass. Sein Kollege nahm ihn mit sich. Der Hockende stellte Fragen und das war mir zuviel Bulgarisch. Der Kollege sprach ein wenig englisch. Man sah sich den Pass durch. Seite für Seite. Der Mann ließ keine aus. Er muss alles gelesen haben. Alle Standardtexte. Alles. Als er bei der letzten Seite angekommen war, schlug er ihn zu, ging zum Wagen, kam zurück und fing von vorne an. Seite für Seite.

Regen fiel in das Innere des Zeltes. Es hatte nicht viele Grade über Null. Die Männer hatten Zeit. Seite für Seite. Als er fertig war, besprach er sich kurz mit seinem Kollegen und meinte dann: „Sie müssen in ein Hotel gehen.“ „Mit dem Pferd?“ Er zögerte, dann wiederholte er seine Aufforderung und diesmal wandte ich mich an das Pony, das nervös im Scheinwerferlicht Runden drehte. „Du musst in ein Hotel.“ Ich sah wieder die Beamten an. Denen war nicht kalt. Ihr Auto wurde innen nicht nass. Sie besprachen sich. Dann wurde noch ein weiteres Mal der Pass durchgesehen. Vom Klappentext bis zur letzten Seite. Gründlich. Alles.

Zu diesem Zeitpunkt war ich bereits überzeugt, dass er den Inhalt auswendig lernen wollte. Er wurde damit fertig und ich bekam ihn zurück. Wenn es hell werde müsse ich weg. „Selbstverständlich.“ Sie fuhren. Der Platz war wieder dunkel. Hinter ein paar Fensterscheiben regten sich Gardinen. Im Stillen entschuldigte ich mich, die Nachtruhe der Leute gestört zu haben. Ich zog die Regenjacke über, ging zum Pferd, blieb eine Weile bei ihm, bis er sich wieder beruhigt hatte und kroch wieder ins Zelt. Ein paar Sunden blieben mir vielleicht noch.

Vor Morgengrauen waren sie wieder da. Der Motor. Die Scheinwerfer. Die Sirene. Ich brauchte einen Augenblick, um ganz wach zu sein. „Guten Morgen!“, sagte der Mann und diesmal durfte ich den Reißverschluss selbst öffnen.

Man wollte meinen Pass. Der Beamte musste eine Seite vergessen haben. Ich gab ihn und wartete, stellte fest, dass es gerade nicht regnete. Die Temperaturen waren weiter gesunken. Ich müsse packen und gehen. „Ja“, sagte ich. In zwei Stunden würde ich gepackt und gesattelt haben. Sie waren zufrieden. Bevor ich meinen Pass wiederbekam, wurde er noch einmal von vorne durchgesehen.

Zwei Stunden später verließen wir den Lagerplatz. Die Beamten drehten Kreise um den Häuserblock, bis wir auf der nächsten Straße waren. Die Frau von der Bar winkte uns nach und fand das Pferdchen bezaubernd. Der Himmel lichtete sich. Wir würden einen guten Tag haben.

Zu Mittag hatten wir die Stadt hinter uns. In den dunklen Tagen ließen wir oft die Mittagspause aus. Mitten am Nachmittag war es dann schon Zeit, an einen Lagerplatz für die Nacht zu denken.

Mitten am Nachmittag waren wir auf einer stillen Landstraße. Ich sah mich nach freundlichen Höfen um. Bis zum nächsten Dorf auf der Karte waren es noch etliche Kilometer. Ein Pferdewagen überholte mich. Ein Mädchen stand auf der Ladefläche und trieb ihr Pferd mit Peitschenhieben an, bremste unweit von uns ab, drehte um und kam zu uns. Ihre Mutter saß auf dem Stroh, das sie geladen hatten.

Wir redeten übers Pony. Er gefiel ihnen. Er ist nicht zu haben. Wo ich denn hin wolle. Ins nächste Dorf. Ob ich dort Verwandte hätte. Nein. Dann müsse ich zu ihnen kommen.

Ich lehnte ab. Die Frauen waren mir nicht geheuer. Sagte, ich wisse noch nicht, wie weit ich gehen möchte. Ich wollte sie loswerden. Sie ließen sich nicht überzeugen. Als ich weiterging, fuhren sie neben mir her, sahen mich stumm an. Sahen das Pferdchen an. Er gefiel ihnen sehr, und das wiederum gefiel mir gar nicht. Sie fuhren ein Stück weiter, weil ihr Pferd unruhig geworden war und hielten weiter vorne wieder an. Ich müsse zu ihnen kommen. Dort vorne sei ihr Dorf.

Ich hatte ihren Ort nicht auf meiner Karte. Freute mich, eine Siedlung auf dieser Strecke zu haben. Es war Zeit für den Lagerplatz. Sanft lag das Dorf zwischen den weichen Hügeln. Sie heiße Zwetelina und das sei ihre Mutter Marianna. Ich musste sie loswerden.

Ein anderer Pferdewagen kam von einer Seitenstraße angeprescht, der Mann darauf rief den Frauen etwas zu, lachte und peitschte sein Pferd weiter. Es galoppierte sofort los. Zwetelina schlug auf ihr Tier ein und die Wagen lieferten sich ein Rennen. Sie waren fort. Ich atmete auf, ging auf das Dörfchen zu.

Das Rennen war beendet. Zwetelina machte kehrt und kam zurück zu uns. Ich müsse zu ihnen kommen. Es sei nicht weit und sie würden mich dort hinbringen. Wenn ich keine Verwandten hier hätte, dann müsse ich zu ihnen kommen. Ich gab auf.

Zwetelina ging neben mir. Ihre Mutter Marianna hatte die Zügel übernommen. Sie waren jetzt freundlich. Die Dorfleute gingen in ihre Häuser, als sie uns kommen sahen. Jetzt konnte ich sowieso keine anderen Bewohner mehr fragen. So spürbar war die Grenze, die dieses Dorf durchzog. Ich war jetzt eine von denen. Eine Zigana. Andere Dorfleute würden nun kein Wort mehr mit mir sprechen.

Man zeigte uns ein Wiesenplätzchen, ich konnte Asterix anpflocken. Ich wollte mein Zelt dort aufstellen. Kam nicht in Frage. Nun bemühte man sich, mich zu beruhigen. Marianna und ihre drei Kinder. Mir blieb sowieso keine andere Wahl, brachte das Gepäck im Haus unter und weil ich nach der kalten vorigen Nacht erschöpft war, nahm ich auch das Angebot an, mich im Bett der Mädchen auszuruhen. Liegen! „Wenn sie mein Pferdchen verschwinden lassen, zünde ich ihnen das Haus an", dachte ich und schüttelte im Einschlafen über diesen, meinen Gedanken den Kopf. „Wie roh ich geworden bin. Aber das mache ich."

Laute Frauenstimmen. Sie stritten. Dann wurde die Türe aufgerissen und Vania stand neben dem Bett, kopfschüttelnd, grinsend, stellte ein paar Fragen und stritt zugleich mit ihrer Schwester Marianna.

Selbstverständlich müsse ich zu ihr kommen! Hier könne ich nicht bleiben. Aufstehen und mitkommen! Sie lieferten sich ein Wortgefecht, das ich nicht verstand. Ich richtete mich auf. Hatte nur eine kurze Weile geschlafen. Vania ließ ihre Schwester und wandte sich wieder mir zu, lächelte mich schmeichelnd an. Ihre lebendigen Augen gefielen mir. Anders als die ihrer Schwester schätzten sie nicht sofort ab, wie viel von mir zu holen war. Ich war einverstanden.

Ich nahm einen Teil des Gepäcks mit, wollte das Pferd nicht bepacken für diese kurze Strecke. Die Mädchen halfen. Vania führte mich voll Stolz durch die Straßen zu ihrem Haus. Das Pony hatte ich mitgenommen.

Über einen Wiesenpfad, der von der Steinstraße abbog, gelangten wir vorbei an Müll und Schutt zu ihrem Tor. Zu zweit öffneten sie das Gatter, eine hob, die andere zog. Hinter uns wurde es wieder geschlossen.

Vania strahlte. „Das ist mein Haus!" Ich band das Pferd an die Reste des Treppengeländers und ging mit ihnen die Stufen hinauf in den Vorraum. Vania schimpfte laut. Die Tür zum Zimmer hatte keine Schnalle und war zu. Sie öffnete sich von innen. Ivelyn, ihr Sohn sah uns kurz an und verschwand dann wortlos. Vania machte Kaffee und ich schenkte den Mädchen Kleinigkeiten, die ihnen zu gefallen schienen und die ich entbehren konnte.

Ivelyn kam zurück, nahm seine Arbeit wieder auf. Er reparierte eine Lautsprecherbox, nahm das alte Stück Stoff vorsichtig von dem Holzrahmen ab, legte die kleinen Nägel sorgsam auf einen Platz auf seinem Bett und montierte ein anderes altes Stück Stoff darauf. Es war eine große Box. Es ging sich gerade aus mit dem Stoff. Alle waren zufrieden. Die Mädchen gingen und kamen zurück. Ich solle mitkommen. Und das Pferd mitnehmen. Vania nickte.

Zurück auf Mariannas Hof hieß man mich warten. Der Vater sei da und wolle mich sehen. Zwetelina, das Mädchen brachte ihm eine Schüssel Wasser und ein Handtuch. Ihre Schwester bewachte mich. Ihr kleiner Bruder wollte reiten. „Morgen früh, wenn er gesattelt ist", versprach ich und er war mit diesem Aufschub nicht einverstanden. Später wurde ich hineingebeten, band das Pferd an die Türe und ging hinein.

Der Vater trocknete sich eben den Oberkörper ab. Die Frauen bedienten ihn. Er nickte mir zu, stellte ein paar Fragen, deren Antworten er längst wusste. Nickte dann. Seine Frau war erleichtert. Die Mädchen sollten mir zeigen, wo ich mein Pferd unterbringen könne. Man führte mich in einen dunklen Stall. Da könne ich ihn anbinden. Asterix scheute, stampfte wütend, als ich versuchte, ihn allein zu lassen. Er war nicht einverstanden mit dem Platz und ich verstand ihn gut. Sie stellten ihr eigenes Pferd dazu und mein kleiner Gefährte tobte weiter. Es sei alles in Ordnung so, man zog mich hinaus. Asterix wieherte. Ich würde wiederkommen.

Sie schoben mich zurück in Vanias Haus. Die Dorfstraße. Der Pfad. Das Tor. Ich ging nicht mit ins Haus. Ich wollte das Pferd holen und ihn hier anpflocken, das bisschen Gras reichte doch und das Zelt hätte auch noch Platz. Nein. Sie stritten mit mir. Ich wollte nicht nachgeben. Es war längst dunkel. Alle schrien. Ich gab auf. Verlangte, das Pferd noch einmal sehen zu dürfen. Man brachte mich zu ihm. Er stampfte, wieherte und wehrte sich gegen den Anbindestrick. Ich hatte nicht die Möglichkeit, ihn zu befreien. Wir mussten so klarkommen.

Ich wurde zurück in Vanias Haus gebracht. Ich könne in ihrem Bett schlafen, sagte sie, ihr Sohn schlafe im zweiten. Ich wendete ein, dass ich nachts im Traum gelegentlich um mich schlage. Ich durfte in den zweiten Raum des Hauses. Das Dach war nicht lückenlos, die Nacht würde aber trocken sein.

Ivelyn hatte die Lautsprecherbox inzwischen wieder an ihren Platz an der Wand montiert, die Kabel verbunden und nun spielte er uns Musik vor. Man gratulierte ihm. Er war sehr zufrieden. Ivelyn sprach nicht viel. Er kümmerte sich um die Musik, wechselte zwischen den etwa zehn Kassetten. „Er liebt Musik", sagte Vania und sah ihren Sohn stolz an.

Das Haus gehöre ihr, betonte sie später, ihrem Sohn würde sie das nicht geben. Sie sei ja nicht blöd. Sonst wäre es weg. „Tsap, tsarapp, weg. Nein, ich bin ja nicht blöd." Ivelyn spielte weiter seine Kassetten. Vania tanzte dazu. Die Mädchen blieben noch eine Weile, hofften, Geld von mir zu bekommen. Ich gab Vania ein wenig für Zigaretten.

Die Mädchen verließen uns. Vania befahl ihrem Sohn, im Haus zu bleiben, weil die Frauen jetzt mal müssten. Er nickte nicht einmal, war mit dem Anhören seiner Musik beschäftigt. Vania überließ mir das Plumpsklo, sie selber nahm den Rasen vor der Stiege. Ich gehorchte. Im Winter habe sie immer Probleme mit der Verdauung, erklärte sie mir inzwischen. Das Plumpsklo hatte kein Dach. Eigentlich auch keine Tür. Aber eine wunderschöne Aussicht auf die umliegenden Hügel, am Tage.

Ich durfte in das Zimmer mit dem Sternenhimmel, kroch erschöpft in meinen Schlafsack, hoffte, mein Pony hätte sich mit dem großen Genossen etwas angefreundet.

Als ich am nächsten Morgen endlich bei ihm war, zerrte er schon am Strick, ich band ihn los und er sprang aus dem Stall. Davor hatte ich schon alle nervös gemacht, weil ich endlich zu ihm wollte. Musste warten, bis man mich abholte.

Der Junge durfte wie versprochen reiten. Ich machte es kurz, weil er sich in meiner Abwesenheit über den Sattel hergemacht hatte. Die Familie stand wie zu einem Fototermin aufgestellt in der Türe. Ich wollte nur weg. Das Pferd notdürftig bürsten, den Sattel, das Gepäck. Es war alles da. Anders, als ich es zurückgelassen hatte, unübersehbar war es begutachtet worden, aber offenbar war nichts wertvoll genug gewesen.

Weg. Zurück auf die Straße. Nur weg. Endlich war das Gepäck verschnürt. Mein kleiner Begleiter tat, was ihm möglich war, um es schnell hinter uns zu bringen. Ich weiß bis heute nicht, was ihm an dem Ort so ungeheuer war.

Marianna sah mich erwartungsvoll an. Sie erwartete Bezahlung. Ich hatte Geschenke verteilt. Mehr wollte ich nicht geben. Alle lächelten. Ich lächelte auch, bedankte mich bei allen für die Gastfreundschaft, gab dem intelligenteren Mädchen mit, dass es unbedingt weiter zur Schule gehen müsse, winkte und ging.

Das Mädchen strahlte mir nach, Vania machte große Augen über meinen Abgang, lachte. Marianna rannte mir nach. „Pari! Pari!" Sie machte das Geldzeichen.

Ich verließ das Dorf, wanderte weiter nach Süden, gelangte in eine kleine Stadt, fand einen öffentlichen Rasen direkt an einer Hauptstraße. Hier wollte ich rasten. Man sah mich misstrauisch an. Kinder kamen. Ein Pony! Die Eltern waren froh, wenn sie ihren Nachwuchs wieder von uns losreißen konnten. Ich ging auf niemanden zu, aß, trank und ließ die Stadt Stadt sein.

Eine Frau kam auf mich zu. Sie entschuldigte sich. Sie sprach englisch. Sie fragte, ob sie ein Interview fürs Fernsehen machen dürfe und dann holte sie ihren Kameramann. Sie waren fertig und ich nahm das Pferd, fragte nach dem Weg in das Tal durch das ich von hier aus gehen wollte und verließ die Stadt.

Ich wusste nie, was kommen würde. Abfall von der Landstraße, beschützenswerte Artgenossin. In den Augen der Menschen, denen ich über den Weg gelaufen bin, war ich alles Mögliche. Hure oder Heilige, Superstar oder Dreck. Und alles dazwischen. Ich wusste nie, was kommen würde.

Es regnete wieder. Wir wanderten noch ein paar Kilometer weiter. Lagerten auf einem verlassenen Campingplatz eines kleinen Dorfes. Man schickte mich dorthin, ich baute auf, man wollte mich wieder wegschicken, ich stand nur da und hoffte, dass das ein Irrtum wäre. Der Mann sprach, dann schwieg er, dann schüttelte er sich plötzlich, sagte: „Ach was, bleibt einfach hier", und ging wieder, wünschte mir eine gute Nacht. Es regnete nun in Strömen. Das Zelt, das längst undicht war, bekam eine Plastikplane als Überdach, wenn das bei den Roma-Siedlungen half, dann doch auch bei mir. Stimmte. Ich hatte eine trockene Nacht.

Das Pferd wurde trotz Regenmantel nass, war aber froh, mich bei sich zu haben und nicht in einen fremden, dunklen Stall gesperrt zu sein. Es ging uns gut. Ich sah wieder auf die Karte. Durch Bulgarien konnten wir es schaffen. Dann kamen aber erst noch die Berge Nordgriechenlands. Bis in die warmen Zonen war es noch weit. Ich faltete die Karte, löschte die Kerze, wünschte meinem Pferdchen eine gute Nacht und kroch in den Schlafsack. Mir würde bald warm werden. Am Morgen musste ich eben schnell sein. Mich gut bewegen. Kaffee oder nicht Kaffee. Ich entschied mich dafür und war schon eingeschlafen.

Der Morgen war nass. Es gelang mir mit Hilfe des Vordaches eines Nachbarhauses, die Sachen halbwegs trocken aufs Pferd zu bringen. Wir konnten weiter. Um die Mittagszeit war ich längst durchnässt. Das Tal war recht menschenleer, an schönen Sommertagen bestimmt ein Ausflugsziel. Der Fluss, die Felsen darüber.

Ein Gasthaus an der Strecke. Vielleicht hatten sie ein Feuer gemacht, ich brauchte Wärme, musste ein wenig die Schuhe trocknen. Asterix band ich draußen an ein Wiesenplätzchen. Die Plane über unserem Gepäck auf seinem Rücken schützte auch ihn ein wenig.

Im Inneren war es warm. Ich kaufte Kaffee und Schokolade und hängte meinen Regenponcho auf. Ich brauchte dringend einen neuen. Aber wo denn finden! Dieser erfüllte seine Aufgabe schon lange nicht mehr. Ich musste irgendwo unterkommen. Trocknen. Regenzeiten haben auch ein Ende. So durchnässt weiterzugehen, machte keinen Sinn.

Ich fragte die Wirtin. Sie schickte mich zum nahe gelegenen Kloster. Die hätten sicher Platz für uns. Ich bedankte mich, warf mir den Regenponcho wieder über, fröstelte und fragte mich, ob die im Kloster wohl Freude mit einem Pferd hätten.

In Rumänien hatte ich einmal ein berühmtes Kloster betreten, es lag auf meinem Weg. Als ich damals die Stufen der Klosterkirche erreicht hatte, kam schon ein Pope und rief: „Weg mit dem Tier! Weg mit dem Tier! Das Tier muss hinaus!" Ich drückte die Leine des Ponys einem Mädchen in die Hand und sagte: „Nur einen Augenblick, nur einen Augenblick", und lief ins Innere. Als ich nach einem langen Augenblick wieder draußen war, hatte der Pope die Leine des Pferdchens selbst in der Hand und sprach leise mit ihm. Mein Pferd schmatzte gefällig dazu. Sie verstanden sich gut.

Das Kloster in diesem bulgarischen Gebirgstal schien recht verlassen zu sein. Das Herbstlaub auf dem Moos der Steine, der unablässige Regen, der Nebel der vom Fluss aufstieg, das alte Gemäuer, die Stille.

Ich ging auf ein Gebäude zu, das bewohnt wirkte. Pochte an das große hölzerne Tor und wartete. Es war lange still. Dann hörte ich Schritte und eine Stimme. Vielleicht hatte ich beim Mittagsmahl gestört. Das Tor wurde geöffnet. Ein Mann stand darin, sah mich an. Erst ärgerlich, dann vorsichtig, dann trat er einen Schritt zurück, musterte mich von oben bis unten, musterte das Pferd, strahlte und sagte: „Petra!"

Ich wunderte mich nicht einmal. Dass er strahlte und meinen Namen sagte bedeutete im Augenblick nur, dass er mich nicht sofort wieder wegschicken würde, dass ich im Moment gute Karten hatte. Nur das. Sonst nichts.

Ich band das Pferd dort an, wo es eben stand und gutes Gras gefunden hatte und folgte der Einladung des Mannes ins Innere. Er führte mich durch Gänge und Räume, sagte immerzu: „Das glaub ich nicht, das glaub ich nicht!" und öffnete schließlich die Tür zur Küche.

Padre Toma, die Haushälterin, der Pförtner, der mich hereingebeten hatte und ein Freund des Hauses nahmen gerade ihr Mittagsmahl. Es war warm im Raum und die Haushälterin lief gleich hinter eine Tür und brutzelte etwas für mich. Padre Toma schenkte mir Schnaps ein, es sei kalt, es regne und da brauche man das. „Ja, es regnet." Ich war nicht gerade geistreich an diesem Tag.

Sie kannten mich vom Fernsehen. „Da drinnen, da drinnen war Petra", sagte der Pförtner, wies auf das Fernsehgerät, in dem gerade ein anderer drinnen war und hüpfte auf seinem Sessel hin und her. Mir fielen die Reporter vom Vortag ein. Toma schenkte mir jetzt Wein ein, weil ich keinen Schnaps mehr wollte, erklärte mir die Gegend aus der er stammte. Mein erster bulgarischer Wein. Er schmeckte großartig. Ich wagte zu fragen, ob ich meine Sachen ein wenig aufhängen konnte. Sie erschraken fast, sahen erst jetzt, dass ich durchnässt war, nahmen mir die Sachen ab und schenkten zur Sicherheit noch mal Schnaps nach.

Ich trocknete, ich sprach nicht viel, ich hörte ihnen zu, wir sprachen international, also Sprachenmix, ich trank, ich aß, ich sah zum Pferd, dem der Platz behagte, der sich hier sicher fühlte und setzte mich noch eine Weile in die Küche. Sie hatten keine Unterkünfte zurzeit. Die Saison war schon lange aus. Wir tranken Kaffee und die Frau servierte süßen Kuchen. Ich bekam frisches Zeitungspapier für die Schuhe, wechselte von den nassen in die weniger nassen Socken. Der Poncho und die Windjacke darunter waren nun trocken, der Pullover etwas leichter, die Hose fast perfekt. Wir brachten dem Pferdchen hartes Brot. Der Regen hatte für eine kurze Weile nachgelassen. Nebelschwaden krochen um das Gemäuer und dann die Bergwände hinauf. Der Klang der Tropfen, die Farben des nassen Herbstes. Der Schnaps in meinen Gliedern.

Man bat mich noch, für jeden eine Karte zu schreiben, gleich hier in der Klosterkirche, einen guten Wunsch darauf. Dann verabschiedeten wir uns. Ich hatte das Pferd nicht abgepackt, wie sonst bei langen Pausen. Er sah trotzdem zufrieden aus. Es ging uns gut.

Am späten Nachmittag erreichten wir ein großes Dorf. Der Himmel war mit tiefen Wolken verhangen, aber es hatte ein paar Stunden nicht geregnet. Vielleicht gelang es mir, meine Wanderschuhe in einem der Häuser unterzubringen. Wie fein wäre es, am nächsten Tag mit trockenen Schuhen weiterzugehen.

Ich sprach Leute auf der Straße an, ich suchte ein Stückchen Wiese oder einen Park oder einen Garten, in dem ich mit dem Pferdchen bleiben könnte. Man wies mich auf das kleine Hotel am

Ortsrand. Ich habe ein Pferd. Man zuckte die Schultern. Da vorne, da sei das Hotel, und ging weiter.

Gut, ich würde also einen Platz finden und erst danach den Besitzer oder Zuständigen suchen. Die Menschen sahen mich finster an. Mein Gruß wurde nicht erwidert. Es regnete noch nicht. Ich hatte Gas in meinem Kocher. Das große Dorf hatte einen Laden. Also auch Brot. Man würde mir nichts tun. Ich musste nur im Zentrum bleiben. Die Liste in meinem Kopf.

Im Zentrum des Dorfes war ein kleiner Park. Der Boden schmatzte schwammig unter meinen Füssen, aber in der Nähe von guten Sträuchern oder Bäumen konnte ich schon einen Lagerplatz finden.

Frauen sahen mir zu. Sie hatten offenbar gerade Pause, rauchten vor der Türe einer Werkstatt, einer Näherei, wie ich später feststellte. Ich ging auf sie zu, fragte, ob ich hier im Park bleiben könne. Sie zuckten die Schultern, antworteten nicht. Ich fragte einen Mann, der gerade sein Auto anhielt. „Ich frage sie einfach alle", dachte ich. Er zuckte ebenfalls die Schultern, ich solle im Amt fragen. „Das ist geschlossen", warf eine der Näherinnen ein. Ich ging zurück zum Lebensmittelladen, fragte Leute, die davor Bier tranken, dachte: „Gut, so kennen mich wenigstens alle." „Dort", sagte einer und das war ja genug. Ich fragte auch gleich noch, ob es hier einen Brunnen gäbe. Er schwieg. Ein anderer löste sich aus seiner Stummheit und sagte, ich solle doch zur Tankstelle gehen, kein Problem, Wasser könne doch kein Problem sein. Einer hatte mit mir gesprochen. In ganzen Sätzen. Ich strahlte ihn an, bedankte mich, als ob er mir gerade ein wertvolles Geschenk übereicht hätte. Hatte er. Meine Freude kam ihm seltsam vor, er wurde wieder stumm, sah mich an, wie alle mich ansahen. Leblos.

Ich fand einen Platz mit nadeligem Untergrund, also relativ trocken, der auch Platz für Asterix bot, wollte ihn in meiner Nähe haben und er wollte das auch. Den Gedanken an trockene Schuhe verwarf ich. Wasser bekam ich von der Tankstelle.

Dann kam Padre Toma. Er fand mich sofort. War überrascht, dass ich nur bis hierher gegangen sei. (Wie kann man in diesem

Tempo durch so viele Länder wandern?) Ob es mir gut gehe und ob alles in Ordnung sei. Er begrüßte mich wie eine alte Bekannte, legte mich dem Tankstellenbetreiber ans Herz, der mir daraufhin die Toilette aufsperrte, hier könne ich auch duschen.

Im Zelt zu bleiben bei dem Wetter, das sei doch nichts, es komme noch Regen, starker Regen, meinte er und ich solle doch zum Tankstellenmann in den Wohnwagen ziehen. „Das ist doch kein Problem, wenn sie bei dir schläft, oder?", fragte er den Mann, der einen Moment zögerte und dann geflissentlich nickte. „Kein Problem."

Ich schluckte und staunte. Sah, dass er es ernst meinte. Staunte. „Nein, das Zelt ist schon in Ordnung, ich möchte beim Pferd sein." Das ließ er nicht gelten. Unbedingt. In dem Wohnwagen hätten doch zwei Platz. Der Tankstellenmann schluckte nun auch. Padre Toma schien tatsächlich keine Ahnung zu haben, dass mir das wahrscheinlich andere Probleme bereiten würde. Ich lehnte jetzt entschieden ab, wollte ihm das nicht auch noch erklären müssen. „Das Pferd."

Ich glaube, er hielt mich für undankbar und störrisch. Tja. Mir fielen die nassen Schuhe wieder ein. Er öffnete mir die Türe freundlicher Leute. Hier könne ich alles trocknen. Er verabschiedete sich, war noch ein wenig gekränkt, dass ich nicht im Wohnwagen schlafen wollte. „Vielleicht erklärt ihm das einmal ein anderer", dachte ich.

Die Frau führte mich in die Küche, setzte mich auf einen Stuhl vor den Herdofen, nahm einen Ziegelstein von dort, band ein Tuch herum und legte ihn mir unter die Füße. Auf dem Tisch waren Paprika zum Trocknen aufgelegt. Es duftete. Der Mann des Hauses lag auf der Couch. Sie waren freundlich. Ich würde ihnen ALLE meine nassen Sachen bringen. Ich würde ihre Freundlichkeit ausnutzen. Die Frau würde es verstehen.

Sie staunte, als ich ihr später alles brachte, zögerte einen Augenblick und lächelte dann. Ja natürlich. Meine Sachen rochen noch viele Tage später nach Paprika.

Abends kamen noch Leute nachsehen, wer ich sei. Besahen mich mit Abstand. Ich grüßte sie. Man erwiderte nichts. Wie versprochen kam in der Nacht wieder Regen. Wenn nur der Morgen halbwegs trocken war. Hier gab es kaum Vordächer für einen Packplatz. Ich schlief einen unruhigen Schlaf. Autos kamen, hielten an, fuhren wieder.

Am nächsten Morgen konnte ich trocken einpacken. Zelt und Planen tropften. Die Sachen aus dem Haus der freundlichen Leute waren trocken. Ich baute das Zelt ab, richtete die Gepäckstücke, bereitete das Pferd vor, sattelte und lud auf. Man sah mir zu. So wortlos und finster wie am Tag zuvor.

Als ich den Park verließ, kamen Leute aus den Häusern. Die Näherinnen nickten mir zu, lächelten und wünschten mir eine gute Reise, die Frauen aus dem Supermarkt hielten mich auf, drückten mir ein Päckchen in die Hand, ein Geschenk, ein Stück Rosenseife, reichten mir ihre Hände und gaben mir Wünsche mit. Plötzlich standen auch andere Leute in ihren Türen. „Auf Wiedersehen", sagte ich. „Auf Wiedersehen", antworteten sie. Ich war verblüfft.

Der Tag war leicht. Sanftes Herbstwetter. Am frühen Nachmittag machten wir Rast am Fluss. Ich spannte Seile zwischen den Weiden und trocknete Zelt und Planen, badete im kalten Wasser, zog mich warm an und schlief ein wenig in der Sonne, richtete mich wieder auf und bewachte den Schlaf meines Begleiters.

Eine Frau besuchte mich mit ihrer Enkelin. Sie hatten uns im Fernsehen gesehen. Freuten sich, uns persönlich zu begegnen. Ich fühlte mich einsam.

In einem winzigen Bergdorf beschloss ich aus heiterem, viel mehr sternklarem Himmel, dass es JETZT reiche. Setzte im Zelt Kaffee auf, was immer besondere Vorsicht erforderte, schob jeglichen Gedanken an die Notwendigkeit von Schlaf beiseite. Machte diesem Wissen Platz. Jetzt war es Zeit.

Ganz plötzlich. Noch einen Tag vorher hatte ich mich gefragt, ob es vielleicht genug sei, und meine Antwort war Nein. Es ist gut so. Ich möchte noch immer gehen.

Jetzt aber war es Zeit.

Die Ankunft in jenem Dorf war schwierig. Kaum konnte ich das Sträßchen finden, das von der Talstraße zu den nur zum Teil sichtbaren Häusern am Hang führte. Unten am Fluss war ein kleiner Friedhof.

Ich erinnere mich gut daran, dass ich noch dachte, das wäre ein Notplatz. Für den Fall, dass sie uns im Dorf nicht wollten, wäre da noch dieses grüne Fleckchen. Nah an der Straße. Kein sicherer Ort, aber es fing schon zu dämmern an. Mein Pferd ist völlig schwarz und wenn ich das Zelt gut stelle und kein Licht mache, findet uns keiner, um diese Gelegenheit zu nutzen.

Wir bogen also zum Dorf ab, blieben auf dem zentralen Platz stehen. Ein kleiner Laden, der zugleich die Bar war und ein Brunnen. Wir waren im Zentrum.

Sie hatten keine Freude mit uns. Stellten Fragen, ohne uns weiterzuhelfen. Ich hatte Schokolade gekauft, meinem Pferd Wasser und Brot gegeben, mich neben den Brunnen gesetzt und es gut sein lassen.

Der Platz hatte auch noch eine Laterne. Leute kamen und gingen. Ich saß einfach da. Unmöglich bei Dunkelheit noch einen einladenderen Ort zu suchen.

Ich dachte: Gut. Das ist jetzt euer Problem und wenn mich keiner von hier wegführt, werde ich das Zelt auf diesem kleinen Platz aufstellen. Das Pferd wird schon satt.

Zwei Stunden etwa saß ich da, mein vollbepacktes Pferdchen schlief im Stehen. Es war alles gut.

Dann ist einer weich geworden. „Komm!", sagte er. Ich packte Brot, Schokoladenreste und den Wassersack ein und ging mit.

An den wenigen Häusern vorbei gingen wir bergwärts. Finstere Blicke begleiteten uns. Ich war es längst gewohnt. Dieses Gebiet war eben so.

Den Mann konnte ich nicht recht einschätzen. Er griff mich deutlich zu oft an. In sein Haus würde ich nicht gehen, aber er würde mir helfen, ein Stück Wiese zu finden. Mein Bulgarisch war nicht sehr brauchbar, aber ich konnte mich vor allem deshalb nicht verständlich machen, weil der Mann sich nicht vorstellen konnte, dass ich bei diesen tiefen Temperaturen im Freien bei meinem Pferd schlafen wollte.

„Das ist mein Haus und dein Pferd kannst du an der Mauer an der Straße anbinden." In solchen Momenten war ich immer froh, dass Asterix Menschenworte nicht versteht. Vielleicht wäre er vor Entrüstung einfach umgefallen.

Viel später bekam ich eine Wiese und Besuch von seiner Frau. Alles bestens. Todmüde in kalter Nacht im Gebirge. Pferd abladen. Zelt aufbauen. Einräumen. Das Pferd versorgen. Wir waren zufrieden. Ausreichend Essen und Futter im Gepäck und die Wasserleitung im Gemüsegärtchen durfte ich benutzen.

Ich habe mir Essen gekocht, die Schreibsachen genommen und wieder weggelegt, Kaffee gekocht und gewusst, dass es genug war.

Ein Hengst. Ein Ritt durch Wälder, der Berg, das Bergdorf, die Farm. Filipp ritt seine Stute, die anderen Pferde und mein Pony liefen frei mit.

Es war erst eineinhalb Monate nach dem Überfall. Mein Gleichgewichtssinn war noch schwer beeinträchtigt. Der Ritt damals war ein Stück Heilung. Und auch die Arbeit auf den Wiesen von Filipps Farm.

In den ersten Tagen stürzte ich immer wieder. Ein Erdhaufen oder eine Unebenheit, die ich übersehen hatte. Ich musste den jungen Leuten da erzählen, was geschehen war. Wie betrunken taumelte ich oft über die Wiesen.

Filipp hat eine Whoover-Farm. Mitarbeiten und mitleben für junge Leute, die ohne große Kosten ein fremdes Land kennenlernen wollen. Meines Wissens ist das die einzige Farm dieser Art in Bulgarien.

Ein paar Kilometer weiter, in einer kleinen Stadt im Tal, sprachen mich junge Leute an. „Du möchtest bestimmt nach Schelen!"

Ich war gerade dabei, eine Entscheidung zu treffen, welchen Bogen ich um die Hauptstadt Sofia machen sollte. Während Freunde in Österreich versuchten, eine Transportmöglichkeit für uns beide zu organisieren, wanderte ich weiter, eine andere Möglichkeit sah ich nicht.

Das Mädchen packte mich an der Schulter, sprach und ließ sich nicht vertreiben. Nach unzähligen anderen Leuten, die immer dieselben drei oder vier Fragen an mich gerichtet hatten, war ich kurz angebunden.

Sie ließen nicht locker. Elsbeta und ihr Freund. So kam ich Anfang November am 170. Tag meiner Reise nach Schelen, konnte mein Pony zu den Pferden auf die Weide stellen und dort auf einen Transporter warten. Ich wollte nachhause.

Der Balkan. Das stille Gebirge. Die herbstlichen Täler. Der November. Die finsteren Menschen auf den Straßen. Das Bergdorf. Die Farm. Die Bar im Bergdorf.

Zwei Häuser gehörten zu jener Farm in Bulgarien, in der ich zwei Wochen auf einen Transport wartete. Eines oben auf den Berghängen, eines weiter unten im Dorf. Ich blieb schon wegen des Pferdchens im Haus oben. Da waren Filipps Pferde an Fußfesseln und Seilen an Sträucher und Bäume gebunden. Genügsam.

Zu meinen Aufgaben gehörte es gleich, die Anbindestellen der Pferde zu wechseln. Sie zur Wasserstelle und zum Salz zu führen. Und Transporte ins Dorf zu erledigen!

„Ich habe ein Packpferd. Das kann doch ich übernehmen!“ Gehen. Gehen! Jeden Tag in Bewegung sein. Man kann nicht einfach damit aufhören. Unvorstellbar. Also durfte ich gehen. Lud dem Pony leere Packtaschen auf und holte Lebensmittel und anderes aus dem Haus im Dorf, brachte es hinauf auf den Berg. Glücklich, einfach gehen zu dürfen.

Oder aus der Bar, die auch der Laden war. Das Pferd fand etliche Höhenmeter tiefer besseres Gras als auf den abgeweideten Berghängen und, wie ich, war er schon zufrieden, ÜBERHAUPT irgendwohin gehen zu dürfen.

Jene Bar war das Zentrum des Dorfes. Da war ein Ofen, an dem man sich wärmen konnte, da waren die anderen, die man nicht besuchte und trotzdem treffen wollte. Man trank Bier oder

Schnaps oder gar nichts, kaufte Lebensmittel oder ein Ofenrohr oder wärmte sich nur kurz und ließ sich vielleicht einladen auf Bier oder Schnaps. Etwas anderes gab es nicht.

Ich fragte einmal nach Kaffee, war durch kaltes, nasses Wetter von der Hütte in den Bergen heruntergekommen. Ein bisschen anwärmen. Wollte andere Menschen sehen und hören und brachte die Wirtin beinah in Verlegenheit mit meiner Bestellung. „Wir haben keinen Kaffee. Nur Bier. Oder Schnaps." Ich blieb bei Schokolade. Wagte nicht, mich müde und durchfroren mit Alkohol auf den Bergweg aufzumachen.

Vielleicht hätte ich bleiben können. Einen Winter in der Hütte verbringen und nur die Tiere versorgen. Wenn das Wasser aus dem Brunnen im Freien fror, konnte man zum anderen Brunnen gehen, Wasser mit einem Kübel heraufziehen. Dort war immer genug, erklärte man mir. Den Weg zum Plumpsklo auf einer anderen Seite hinunterschlittern. Die Stille. Die Einsamkeit. Die phantastischen Wolken, die hier um die Berge schlichen und in die Täler fielen, aufstiegen und immer woanders waren, die Eisregen und Schnee brachten, und man wusste oft nicht recht woher. War nicht eben noch der Himmel klar gewesen, nur von windverzogenen Wolkenfetzen bewegt?

Am Morgen meiner Abreise lag frisches Eis auf nicht mehr ganz frischem Schnee vor der Türe. Die Hunde hatten mein Erbrochenes einer nervösen Nacht weggeputzt. Ich beschloss, mich darüber zu freuen, schob das Grausen weg. So hatte ich mehr Zeit, alles zu verpacken, das Pferd von der Weide zu holen und herzurichten.

Asterix ging sofort mit mir mit. Sein Fell war bedeckt mit dicken Brocken aus Eis. Unmöglich, sie wegzukratzen. Ich sattelte ihn eben so. Wir waren zu zweit auf der Farm an jenem Morgen. Eine junge Französin und ich. Sie bot an, mir zu helfen. Es war bitterkalt und sie verzog sich bald ins Haus. Mir war es recht. Wer könnte schon verstehen, was es bedeutet, nach so vielen Monaten Wanderung in Osteuropa in einen Trailer zu steigen und schnell mal nach Österreich gebracht zu werden.

Tom hatte versprochen, am Morgen zu kommen, um sich zu verabschieden. Tom, der junge Amerikaner, der in einer Hütte tiefer seit einer Weile festsaß, weil es der Besitzerin jener Hütte gerade recht kam, dass einer auf die Tiere schaute, sie hatte vielleicht genug von all der Wildnis. Die Schottin, die hier in Bulgarien einen Traum lebte.

Träume sind mitunter ungemütlich in der körperlichen Realität. Tom kam jeden Abend zu uns, trank, rauchte und verabschiedete sich mit einem Seufzer, er müsse gehen, er müsse noch einheizen. Tom, der es der Eselin seiner Farm nicht verzieh, wenn sie den Hundebabies gefährlich wurde. Ihn selber dürfe sie beißen, aber doch nicht die Welpen. Tom, der heraufwanderte, mich beim Holzhacken unterbrach, weil er eine Passage in Nietzsches Zarathustra mit mir besprechen wollte.

Ich sattelte das Pferd, verabschiedete mich von der Französin und zog los. Im Dorf würde mich der Trailer abholen. Bei dem tiefen Schnee würde ich eine gute Stunde gehen. Vielleicht mehr.

Asterix ging voraus. Zu meiner Überraschung hatte er es eilig wegzukommen. Er stapfte voran. Natürlich wusste er, wohin wir heute zu gehen hatten. Wir stiegen durch den Wald. Ich hörte eine menschliche Stimme, bat das Pferd, stehen zu bleiben. Er gehorchte unwillig.

Ein Mensch kam durch das Schneetreiben auf uns zu, vermummt gegen das raue Wetter, rief uns an. Ich erkannte ihn kaum. Es war Tom. Er kam keuchend bei uns an. Er habe sich doch verabschieden wollen, sagte er.

Später wanderten wir weiter, erreichten den Sattel, es hatte aufgehört zu schneien. Die schneebedeckten Berge um uns. Die schweren Äste. Wir kannten den Weg.

Ein Reiter kam angaloppiert. Fliegende Hufe auf staubendem Schnee. Es war Filipp, der diese Nacht im anderen Haus verbracht hatte. Er hielt seinen Hengst an. Die Pferde, die schon Freunde waren, begrüßten sich.

Später wanderten wir über den Sattel hinab in den tieferen Wald, erreichten das Dorf. Die Bar hatte schon offen und ich konnte mich an den Ofen stellen. Die ersten Gäste. Schnaps und Bier. Das Feuer des Ofens.

Dann kam der Trailer. Ein Mann stieg aus. Sauber. Gut gekleidet. Begrüßte mich mit Handschlag und sprach fließend englisch. Die Armut. Die Kälte. Die Finsternis der Balkantäler. Meine schmutzigen Hände. Das Eis im Fell meines Pferdes. Ich saß im klimatisierten Wagen, hoffte, den Sitz nicht zu verdrecken, sprach über internationale Pferdetransporte und die Kultur Osteuropas.

Das Land flog an den Autoscheiben vorbei.

Drei Wochen nach der sternklaren Nacht. In einem bulgarischen Transporter, der außerdem einen Zuchthengst in die Schweiz transportierte, fuhren wir nach sechs Monaten nach Graz zurück.

Als ich am Beginn des Winters aus Bulgarien zurückgefahren wurde, als die Länder, die ich in diesen sechs Monaten durchwandert hatte an den Autofenstern vorbeisausten, als wären sie nicht der Rede wert, als wären all die Menschen und unzähligen Geschichten gar keine Wirklichkeit, stand mir ein einsamer Winter bevor. Wie ein Schmetterling, der noch einmal in den Kokon zurückmuss, wie ein Zugvogel, der auf Pause geschaltet ist und nicht weiß, was diese Funktion bedeutet. Ich verstand nichts und wurde nicht verstanden. Eine Kulturkrise. Die Hilflosigkeit der Freunde. Die kühlen Masken auf den Straßen. Krank, einsam und arbeitslos löste ich die schlichte Rechenaufgabe, dass zu einem ganzen Jahr, das ich wenigstens zu gehen beschlossen hatte, nach einem halben Jahr Wanderung eben noch ein zweites halbes Jahr fehlte.

Fenster und Tür des kleinen Häuschens über der Stadt, das ich für diesen Winter bewohnte und das einmal der Saustall gewesen war, schauten nach Westen. Die Koralm, die Hebalm, der lange, weiche Gebirgszug, der das Land begrenzt. Dahinter steigen die Alpen an. Wenn ich die Augen schloss, sah ich tief hängende Fichtenzweige, die der Bergwind streichelt, der dunkle Nadelboden darunter.

Ich würde nach Westen gehen. Vielleicht ein halbes Jahr geradeaus. Dann wäre ich am Atlantik. Oder einen Bogen. Oder auch ein Zurückgehen. Egal. Zuerst würde ich die Alpen überqueren. Die Ostalpen. Von Osten nach Westen.

Mein Pferd hörte am nächsten Tag auf zu husten. Wir hatten wieder etwas vor.

Dem Schnee beim Schmelzen zusehen. Die Höhen der Koralm. Ihre schneebedeckten Hänge. Diesen Gebirgszug musste ich überqueren. Danach kamen die Täler Kärntens, leichtes Gelände. Dem Schnee beim Schmelzen zusehen.

Anfang Mai zogen wir endlich wieder los. Das Weiß des Gebirges war schon fleckig. „Bis wir es erreicht haben, ist es längst begehbar." Mein Gefährte war glücklich. Hauptsache unterwegs.

Mai 2008

Österreich

Durch Österreich zu wandern, war eine ganz eigene Erfahrung. Ich hatte nicht den Bonus, von einem weit entfernten Land zu kommen, war den Leuten aber auch nicht besonders suspekt. Ich verstand die Zwischentöne der Sprache, staunte über die regionalen Unterschiede, genoss oft die vertraute Kultur, war auf eine Art auch immer wieder verblüfft, wie viele Geschichten mir begegneten.

Ich war besonders streng in meinen Urteilen über die österreichischen Regionen. An meine eigenen Landsleute hatte ich weit höhere Erwartungen. Eine üble Begegnung wog hier viel schwerer als in anderen Kulturen. Üble Begegnungen waren selten. In den Bergtälern Tirols waren die Leute oft verschlossen, was einen anderen Umgang erforderte. In Touristenregionen hat man es als Vagabundin sowieso schwer, wie überall in Europa.

Kurz vor Deutschlandsberg in der Weststeiermark hielt uns ein Mann auf. Er fuhr mit seinem Traktor zuerst an uns vorbei und stellte sich uns dann in den Weg.

Er habe etwas, was mir gefallen würde. Ich solle mitkommen. Er war mir nicht ganz geheuer, aber es war längst Zeit, einen Platz für die Nacht zu finden. Also abschätzen, wie gefährlich er mir werden könnte. Ich folgte ihm auf seinen Hof, band das Pferd am Fenstergitter fest.

Es war ein Packsattel aus der Zeit des Zweiten Weltkrieges, den er mir zeigen wollte. Und aus dieser Zeit schien auch die spärliche Einrichtung zu stammen. Hühner flohen zur Tür hinaus.

Ich bewunderte den Sattel und fragte nach einer Wiese, auf der wir bleiben könnten, wurde im Obstgarten untergebracht, nachdem er mir seine Mutter vorgestellte hatte.

Später brachte er mir Hühnereier und Orangen, versuchte mich davon zu überzeugen, dazubleiben und seine Bäuerin zu werden. Schließlich würden wir doch perfekt zusammenpassen. Meine Einwände waren nicht besonders überzeugend, aber ich konnte das Gespräch auf Reisen, Fortgehen, Alleszurücklassen lenken.

Er werde auch fortgehen, sagte er. Ich erinnere mich nicht mehr daran, welches Ereignis er dazu bräuchte, aber wenn eben dieses Ereignis einträfe, dann würde er so gehen: Er stand auf und zog Linien von seinen Schultern über die Brust zu den Hüften, ganz langsam, folgte seinen Händen mit den Augen. „So werde ich gehen. Hier ein Patronengurt und hier der zweite Patronengurt. Und da trage ich die Pistole. Die habe ich längst. Ich schieße nämlich gern."

Seine Augen glitzerten und ich selbst war hin und her gerissen zwischen der Faszination über seinen Auftritt und die besonderen Details seines Wanderplanes und einem nicht zu leugnenden Unbehagen. Er bestand dann noch eine Weile lang darauf, dass ich bei ihm einziehen müsse, weil es doch logisch sei.

Ich saß längst im Zelteingang und der Abend Anfang Mai brachte Kälte über die Wiesen. Als dem Mann endlich kalt genug war, ging er ins Haus. Bis Mitternacht blieb ich wachsam. Dann kroch ich in meinen Schlafsack. Er würde nicht wiederkommen, und falls doch, würde mein Pferd mich wecken.

Die Koralm. In ihren Ausläufern stürzten wir ab beim Versuch, eine Klamm zu überwinden. Das Pferd stürzte ab. Ich selbst konnte noch einen Baum packen, als der Boden nachgab und mit dem Pferd ins Wasser stürzte. Asterix stand ganz still. Er war auf allen vieren gelandet, rührte sich nicht. Stand in dem Wildbach und bewegte sich nicht. Ich hing am Baum, hantelte mich dann hinunter zu ihm. Er blieb noch einen Augenblick stehen, dann hob er ein Bein nach dem anderen und stieg auf der anderen Seite völlig unverletzt wieder hinaus. Wir kletterten auf den Wanderweg darüber, ich band ihn an einen Baum und holte das Gepäck nach, das ich vor der Überquerung auf der andern Seite der unpassierbaren Brücke abgelegt hatte.

Eine gute Brücke eigentlich. Für Menschenbeine kein Problem. Zwei Baumhälften nebeneinander. Für Pferdebeine nicht machbar. Ein Pferd kann nicht in einer Grätsche gehen. Schwierigkeiten eines Wanderweges.

In der Bergschenke fragte ich nach einem Lagerplatz. „Ja, kannst schon bleiben, kein Problem", sagte der Wirt. Hans saß am Tresen, rührte in seinem Kaffee. „Kannst auch zu mir kommen!" sagte er. „Sie kann auch dableiben", wiederholte der Wirt. Ich zögerte also. Wenn es mir schon leicht gemacht wurde, wollte ich doch keinen vor den Kopf stoßen. „Wir sind müde, weit können wir nicht mehr gehen." „Ist nicht weit, wie bist du denn unterwegs?" Ich erklärte also, dass ich zu Fuß sei und mein Pferd vor der Türe auf mich warte. „Sie kann auch da bleiben", schaltete der Wirt sich wieder ein.

Ich ging zu Hans. Er habe ein Museum und viel Platz und wenn es mir nicht gefiele, könne ich ja hierher zurückkommen. Der Wirt nickte.

Das Dorf. Die Kirche, der Friedhof, das Gasthaus, das Museum und ein paar Höfe und Wohnhäuser. Das Museum. Ein Holzmuseum.

Ich sah viel mehr als Holz. Eine Sammlung von Malerpinseln, eine Seifenmanufaktur, ein reparaturbedürftiges Puppentheater, ein Luftfeuchtigkeitsmesser an der Außenmauer (ein Ast der sich je nach Feuchtigkeit in der Luft mehr oder weniger verbog), eine Sammlung alter Bücher und Noten, bäuerliches Handwerksmaterial …

Hans sammelte alles, was er für sammelwert hielt. Er schenkte mir selbst gemachte Seife und Wundsalbe aus Lerchenharz und Propolis. Seine Führung durch seine Lagerräume hätte ich mehrmals machen müssen, um der Menge mit meiner Aufmerksamkeit auch nur einigermaßen gerecht zu werden.

Ich solle die Reise machen und im Herbst zu ihm kommen, den Winter bei ihm verbringen. Einen Stall für das Pferd hätte man schnell aufgestellt. Ich könnte ihm bei der vielen Arbeit helfen, allein schaffe er das alles nicht mehr.

„Wenn ich mich für etwas interessiere und hier ausstelle, dann muss ich gut Bescheid wissen", sagte er. Ich dachte lange daran, dieses Angebot vielleicht anzunehmen. Was er in die Hand nahm, wollte er verstanden haben, las und recherchierte. Wie viel hätte ich bei ihm lernen können! Sein Interesse galt so vielen Gebieten.

Der Übergang über die Koralm war schwieriger, als ich erwartet hatte. Tiefe Mulden voll Schnee. Es war ein Ratespiel, welcher Boden hielt und welcher für Pferdebeine gefährlich war. Asterix brach ein. Ich versuchte, ihm zu helfen, ohne ihn dabei zu behindern, sich möglichst selbst zu befreien. Er strampelte und ich hielt sein Gepäck im Gleichgewicht. Nur nicht die Nerven verlieren. Er kam frei. Mit der unsäglichen Kraft, die ein panisches Pferd entwickeln kann, wenn die Beine blockiert sind.

Die Schönheit der Berge. Wie unendlich dankbar war ich, wieder gehen zu dürfen. Die Freiheit in meinem Herzen. Und was war mit Bethlehem? Ein Umweg eben. Gehen.

Am späten Nachmittag erreichten wir eine Bergstation, teilten ein Bier, wanderten ins nächste Dorf. Ein Pausentag dort.

Kärnten. Osttirol. Südtirol. Nach der Koralm wanderten wir entlang der Lavant, der Drau und der Gail durch Kärnten nach Osttirol, dann durch das Pustertal nach Südtirol. Dort verließen wir die Flüsse und wanderten weiter über Forststraßen, Wanderwege und durch kleine Dörfer südlich an Sterzing vorbei immer weiter nach Westen.

Ich plante, den Alpenhauptkamm am Timmelsjoch zu überqueren. Wir wanderten entlang von Flüssen und über Almen, durch Dörfer, kleine Städte und wie überall in Europa begegnete ich besonderen Menschen. Die Ostalpen. Ein freundlicher Gebirgszug. Jedes Tal ein eigener Kulturraum.

Die Böden, ihr Reichtum, ihre Kargheit. Wie unterschiedlich die Böden die Menschen Europas geformt haben.

Das Pferd frisst Gras. Der Umgang der Landbesitzer mit dieser Tatsache hat mir viel erzählt von ihrer Kultur. Und das war überall in Europa anders. Natürlich war ich vorsichtig, ließ mein Pferd nur grasen, wo er niemandem etwas wegzunehmen schien.

In Ungarn war es manchmal schwierig, überhaupt Wiesenflächen zu finden, Acker grenzte an Acker, in Rumänien war es selbstverständlich, dass alle Tiere überall fressen dürfen, in Bulgarien machte man sich um Gras überhaupt keine Gedanken, in Österreich war es fast immer problemlos, in Südtirol war jeder Grashalm ein persönliches Geschenk, die Schweizer fanden es komisch, dass ich überhaupt fragte, das bisschen Gras, in Deutschland sind Grasfresser Diebe, in Frankreich stört man nicht einmal ein Pferd beim Essen, in Italien war es sehr unterschiedlich.

Wasser zu finden, Trinkwasser vorallem, war ein Dauerthema und eines der wichtigsten sowieso.

Man könnte auch so von einer solchen Wanderung erzählen: die Pumpbrunnen, die Ziehbrunnen, die Quellen, die Gartenwasserleitungen, die Küchen, die Bergbäche, die Gebirgsquellen, die artesischen Brunnen, die Schwefelquellen.

Mein Pferdchen liebt Wasser mit Geschmack von Grünem, von Lehm, von Regen. Er trinkt auch gerne aus Bächen, an die er gefahrlos herankommen kann. Er liebt Meerwasser, mag aber die Wellenbewegung, auch eine ganz kleine, ganz und gar nicht. Er gewöhnte sich rasch an das schwefelige Wasser der ungarischen Tiefebene, mag keinen allzu sauberen Wasserkübel und wurde stetig unkomplizierter. Das lag auch daran, dass ich es ihm bald ganz überließ, Wasser anzunehmen oder weiter durstig zu sein.

Er lehrte mich dagegen, mich schleunigst um IRGENDEIN Wasser für ihn zu kümmern, wenn er selber nicht zu den Flüssigkeiten kommen konnte, biss mich eben in meine Unterschenkel, wenn wir zum Beispiel an italienischen Kanälen entlangwanderten, die viel zu abschüssig und rutschig für Pferdebeine waren und in die ich auch selbst oft nicht zu klettern wagte.

Meine Wäsche wusch ich in allem, was halbwegs sauber und flüssig war. Mich selbst wusch ich in allem, was zumindest klar war. In Bulgarien, in kalten Tagen, fand ich einmal zufällig eine warme Schwefelquelle. Waschlappenwaschungen mit kaltem Wasser in kalten Nächten neben dem Zelt war ich natürlich gewöhnt. Die Haare brauchten zumindest Tageswärme. Krank werden war tabu. Diese warme Quelle war ein Geschenk.

Während kalter Wind über dieses Land strich, in einer Regenpause von ein paar Stunden, packte ich mein Seifenstück aus und hielt meinen Kopf unter die sprudelnde Wärme. Die nächsten Leute, die mit mir zu tun haben würden, mussten den Schwefelgeruch eben aushalten, hatten selbst meist nur dieses Wasser in den Häusern.

Es war eine Art aufgelassenes öffentliches Schwefelbad im Freien. Schon lange unbenutzt. An der Quelle selbst war das Wasser zu heiß, lief dann über hölzerne Kanäle in andere Becken, von dort in wieder andere, verteilte sich so über den ganzen Platz am Waldrand. Man wählte also zwischen den Becken mit den unterschiedlichen Temperaturen. Ein Fest.

Trinkwasser. Ich ging zu Beginn der Wanderungen davon aus, dass ich mich an die jeweilige Wasserqualität schon durch die Langsamkeit der Fortbewegung gewöhnen würde. Wie ich überhaupt zu Wasser kommen konnte, stellte sich dann auch als eine kulturelle Frage heraus. Man geht überall so unterschiedlich damit um. Die vergitterten Brunnen in manchen Teilen Ungarns. Die Wildbäche in den Karpaten. Die Quellen in den Alpen. Die gar nicht vertrauenerweckenden offenen Brunnen in der Walachei. Die Frische des Balkan-Wassers nach dem des Donautals.

Wasser unterhalb des Schnees ist natürlich ein Problem im Frühsommer in den Bergen. Wenn man selbst nicht wirklich wissen kann, von welchem Wasser der Brunnen einer verschlossenen Hütte gespeist wird, läuft man Gefahr, unangenehme Bakterien zu erwischen. Passiert eben.

Abgekocht habe ich nur Flusswasser, wenn ich nicht wusste, wie der Wasserverlauf weiter oben aussah, ob es dort vielleicht Siedlungen oder Ställe gab. All die Brunnen in den Ebenen waren überraschend sauber.

Südlich der Karpaten, mitten auf einer ganz ebenen und baumlosen Weidefläche, weit weg von einem Dorf trank ich aus einem artesischen Brunnen. Man wies mich darauf hin, dort sei das beste Trinkwasser, dort könne ich Wasser holen, nickte mir zu. Ich sah gar nichts. Suchte in der angegebenen Richtung. Die freilaufenden Pferde, die Schafe. Ein Brunnen? Das ebene Land. Weit dahinter der Damm der Olt. Man half mir.

Ein Betonring fasste das Wasser, das dort aus dem Boden sprudelte. Die Pferde benutzten ihn als Tränke. Man musste nur ein wenig warten, wenn sie gerade gesoffen hatten, warten bis Grünzeug von ihren Mäulern wieder weggespült war. Das klare, sprudelnde Wasser. Mineralisch sei es, erklärte man mir stolz. Es schmeckte großartig. Ich hatte das Zelt in der Obhut der Hirtinnen gelassen, war herausgelaufen mit dem Pferdchen. Stand allein mit ihm da draußen und staunte.

Alto Adige. Südtirol.

Der Erbhofbauer in Südtirol. Er mähte ein Stück seiner Wiese mit der Sense, als ich ihn fragte, ob ich irgendwo rasten dürfe. Sein Blick war wild. Ein paar Tage könne ich nicht bleiben, ausgeschlossen! Ich erklärte ihm, dass es um drei Stunden ginge und dass uns ein abgemähter Platz reichen würde. „Da! Da oben kannst bleiben, aber lass das Pferd nicht vom hohen Gras fressen!"

Ich versicherte ihm, dass wir nichts vernichten würden und dann war ich froh, aus seiner Nähe fortzukommen.

Als wir nach der Rast wieder aufbrachen, wanderten wir an einem Hof vorbei. Ein Mann stand dort, sein kleiner Sohn an seiner Seite. Er lächelte mich an, begrüßte mich freundlich, wir wechselten ein paar Worte und erst da erkannte ich, dass es der Mann mit der Sense war.

Sie seien Erbhofbauern und hätten auch eine Urkunde vom Land bekommen. Hier gäbe es Erbhöfe, die schon seit dem dreizehnten Jahrhundert im Besitz derselben Familie waren. Er erklärte mir die Richtlinien, wie man Erbhofbauer wurde, drückte seinen Sohn an seine Seite, sah ihn stolz an. Dann wünschte er uns eine gute Reise.

Südtirol. Die Berge, die Täler, die kleinen Dörfer. Man arbeite hart hier, wurde mir oft erklärt. Mit grimmigen Gesichtern standen alte Männer im Regen, schnitten Holz in akribisch genaue Längen, mähten die kleineren oder die steilen Wiesen mit der Sense. Sah man sie ein weiteres Mal wieder, ohne Werkzeug in den Händen, begegnete man offenen, herzlichen Gesichtern.

Wenn ich an Südtirol denke, denke ich an Stille, an lange, oft schöne Wege, an Wegkruzifixe mit blutüberströmtem Korpus, an das lange Gras des Frühsommers, an die Schwierigkeit, bei all dem Wachstum mein Pferd mit genügend Gras zu versorgen. An einen Bergbauern, dem ich Kekse anbot und der diese dann an mein Pferd verfütterte. „Vagunscht eam nix?“, sagte Johann und grinste mich an. Sein kleiner Gemüsegarten lag hier hoch heroben, wo jedes einzelne Pflänzchen besondere Zuwendung brauchte, um trotzdem zu wachsen. Er hatte sein Gartengerät einfach fallen gelassen, kam grußlos zu uns und nahm den Kopf des Pferdchens in beide Hände, sah ihn freundlich an.

Ich packte meine Kekse aus, setzte mich auf die kleine Straße und wartete, ob er mit mir auch reden wollte. Er wollte, nachdem er dem Pferd meine kostbaren Kekse geschenkt hatte. „Ohne Fleiß kein Preis“, sagte er stolz, als ich seinen Hof bewunderte. Und raten musste ich, wie alt er sei. Ich vermutete also, dass er viel jünger aussah, als er Jahre hinter sich hatte, lag mit meiner Schätzung doch noch sehr weit daneben. Achtundsiebzig, sagte er stolz. Ich packte meine restlichen Kekse ein und fragte nach dem Weg.

Im Gebirge ist die grundsätzliche Orientierung meist leicht. Ein bisschen Wildnis bewältigen wir, und oft findet man Forststraßen oder Wanderwege. Schwierig sind querliegende, dicke

Bäume, die auch einen Wanderweg unpassierbar machen können. Wenn der Stamm zu dick ist, kann das Pony nicht drübersteigen und springen mit Gepäck und im Steilgelände wagt er dann mit recht nicht.

Johann erklärte uns einen markierten Wanderweg und wir verabschiedeten uns. Er nahm seine Hacke und arbeitete weiter. Den Weg mussten wir bald verlassen. Ein liegender Baum. Ich versuchte auszuweichen. Das Pferd wurde bockig. Er hatte recht. Zu felsig. Und wieder wunderte ich mich über die Fähigkeit der Pferde, schon vorher zu WISSEN, ob ein Übergang an einem Platz, den man nicht sehen kann, möglich ist oder nicht. Wir mussten umdrehen, fanden eine Forststraße und hatten diesmal Glück, dass sie dorthin führte, wo ich hin wollte. Asterix ging seinen „Hab-ich-doch-gleich-gesagt-Gang".

An Zäunen und Mauern bin ich besser als mein Pferd. Ich kann meistens abschätzen, ob wir diese Hürden packen können oder nicht. Wir waren Partner und längst erfahren genug, dem anderen die Entscheidung zu überlassen, wenn dessen Fähigkeiten gerade brauchbarer waren.

Franz wollte, dass ich bei ihm Heimat finde. Nicht vorstellbar war es ihm, dass ich unterwegs, also ohne Heim und Hof war. Ich müsse den Wandertrieb haben, ich müsse einfach den Wandertrieb haben, anders könne er das gar nicht verstehen. Er erklärte sich das wie Heroinsucht. Oder Alkoholismus.

Feuchte Tage. In dieser Region neigte man ohnedies nicht gerade dazu, auf die Straße zu springen, wenn Fremde vorbeizogen. An diesem besonders regnerischen Tag war es schwer, eine Bleibe zu finden. Ich brauchte eine Scheune, es standen ja genug herum, die Platz hatten für mein kleines Zelt, das noch nass war vom Lager davor, mit ein bisschen Wiese in der Nähe fürs Pferdchen.

Auf den Straßen waren kaum Menschen und die dort waren, waren auf der Durchreise oder gar keine Hilfe oder fanden es sehr in Ordnung, dass ich nass war, wenn ich schon wanderte. Schwierig.

Ich läutete an mehrere Türen, klopfte. Ein guter Hinweis wäre mir ja schon Hilfe gewesen. Vorhänge bewegten sich. Die Türen blieben verschlossen. Strömender Regen. Ich überlegte schon, in einen der verwilderten Gärten einzubrechen, es könnte gutgehen, es könnte Probleme geben. Wagte es nicht. Noch einmal an die Türen. Läuten, klopfen, rufen. Ein Mann sah vom Fenster im ersten Stock herunter. „Diese Wiese ist verpachtet." Schloss das Fenster wieder. Ich stand im Regen, immer mutloser. Tief durchatmen und die Sinne wieder öffnen. Wusste doch sonst auch immer, wo die guten Häuser waren. Ich wartete ein wenig, dann gingen wir beide schnurstracks auf Sofias Haus zu. Anklopfen. Eine Klingel gab es nicht. Wieder klopfen. Schritte, die Türe öffnete sich und ein wunderschönes freundliches Gesicht sah uns an. „Ojemine! Wer ist denn das! Wie seht denn ihr aus! Bei dem Wetter!"

Sofia schlug die Hände zusammen. Ich entschuldigte mich für unser Aussehen, zwei tropfende Gestalten unter Poncho und Plane. „Bei dem Wetter sieht man natürlich so aus", sagte sie und winkte ab, dachte nach, wo sie uns hinschicken konnte. Zum Franz sollten wir gehen. Sie beschrieb uns den Weg. Der sei ein guter Mann und liebe alle Tiere. Dort sollten wir hingehen und wenn wir ihn nicht antreffen sollten, dann wieder zurückkommen, sie finde schon ein Plätzchen für uns. Bei dem Wetter!

Ich strahlte alle verschlossenen Häuser an, das Pony war auch wieder guter Dinge. Wir würden heute trocken schlafen, halbwegs trocken reichte schon, machten uns auf zu Franz, der gut war und alle Tiere liebte.

Franz war beim Nachbarn. Wir strichen um sein Haus und als er kam, fragte ich ihn nach dem Franz. Er zögerte und sagte dann, dass er derjenige sei. „Ich bin derjenige." Er wusste sofort, wer die Frau war, die uns hierher geschickt hatte. Ja, das sei eine gute Frau. Dann zeigte er mir alle Scheunen und Garagen. Ich könne mir aussuchen, was gut wäre für uns. Ich wählte den leeren Heuschober, stellte das Zelt in das große Tor, Asterix konnte so zum Zelt und auf das Wiesenstück davor. „Ja, wenn das gut ist für dich." Franz nickte zufrieden. Dann verschwand er.

Ich suchte ihn, brauchte alte Zeitungen, um Schuhe und Socken schneller trocknen zu können. Er gab mir reichlich. Ging wieder. Ich wollte ihn nicht stören und dasselbe schien er auch zu wollen. Als ich später Wasser brauchte, zeigte er mir den Föhn, den er vor dem Haus ausprobiert hatte. Er funktioniere und so könne ich doch meine Schuhe trocknen. Das helfe bestimmt. Ich solle sie nur bringen.

Ich spannte Wäscheleinen durch den Schober und hängte die Kleider und Planen darauf. Die Föhntrocknung ließ ich bald. Franz kam wieder, sah die Wäscheleinen und ging, tauchte wieder auf und zeigte mir seine Küche. Er habe ein kleines Feuer gemacht. Dann nahm er eine Klammermaschine und spannte Stricke zwischen den Küchenkästen, klammerte sie einfach fest, gerade so, dass man die Kästen noch aufmachen konnte, freute sich an meiner Freude. „Ja, wenn das gut ist für dich."

Später kam er nachsehen, ob es uns gut ging. Das Zelt, das Pferdchen vor dem Scheuentor. Ich müsse den Wandertrieb haben, sagte er, stand da, schaute und schüttelte den Kopf. Er könne das überhaupt nicht verstehen, das könnte er selber nie machen. Dann erzählte er mir von seinen Touren hier im Gelände. Er sei Jäger. Schießen möge er nicht, das sollten die anderen machen, aber er versorge die Futterkrippen und lese die Spuren. Dann zeigte er mir das Gewehr, das er dabei mitnahm, präsentierte es mir voll Stolz.

Er kannte also die Wege. Ich brauchte einen Übergang über den bevorstehenden Pass, wollte die Straße vermeiden, vielleicht gab es einen Weg, oder eine zweite, kleinere Straße. Also machte er sich daran, die drei bestehenden Möglichkeiten zu erklären, die Vorteile, die jeweiligen Nachteile. Er riet mir von allen dreien ab. Meinte dann noch, ich solle doch dableiben, könne ja Touren im Gelände machen, er würde mir die vielen Wege durch die Wälder hier schon zeigen. „Du musst das einfach in dir haben, wie ein Trieb", sagte er wieder, als ich sein Angebot ausschlug.

Ich kochte mir eine Suppe und versorgte das Pferd, das mit Regenmantel draußen graste. Sah nach meinen Kleidern. Franz trat aus seinem Zimmer und fragte, ob ich etwas sehen wolle. Natürlich wollte ich. Er führte mich in eine Kammer im Obergeschoss, öffnete die Laden einer Kommode. Er bastelte Modelle. Eggen, Spinnräder, beschrieb mir anhand dieser Modelle deren Funktionsweise. Und weil mich die Beweglichkeit der Eggenzähne beeindruckte, sagte er, dass ich ja von Landwirtschaft wohl gar nichts verstehe. Und beschnitzte Bretter. Für Geweihe. „Jedes anders!" Ob ich denn wirklich weiterwolle. Nein, das könne er gar nicht verstehen.

Am Morgen zog ich mit trockenen Sachen weiter, hatte mich für die Autostraße entschieden, die Wegbeschreibungen der anderen Möglichkeiten waren zu kompliziert. Ein Nachbar saß draußen vor der Haustür. Franz erklärte ihm die Sachlage: „Jetzt zieht sie weiter. Da kann man überhaupt nichts machen. Wenn sie geht, da kann man nichts machen."

Wir verließen Südtirol am Timmelsjoch, wanderten zwischen Schneewänden durch zurück nach Österreich. Die Straßen waren frei an diesem Tag und kaum befahren. Wir stiegen ab ins Ötztal. Feuchte, kalte Tage.

Nach dem Ötztal lagerten wir in Imst, zogen dann weiter übers Hahntennjoch ins Lechtal.

In Gebirgstälern besteht die größte Herausforderung oft darin, einen gangbaren Weg zu finden. Die Talstraßen sind dann die einzigen Verkehrswege und zwangsläufig die Hauptstraßen und in den Alpen besonders dicht befahren von Motorrädern. Dazu kommen Straßentunnels.

Mit einem Pferd durch einen Straßentunnel zu wandern, wenn sich zum Beispiel eine Bikertruppe nähert und vorbeifährt, gleicht einem Inferno. Das Pferd eng rechts halten, selber ruhig bleiben, tief atmen, den Schritt nicht beschleunigen (sonst haut das Pferd ab), Leine in die linke Hand, fest umschließen, die rechte Hand packt beide Ponyohren, legt sie nach hinten und drückt sanft an. Nur das Pferdchen nicht noch verrückter machen. Die Vibrationen verlangen schon alles von uns. Die eigenen Ohren bleiben ungeschützt. Habe nur zwei Hände.

Natürlich suchte ich vorher nach Alternativen. Meistens gab es keine. Die Wanderwege, die in den Ostalpen zahlreich und gut beschildert sind, sind natürlich für Menschenbeine gemacht. Für ein bepacktes Pony waren sie oft unüberwindbar. Eine Kletterpassage, eine Leiter, eine besonders schwierige Brücke oder ein Drehkreuz, das sich trotz aller Gewalt nicht demontieren ließ, Viehsperren.

Viehsperren. Überall in den Alpen macht man das anders. Immer bedeutete es, dass Asterix erst mal Pause hatte und ich an die Arbeit ging. Im günstigsten Fall, und das war vor allem in Kärnten üblich, baute man neben die unüberwindlichen Eisenbarren ein Gatter. Der Stacheldraht leicht zu öffnen, leicht wieder zu schließen.

„Hast du denn kein Werkzeug dabei?“, fragten mich Bauern immer wieder ernsthaft, wenn ich mit aufgerissenen Fingern bei ihnen anklopfte um zu melden, dass ich zwar alles wieder geschlossen hatte, aber dass man die Pfosten wieder tiefer in die Erde treiben müsse, mehr hatte ich mit meinem Körpergewicht und mit Material, das ich so gefunden hatte, nicht schaffen können.

Ich grub aus, schlug um, improvisierte, suchte Schwachstellen in den Zäunen, baute Brücken aus Brettern, die erst einmal zu organisieren waren, ich verwünschte, ich lobte, verlangte viel von meinem Gefährten, kehrte um. Die Packtaschen zu flicken war Routine in den Alpen.

Asterix ist ein Wunder. Noch immer will er gehen. Wie viel ich ihm auch abverlangt habe. Wie viel er auch überstanden hat. Eine Herbizid-Kolik in Ungarn, Husten am Ende der Karpaten, eine Stress-Kolik in der Walachei, eine weitere in Frankreich, immer wieder abgelaufene Hufe, ein paar Schrammen, unzählige Insektenangriffe. Er will gehen.

Am anderen Ende der Ostalpen erreichte ich wieder bekanntes Gebiet. Stätten meiner Kindheit. Verließ das Lechtal und Tirol und wanderte also nach Vorarlberg.

Nach einem langen Gang erreichte ich Warth, einen Fremdenverkehrsort in der Arlbergregion. An den Touristen vorbei zog ich mein Pferdchen zu einem Laden, wollte Auskunft von einem Einheimischen. Wir brauchten einen Lagerplatz, zumindest einen Pausenplatz. Den Weg hierher hatten wir mit den Motorrädern geteilt, Alternativen hatte es keine brauchbaren gegeben. Wir waren müde von langer Straßen-Wanderung in der Sonne.

Im Laden fragte ich nach einem Schattenplatz für ein, zwei Stunden. Die freundliche Frau dachte angestrengt nach, sagte dann: „Schatten haben wir hier leider keinen. In Lech haben sie Schatten. Am besten gehen Sie weiter nach Lech."

Ich fühlte mich umgehend an Ungarn erinnert, an das Dorf in der Puszta, in dem man mich zwecks Schatten zweiundzwanzig Kilometer weitergeschickt hatte. Hier in Warth hatte es nicht über vierzig Grad. Ich sah sie an, sagte, das sei mir vielleicht heute doch zu weit, abends wäre der dringend benötigte Schatten nicht mehr ganz so wichtig. Ich glaube, ich dachte es nur. Sagte gar nichts. Verabschiedete mich, besah mir das Areal um die Dorfkirche, kletterte mit dem Pferdchen auf einen Mauervorsprung und besetzte den einzigen Schattenplatz des Dorfes. Am Abend wanderten wir auf den Pass.

Bevor wir die Straße verließen, versuchte ein Linienbusfahrer mich zu überzeugen, bei ihm einzusteigen. Das ginge sich doch aus mit dem Pony. Die Einstiegsstelle der Hintertüre. Der Mann drehte sich darin. „Das geht bestimmt! Steig ein mit dem kleinen Pferd! Was willst denn alles zu Fuß gehen!"

Das kleine Pferd zog mich schon weg. Ich entschuldigte mich, er möge Busfahrten nicht so gerne, bog auf einen Wanderweg ab. Er hupte, winkte und fuhr ohne uns weiter.

Vom Platz der Nacht aus, allein in einer Mulde auf dem Berg lagernd, sah ich auf den gegenüberliegenden Hängen rundum Bergfeuer. Auch selbst hatte ich ein kleines entzündet, aus trockenen dicken Halmen, die ich um den Lagerplatz fand. Sommersonnenwende.

Ein wunderschöner Abstieg in den hinteren Bregenzerwald, vorbei an Vorsäßen, den mittleren Almen. Ich sah Hühner zwischen dem weidenden Vieh. Vielleicht konnte ich hier Eier erwerben. Meine Lebensmittel waren knapp.

Eine Frau brachte ihre Enkelin zu mir. Ich sprach sie an. Sie ließ das Mädchen bei mir, stieg zurück auf ihren Hof. Die Eier schenkte sie mir und dazu Eis, das ihr Sohn weiter unten im Tal selber machte. Als Gegenleistung wollte sie nur Gebete. „Sprich ein Vaterunser für mich! Ich tue oft einmal ein gutes Werk und glaube fest daran, dass ich dann vom Herrgott auch was dafür bekomme." Dann verabschiedete sie sich. Ich aß das Eis fertig, Asterix graste zufrieden, endlich wieder fetteres Gras, und wir verließen den göttlichen Basar, wanderten weiter talabwärts und kamen recht spät im Dorf an.

Ich freute mich. Die Wiesen waren alle gemäht. Hier musste es besonders leicht sein, einen Lagerplatz zu finden. Die Zeiten der hohen ersten Wiese waren natürlich schwieriger gewesen, besonders in Gegenden, in denen die Heuernte eine Existenzgrundlage war. Hier musste es jetzt leichter werden. Auf den Dorfstraßen fand ich nur Touristen. Also fragte ich sie, vielleicht konnten sie mir einen Tipp geben.

Die Männer schickten mich zu ihrer Wirtin, das sei eine gute Frau, das könne doch kein Problem sein. Die Wirtin meinte, ihre Wiesen, die bräuchte sie selber. „Fragen Sie halt bei der Krone! Die nimmt oft solche Leute auf." Ich ging weiter. Hatte zu fragen vergessen, wann denn zuletzt eine Frau mit Pferdchen hier durchgewandert war.

Die Krone war quasi menschenleer. Gardinen bewegten sich. Man öffnete die Türe nicht. Ich musste weiter, spürte die Blicke der Menschen hinter ihren Fenstern und wurde angesichts all der abgeernteten Felder ungeduldig. Sollte ich mich einfach irgendwo niederlassen? Ich wagte es nicht. Suchte allmählich verzweifelt nach einem Menschen, der mit mir sprechen wollte.

Ein junges Mädchen beobachtete mich von ihrem Balkon aus. Sie rief etwas zu mir herunter. Ich blieb stehen. War froh, dass überhaupt jemand hier mit mir sprach. Wir redeten übers Pferdchen. Dann kam ihre Mutter. „Komm ins Haus!" Das Mädchen weigerte sich. Ich grüßte die Frau und sie nickte mir zu, versuchte wieder, ihr Mädchen ins Haus zu schaffen. Das Kind blieb standhaft. Ich war ihm so dankbar.

Simona wandte sich mir also zu. Es wurde ein Verhör und ich wusste zu schätzen, dass sie überhaupt sprach. An einem Ende des Verhörs sagte ich, dass ich einen Lagerplatz brauchte. Ein kleines Stückchen Wiese. Sie schwieg. Ihre kleine Tochter setzte sich für mich ein. „Mama, Mama, lass sie bei uns schlafen, bitte, bitte …!"

Das dauerte. Simona schwieg und das Mädchen insistierte. Das Kind gewann. Die Frau ging ins Haus, um ihren Mann zu fragen, kam zurück, ja, ich könne bleiben, wenn ich nichts kaputt mache.

Sie führte mich auf einen Flecken zwischen Schuppen und Spielplatz. Es ging sich nicht aus. Zu klein. Ich versuchte es. Nein. Beschloss, weiterzugehen. Jetzt hielt sie mich auf, bot mir eine Traktorausfahrt an, wenn ich das Pferdchen nicht zum Gras ließe, wäre es kein Problem. Ich blieb. Als ich das Pferd angepflockt und das Zelt errichtet hatte, meinte Simona, ich könne dem Pferd ruhig mehr geben, eigentlich bräuchten sie das alles eh nicht. Sie wurde freundlicher.

Später kam sie wieder, bot mir sogar Essen an. Ich war zu müde für alles, lehnte ab, bedankte mich. Am Morgen kam sie zu mir. Wieder stellte sie ein paar Fragen. Heute war es kein Verhör mehr. Es waren ehrliche Fragen, die von einem besonderen Interesse erzählten. „Ich habe gerade ein Buch gelesen", sagte sie dann, „von einer Pilgern, die mit einem Esel gewandert ist. Ein sehr gutes Buch."

Ich verließ ihr Dorf und bald auch diese Region, wanderte auf Almwegen weiter nach Westen, blieb beim Senner Franz, saß in seiner Hütte, kostete seinen Ziegenkäse und hörte Geschichten übers Almleben, ging weiter zum Furkajoch, ein Pass, kein besonders hoher, aber ein besonders schöner.

Unterwegs hielt mich eine deutsche Reisegruppe auf. Die Damen machten sich Sorgen um mich: „Und, wie weit müssen Sie noch gehen?" Ich lachte. „Weit!" „Sie Arme!", sagten sie und schlugen die Hände zusammen, meinten es durchaus ernst. Ein Mann kam dazu, beruhigte die Damen: „Nein, nein, die sind nicht arm. Das sind doch Lastenträger! Die sind das doch gewohnt!" Die Lastenträger verabschiedeten sich und wanderten weiter.

Hinter dem Joch war alles anders. Wie hatte ich schon mit meinen Landsleuten gehadert! Ausgerechnet in Vorarlberg musste es schwierig sein? Ich verließ den hinteren Bregenzerwald, das Gebiet der Walser, stieg über den Pass ins Laternsertal und später weiter hinunter ins Rheintal und es war, als ob ich unvermittelt auf einem anderen Kontinent gelandet wäre. Die Leute hielten ihre Autos an, fragten, ob ich irgendetwas brauchte, holten mich von der Straße, um mich einzuladen, organisierten mir Pferdefutter, bevor ich mich noch auf die Suche danach gemacht hatte, freuten sich, mich als Gast aufnehmen zu können, freuten sich über mein Wandern und über das tapfere Pferdchen. Und wie später in der Schweiz, glaubten auch die Vorarlberger, dass es bestimmt nicht leicht sei für uns in ihrem Land und bestimmt überall anders viel besser. Irrtum. Bis zum Bodensee wurde ich quasi getragen.

Deutschland

In Deutschland begegnet man immer wieder wunderbaren Leuten. Wie Leuchttürme ragen sie aus einem grauen Meer heraus. Wenn gerade kein Leuchtturm da ist, ist es hart. Wenn plötzlich wieder einer auftaucht, ist man versucht, ihn zu berühren vor Freude und Dankbarkeit.

Ich plante, in der Nähe von Freiburg über die Grenze nach Frankreich weiterzuwandern, entschied mich dann anders.

„Nein, das ist kein Esel, das ist ein Pferd!" Diese beiden Worte konnte ich in allen Sprachen zuerst. Esel. Pferd. Am schlimmsten war es hier. Mein Pferd trägt Gepäck, also ist er ein Esel. Er arbeitet, also ist er arm. Wir wandern, also sind wir auf dem Weg nach Santiago oder wir gehen um den Bodensee. Letzteres war abhängig davon, womit man üblicherweise in der Gegend rechnete.

„Schau, Mutti, der arme Esel muss viel zu schwer tragen und das um den ganzen See herum!"

Die Mutti war zumeist die Frau des Redners und dieser Satz war Standard in den Tagen nördlich des Bodensees.

Nach einer Woche hatte ich keine Nerven mehr dafür, hatte längst aufgegeben, drei falsche Aussagen innerhalb eines so kleinen Satzes, der nicht einmal an mich gerichtet war, zu korrigieren. Ich erklärte es mir so, dass es in diesem Land und zu dieser Zeit eine besondere Tierschutzproblematik geben müsse, die ich als Durchreisende nicht verstehen konnte und bin geflohen. Auf dem schnellsten Weg. Der führte mittels Fähre nach Konstanz und dann waren wir in der Schweiz und alles war anders.

Kann man beschreiben, was auf der Fähre passiert ist? Wenn ich versuchte, es Freunden zu erzählen, gingen mir immer die Worte aus. Noch immer bin ich verblüfft. Nun, eigentlich ist NICHTS geschehen und das reihe ich ein unter die vielen Wunder dieser Reise.

Es liegt ganz und gar nicht in der Natur eines Pferdes, ruhig stehen zu bleiben, wenn alles andere sich bewegt. In einer Situation, die sowieso schon angstbesetzt ist, wie zum Beispiel eine Bootsfahrt, eingepfercht zwischen vielen wartenden, startenden und dann anfahrenden Autos war mein tapferer Freund nicht mehr in der Lage, sich ruhig in der Reihe der Fußgänger und Radfahrer hinten anzustellen, um aussteigen zu dürfen.

Hätte ich das vorher mit ihm üben sollen? Zweierreihe und Halbschritt, während alles rattert und dröhnt und die Autos hinter uns längst anfahren? Es war ja nicht unsere erste Bootsfahrt. Es war die erste in Deutschland.

Auf die Fähre hinauf ging es leicht. Man gab uns einen Platz in der Größe eines Autos, ganz vorne. Wenn Asterix sich ruhig verhielt, kein Problem. Das Schiff fuhr an. Asterix tänzelte. Alles im Normalbereich. Er mistete. Die Autofahrer verschlossen lächelnd ihre Autofensterscheiben.

Kurz vor der Anlegestelle, wurden alle Motoren gestartet. Das war zuviel. Asterix wollte weg.

Tadelnde Blicke trafen mich, als ich, mit dem Pferd ringend, versuchte, keinen Schaden an Menschen oder Autos oder Fähre zu verursachen.

Ein junges Paar nahm die Fahrräder von der Seitenwand und stellte sie unmittelbar vor die Vorderhufe meines Freundes, der zu diesem Zeitpunkt nur mehr auf den Hinterbeinen war.

Ich hatte nicht die Kraft, die Menschen zu bitten, uns doch zuerst aussteigen zu lassen, rang mit dem Pferd, versuchte, ihn am Springen zu hindern und sein Toben auf den immer kleiner werdenden Platz zwischen grimmigen Fußgängern, anfahrenden Autos und ordnungsliebenden Radfahrern zu beschränken. Vielleicht war ich auch zu verblüfft. Das war nicht unsere erste Bootsfahrt und in anderen Kulturen wusste man durchaus, dass ein Pferd eben ein Pferd ist und kein Fahrrad oder Motorrad oder Dreirad. Hier bestand man auf die korrekte Reihenfolge.

Wir sind unverletzt und ohne Sachbeschädigung oder Körperverletzung am Ufer gelandet und als man mir ein paar hundert Meter weiter noch einmal sagte, dass das arme Eselchen viel zu schwer trage, war meine Antwort nur mehr ein Pfauchen.

Suisse. Svizzera. Schweiz.

Vor der Schweiz bin ich oft gewarnt worden. Dort müsse es besonders schwer sein, mit einem Pony unterwegs zu sein, war die gängige Befürchtung. In der Schweiz selbst bemitleideten mich die Schweizer. Sicher sei es gar nicht einfach in ihrem Land und darauf folgte eine Reihe von Vorwürfen an die eigene Kultur.

Wir wanderten am Rhein entlang, bogen dann nach Südwesten in den Jura ab. Die Tage in diesem Land erscheinen mir heute wie Urlaub, eine Art Intermezzo in den Anforderungen dieser Wanderung.

Hier hatte man keine Sorge, mein Pferdchen könnte zuviel Gras wegfressen, wie es mir in den Tagen davor oft begegnet war. Oder ich könnte die Wäsche von den Wäscheleinen klauen.

Einen Lagerplatz für die Nacht zu finden, war leicht. Entweder boten die Leute mir gleich ihren Garten an oder nahmen ihr Telefon, um an einem anderen Ort etwas für mich zu organisieren oder sie holten mich einfach von der Straße. Die Schweiz ist anders als ihr Ruf.

„Warum sitzt du nicht auf?“, fragte man mich oft. „Das Pony trägt schon den ganzen Haushalt. Das ist genug.“ Wie verschieden die Länder sind.

In Eschenz, einem kleinen Schweizer Dorf, wo aus dem Bodensee wieder der Rhein wird, lagerten wir auf einem kleinen Wiesenstück am Ufer. Die Frauen des dazugehörigen Hofes hatten mir den Platz angeboten. Radwanderer seien vor zwei Wochen auch dort draußen gewesen, ein guter Platz.

Am Morgen kam der Bauer. Ich war gerade dabei, das Zelt zu falten und zu verpacken. Ein Moped drehte umständliche Runden auf allen Feldwegen des Geländes, näherte sich uns in Schlingen und Kreisen. Es war allzu klar, dass da nicht jemand den Zustand seiner Felder prüfte, sondern sehen wollte, wer hier die Nacht verbracht hatte.

Dann kam er direkt auf uns zu, fuhr mit dem Moped zwischen Gepäck, Pferd und mir durch, drehte neuerlich eine Runde im Gelände, eine viel kürzere und kam wieder. Diesmal hielt er an. Ich war ja schon so neugierig, was da käme, wenn er sich endlich herwagte.

Er sah mich an, schob die Zigarre im Mundwinkel ein wenig hin und her und sagte: „Ich habe eine Frage.“ Ich ermunterte ihn, sie zu stellen, immer kamen die Leute mit neuen Unsicherheiten oder Lücken in ihrem Verständnis, ihrer Sicht uns Vagabunden gegenüber. Was wollte also dieser Bauer? Er fragte mich nach einem kurzen Zögern, ob es wahr sei, dass ich zusammen mit dem Pony im Zelt geschlafen hätte.

Ich habe ein sehr kleines Zelt. Schon der Zelteingang ist gerade groß genug, dass mein Pferdchen höchstens den Kopf hineinstecken kann. Ich lachte. „Nein, das geht ja gar nicht.“ Ich lachte alleine. Er spielte noch ein Weilchen mit der Zigarre im Mund, sah sich alles stumm an und meinte dann noch, dass ich alles ordentlich hinterlassen solle, also keine Sauerei dalassen, keine Sauerei und fuhr zurück zum Hof. Diesmal ohne Umwege über die Felder.

Ich traf wunderbare Leute.

Doris, die mich zum Frühstück einlud und mir gestand, dass sie selber gerne nach Ägypten wandern würde. Ein Banner für die Freiheit tragen und so nach Ägypten wandern.

Urs, der mir von einem Kartoffelprojekt in Bhutan erzählte. Er träumte, noch ein weiteres Projekt in jenem Land durchzuführen. Ein Wildschweinprojekt. Die Wildschweine machten sich zurzeit über die Kartoffeln her.

Christian, der Polizist, der mir besonders ernst erklärte: „Polizisten sind auch nur Menschen."

Werner, der Platzwart. Er beschrieb mir seine Arbeitsbereiche und die Schwierigkeit, den Spitzwegerich und den Breitwegerich aus dem Fußballrasen wegzubekommen. Dann lud er mich zu Kaffee ein. „Magst einen echten Schweizer Kaffee?" Ich war neugierig. „Natürlich." Es war Löskaffee.

Rudi und sein Paradies. Pia und ihre Straußenfarm. Toni und seine Trekkingtouren.

Und all die begeisterten Menschen, die ohne Scheu auf mich zugingen. „Das ist so schön anzusehen!" „Davon habe ich schon als Bub immer geträumt."… Soviel ehrliche Begeisterung ist mir begegnet und so viele Geschichten von Abenteuerträumen, die abgelegt waren. „Jetzt ist das mit meinem Bein nicht mehr möglich." „Mit den Kindern geht das eben nicht." Oder Träume, die noch auf eine Umsetzung warteten: „Wenn …, dann gehe ich auch." Und oft folgten darauf detaillierte Schilderungen des eigenen Abenteuerplanes.

Ich schwamm im Rhein, tauschte Geschichten aus, wanderte über Almwege und durch Sümpfe, näherte mich dem Jura, verließ deutschsprachiges Gebiet.

Die französische Schweiz. Ich überquerte den Scheltenpass und alles war anders. Man sprach nicht mehr mit mir, und die Suche nach Lagerplätzen war plötzlich wieder schwieriger. Immerhin gab es viele leere Kuhweiden, das Vieh war gerade woanders. Es wurde still.

Fünf Tage später, am vierundachtzigsten Tag der Reise nach Westen, ging ich bei Glère an der Doubs über die Grenze.

France. Frankreich.

Durch Frankreich wanderte ich in der Zeit der vacances. Eine Art Ausnahmezustand von einem anderen Zustand, den ich eben nicht kennenlernen konnte. Dort war ich ein Sommertourist, der seine vacances eben so verbringt. Und weil man diesen Ausnahmezustand normalerweise braucht, um vom Zustand einer anderen Geschäftigkeit Pause zu machen, bemühte man sich auch, mich in Ruhe zu lassen, weil ich wahrscheinlich Ruhe suchte.

Eineinhalb Monate wanderte ich durch Frankreich, betrat das Land aus der Schweiz, überquerte den Jura der Länge nach, war kurz an der Rhône, bog dann über Savoyen in die Hautes Alpes ab, verließ dieses Land auf dem höchsten Punkt unserer Reise, dem Col d'Agnel.

Die Fliegenschwärme auf den Hochebenen des Jura, die Radfahrer auf den Passstraßen der Alpen, der Sprachwitz der Einheimischen, der mich regelmäßig überforderte. In allen anderen Ländern, die ich durchwanderte, schenkte man mir Anerkennung, wenn ich in der Landessprache sprach, egal wie schlecht. In Frankreich, war man mitunter peinlich berührt, wenn mir ein Grammatikfehler unterlief.

Und die vorsichtige Gastlichkeit auch, wenn man erst sicher war, dass man mich mit einer Einladung nicht brüskierte oder irgendwie in Verlegenheit brachte. Auch die Sprache dieses Landes musste ich lernen, nicht so sehr die Wortsprache, aber was eben welche Geste bedeutet, wie man abseits von Worten miteinander kommunizierte, was hier wichtig war und was nicht.

Drei Wochen gab ich mir für jede neue Kultur. Nicht dass mir nicht auch danach noch immer wieder etwas schwerfiel oder misslang. Aber nach drei Wochen verstand ich meist worum es ging. Manchmal eher. Ein Volk, das gerne kommuniziert und das Offenheit zu seinen Tugenden zählt, bewusst oder unbewusst, macht es einer Reisenden natürlich leichter.

Ich brauchte eine Zeit, bis ich verstand, was die Zurückhaltung der Franzosen bedeutet. Dann war es leichter. Wie sehr genoss ich dann die Gastfreundlichkeit, wenn sich einer so weit vorwagte.

In anderen Ländern ließ man mich oft aus Angst in Ruhe. Hier war ich meist aus Respekt allein.

Allein sein im Gebirge, in den Wäldern, in stillen Ebenen ist von einer anderen Art, als allein sein in dicht besiedelten Gebieten, wo man hinter Vorhängen doch sehen will, wer da draußen lagert. Oder mit Kindern bewaffnet kommt, und wenn die Kinder gerade keine Pferdeliebhaber sind, auch wieder gehen muss.

Ich brauchte die Menschen wie überall. Brauchte Wasser und die Erlaubnis, an einem Platz zu lagern, brauchte Auskunft oder eine andere Hilfe.

In Frankreich lernte ich meine Grundbedürfnisse neu kennen. Wie mein Pferd, das fast krank wird, wenn es über zu lange Zeit keinen Artgenossen mehr trifft und nicht wenigstens ein bisschen kommunizieren kann, war auch ich hungrig danach, mit meinen Artgenossen zusammenzusitzen, vielleicht verbunden mit essen oder trinken. Und wenn ich nach einer seltenen Einladung weiterzog, war ich gestärkt und hielt das Alleinsein unter all den Menschen wieder ein paar Tage aus, bis sich dieser besondere Hunger wieder meldete. Was für eine Wohltat, am Tisch einer Familie zu sitzen, das Wogen ihrer Gespräche, meist über Alltäglichkeiten. Wenn ich mich später bei diesen Leuten bedankte, konnte ich ihnen nie erklären, was das Kostbare an ihrer Einladung gewesen war. „Das bisschen Essen“, taten sie es ab.

Charles. In einem Dorf im französischen Jura lernte ich Charles kennen. Ich irrte ein wenig herum, entdeckte dann Pferde auf einer Weide, konnte nicht recht erkennen, zu welchem der Höfe sie gehörten.

Ein Mann lehnte sich neugierig aus dem ersten Stock eines Hauses an der Straße. Ich beschloss, ihn anzusprechen. Er schickte mich aus dem Dorf hinaus. Da draußen seien Bauern, die hätten vielleicht einen Platz für uns. Ich folgte seiner Wegangabe aus dem Dorf hinaus, drehte wieder um, grüßte den Mann am Fenster und nahm einen eigenen Weg. Vor Charles' Haus blieben wir stehen. Hier war unser Platz.

Es gab keinen vernünftigen Grund, gerade hier zu fragen oder überhaupt stehen zu bleiben, aber wenn man weiß, dass man richtig ist, sind vernünftige Überlegungen zweitrangig.

Es regnete gerade nicht, aber der Himmel sah aus, als ob die Regenpause nicht lange halten würde. Ich ließ mein Pferd allein gehen. Wenn er sich selbstständig machen sollte, würde ich ihn in der Nähe der Pferde wiederfinden. Er war von den Gerüchen sehr angetan, die Pferde entdeckte er nicht.

Ein großer Hof. Stallungen. Schuppen. Ich rief und konnte keinen Menschen finden. Das Pferdchen suchte längst nach mir, ich zeigte mich, er sollte keine Angst bekommen, ließ ihn wieder allein, klopfte an mehrere Türen.

Dann hörte ich eine Stimme aus dem oberen Stockwerk. Es klang, als ob ein Mann telefonierte. Ich wartete. Als das Gespräch beendet war, machte ich mich bemerkbar. Ich wurde nicht gehört, wollte schon weitergehen, wie unhöflich von mir, jemanden quasi herauszuzwingen, ging ein paar Schritte, drehte wieder um. Hier waren wir richtig. Ich rief also laut. Das Geklapper von Geschirr und Töpfen verstummte. Die Balkontüre wurde aufgeschoben.

Ein kleiner, zarter Mann mit offenem, freundlichem Gesicht trat heraus. Seine Bewegungen schienen wie eine Entschuldigung, nicht schon vorher geahnt zu haben, dass er herauskommen solle. Es war Charles.

Wir blieben zwei Nächte da. Charles zeigte mir alles, was er kannte und für zeigenswert hielt und manches, was er bis zu meinem Auftauchen noch nicht gekannt hatte, aber schon immer mal sehen wollte. Er brachte mich an alle Orte, die mir nützlich sein konnten und an viele, an die ich ganz und gar nicht gebracht werden wollte. Kaum saß ich auf dem Beifahrersitz seines Autos, war ich ihm ausgeliefert.

Er zwang den Molkereibesitzer eine Führung durch seine Käselagerräume zu machen, er zeigte mir bei strömendem Regen den einzig wohl wirklich wilden und zugewachsenen Wanderweg über seinem Dorf, ich sah unzählige Kirchen, in denen er mir die Namen der Heiligen laut vorlas, die Namen standen zumeist darunter, ich sah Schluchten und Quellen und in den Pausen, nachdem ich mit Nachdruck darauf bestanden hatte, zurück zu meinem Pferd zu dürfen, bereitete er Essen für mich, zeigte mir Fotos von seiner Familie und belehrte mich über seine persönliche religiöse Weltsicht.

„Kommunion“ war sein Wort. Darin liege alles. Nicht Barmherzigkeit oder was andere sonst noch glaubten. Kommunion! „Ich. Du. Gott.“ Und immer beschrieb er dabei ein Dreieck in der Luft. DAS sei es. Sein rechter Zeigefinger blieb in der Luft stehen. Mit aufgerissenen Augen beobachtete er, wie die Wiederholung seiner Botschaft bei mir angekommen war. Dann wandte er sich wieder der Zubereitung einer Mahlzeit zu.

Am Grab seiner Frau – oder Schwester –, seine Beschreibung der Familienverhältnisse war völlig unverständlich für mich, als ob er den natürlichen Beziehungen noch andere, besondere Namen verliehen hätte, für die meine Französisch-Kenntnisse nicht ausreichten – am Grab dieser Frau las er mir das Gebet vor, das auf dem Stein geschrieben stand.

Später schrieb er es für mich auf. Auf die Rückseite eines Einkaufszettels. Das sei sein Geschenk für mich. Dann segnete er mich, wir umarmten uns und ich zog nach zwei so dichten Tagen weiter.

Das Gebet habe ich noch. Es ist in meine Schatzkiste gewandert. Fetzen, Fragmente, handgezeichnete Wegpläne, Briefe, die mir Kinder vor das Zelt gelegt hatten, wenige Fotos, Dinge, die mich beschützen sollten.

Der Jura. Ich hatte mich in der Julihitze entschieden, nicht über die endlose Tiefebene zum Atlantik zu wandern, sondern nach Süden abzubiegen, über den Jura zu wandern, Savoyen zu und dann weiter in die Hautes Alpes, die Westalpen.

Der Jura versorgte mich mit Kräutern und Beeren. Obst gab es so gut wie keines. Der Winter ist auf dieser Hochebene besonders kalt und wenn zu Beginn des Frühjahrs die Kälte noch einmal zurückkommt, bleibt der Sommer ohne Früchte. Dieses alte Gebirge ist perfektes Weideland für Rinder. Und ein Paradies für Fliegen und Bremsen.

Asterix kann sich beladen nicht gegen Beißer auf seiner Kruppe wehren. Er läuft also vor, hält mir die gequälte Stelle hin und ich schlage zu. Er bedankt sich schmatzend und es geht weiter.

Über ausgeprägte Insektenstrecken ähnelte unser Wandern sehr einem Tanz. Ich fing Fliegen, die auf meinem Gesicht landen wollten und schlug auf alles, was Asterix mir zeigte. Bremsen kann man eigentlich kaum schlagen. Man kann sie nur unschädlich machen, indem man sie kräftig wegstreift. Im Jura perfektionierten wir diese Fertigkeiten, die für eine Wanderung mit Pferd unerlässlich sind.

Josephine und ihre Tochter. Beide hatten denselben Traum. Beide wollten allein sein, weg von allem und allen anderen, nur mit Tieren leben und eben dort oben. Und beide wiesen auf einen Bergkamm im Südwesten. Ich schlug vor, sie sollten das vielleicht zusammen machen. Nein, jede träumte davon, dort oben allein zu sein. Das Mädchen träumte außerdem von einem eigenen Pferd, Platz hätten sie ja genug. „Aber die Schule geht eben vor“, sagte Josephine streng und ihre Tochter sah wieder hinauf auf jenen Bergkamm. Später brachte sie Zwetschken für das Pferd.

Am nächsten Tag saß ich am Rand einer Straße, die Landkarte, die ich eben erworben hatte, vor mir auf der Erde ausgebreitet, hielt das Papier auf den Boden gedrückt, damit der Wind mir nichts wegnehmen konnte und in der anderen Hand Gebäck, auch eben erworben.

Ein dunkler Kleinbus fuhr die Straße herunter, man sah mich, bremste, fuhr retour und bog dann ein, stellte den Motor wenige Meter von mir entfernt ab.

Drei Männer stiegen aus und sofort begann eine Art einstudierter Choreografie. Ich habe mich vor meinen Wanderungen lange Jahre mit Bühnenpositionen beschäftigt, saß also fasziniert von diesem Auftritt da, beantwortete Fragen, versuchte, das Gebäck zu versorgen, die Karte zu sichern, das Pferd dazubehalten.

Der Sprecher hatte die Rolle des Umgänglichen. Er beugte sich sogar ein wenig zu mir herunter. Der Verbindungsmann prüfte die Dokumente, assistierte dem Sprecher, ließ mich auch einmal aus den Augen, als er zum Polizeiwagen musste, um meine Daten einzugeben. Der Dritte stand ganz ruhig. Der Abstand guter Übersicht trennte uns. Breitbeinig und mit verschränkten Armen stand er zwischen dem Aktionsbereich – also dem Sprecher und mir – und dem Polizeiwagen. So hatte er sich positioniert, nachdem er zuerst das Pferdchen mit einbezogen hatte in den Überwachungsbereich und sich dann anders entschieden hatte. Man SAH diese Entscheidung. Ich hatte kurz die Vision, wie er sich aus dem Stand und ohne jegliches Überlegen auf den Delinquenten stürzen würde, wenn es EIN PROBLEM gäbe.

Ich saß also auf der Erde, bewaffnet nur mit dem Gebäck, das ich nicht weglegen konnte, wollte ich nicht, dass es im Dreck landete, hantelte nach einem Ausweis und versuchte aufzustehen, ohne die Karten auf dem Boden zu verlieren, das Pferd konnte ich auch nicht loslassen, er mag keine Polizisten, hätte womöglich den Graseplatz gewechselt.

Dann ärgerte mich die ganze Lächerlichkeit der Situation. Was mich so besonders gefährlich machte, war die Tatsache, dass ich zu Fuß ging? Wie lächerlich! Welche Räuber gehen schon zu Fuß? Wie unpraktisch! Die Männer sollten mir also helfen, wenn sie mir schon das Frühstück erschwerten. Ich brauchte Wegeauskunft und zwar keine Standardstraßen, sondern Wege, die man mit einem Pferd auch überleben konnte. Der Sprecher stutze. Offensichtlich gehörte das nicht zu seinem Auftrag. Egal. Ich ließ nicht locker, erklärte die problematische Situation auf einer befahrenen Landstraße. Er half mir.

Als ich später am Stadtrand, auf einem Parkplatz eines Supermarchés den Grundproviant verstaute, sah ich den dunklen Kleinbus wieder vorbeifahren. Sie winkten mir zu.

In Frankreich schickten uns wohlmeinende Leute immer wieder auf die wunderschönen Wanderwege. Wir sollten doch die furchtbare Straße verlassen und jene wunderbaren Wanderwege benutzen.

Ich hatte mir immer wieder geschworen NIE, NIE WIEDER einen französischen Wanderweg zu benutzen, hatte mich immer wieder überreden lassen, nein, dieser da sei besonders leicht, kein Problem mit dem Pferd!

Bei strömendem Regen ist der Straßenverkehr weit gefährlicher als bei gutem Wetter. Vielleicht liegt es an der Sicht, vielleicht liegt es daran, dass man an solchen Tagen keine Menschen und schon gar keine Pferde auf der Straße erwartet.

An einem solchen Tag stieg ich auf einen der wunderbaren Wanderwege ab, einer von denen, die bestimmt kein Problem für ein Pferd seien. Man hatte ihn mir mehrfach erklärt. Zwei Kilometer und dann käme eine Stadt und danach müssten wir bald einen trockenen Platz finden – es goss pausenlos.

Der Weg führte über Stiegen, Brücken, Steige und wieder Stiegen. Eine Klause. Wasser donnerte aus breiten Rohren in den Fluss. Das Pferd musste rutschige Stufen bergauf und bergab steigen, über Gitter balancieren, unter denen das Wasser schäumte und gischte. Er verweigerte öfter, kam dann doch mit. Vielleicht wäre dieser Weg an einem trockenen Tag ohne all die Wassermassen kein großes Problem gewesen. Ein erfahrenes Pferd packt eine ganze Menge.

Dann standen wir vor einer Leiter. Schmale Sprossen. Etwa vier Meter hoch. Danach wäre man auf einer Brücke und dann führte der Weg auf der anderen Seite des Flusses weiter. Ein breiter Pfad.

Wir standen beide davor. Ich hatte meinen wunderbaren Begleiter bis hierher gequält und wie durch ein Wunder war alles gut gegangen, die vielen Ausrutscher auf den nassen Holzstiegen. Wir waren beide heil.

Über eine Leiter kann ein Pferd nicht klettern. Das könnte eine Katze schaffen oder ein Affe. Nicht ein Pferd. Aussichtslos.

Wasser gurgelte in den Schuhen. Ich fror. Das Pferd brauchte Pause. Wie sollte ich den Weg zurück schaffen. Was, wenn er verweigerte. Ich konnte ihn schlecht tragen. An einer Grasstelle rasteten wir. Das Pferd musste sich erst erholen. Ich musste erst ganz ruhig werden, wenn ich meinen Freund heil zurückbringen wollte. Kalt oder nicht. Die Schönheit einer Klause bei Regen.

Ich nahm dem Pferd das Gepäck ab, verstaute es halbwegs regensicher unter einer Plane, nahm zwei andere Planen mit. Ich musste auf der anderen Seite des Weges einen anderen trockenen Gepäckplatz richten. Erst das Pferd, dann einen Teil des Gepäcks dann einen weiteren, dann noch einen, dann das Pferd wieder bepacken, ohne die Sachen zu durchnässen.

Er wollte gleich gar nicht mitgehen. Ich ging jedes Hindernis mehrmals an. Er wusste, wann er keine Wahl hatte. Ich wusste, dass ich zuviel von ihm verlangte und mir doch nichts anderes übrig blieb. Sonst bleibt uns nur der Helikopter, erklärte ich ihm und zwang ihn ruhig über die schwierigen Passagen. Wir meisterten einige. Dann eine Treppe bergab. Sieben oder acht Stufen. Er sagte Nein und meinte es ernst. Hinter uns donnerte Wasser aus einem der Rohre die von überallher das Wasser in den Fluss leiteten. „Spring!“ Ich machte es ein paar Mal ohne ihn. Dann ging er mit. Alle weiteren Passagen bewältigten wir ohne zu zögern. Nur gehen. Nicht denken.

Am anderen Ende war ein großer Stein. Ich fand eine Anbindestelle, konnte ihn grasen lassen. Beeilte mich beim Nachholen des Gepäckes, um das Pferd nicht lange allein zu lassen. Heute gar nichts mehr riskieren. Die Schönheit der aufsteigenden Nebel über dem Fluss. Das Grün der Klamm.

Als wir später den Wanderweg wieder zurück hinauf zur Autostraße stiegen, schwor ich mir wieder einmal, NIE, NIE WIEDER einen französischen Wanderweg zu benutzen. Ich hielt mich ein paar Tage daran.

Am Abend campierten wir neben einem Fußballplatz. Hier hatte offensichtlich eine Alkohol-Party stattgefunden. Mit Abfällen fegte ich ein wenig Platz unter dem Vordach des Fußballhauses frei von den vielen Glasscherben, säuberte notdürftig den Grasplatz, auf dem Asterix angepflockt war. Spannte Schnüre, befestigt an Fensterhaken, Säulen, Pfosten. Das Vordach war groß genug für das Zelt. Ich bastelte Regenrinnen aus allerlei Material, das ich fand, um die Wassermassen vom Lagerplatz fernzuhalten. Der Schlafsack war relativ trocken. Alles andere hängte ich auf. Nachbarn kamen, um zu sehen, ob wir echt waren und gingen wieder. Man sprach nicht mit mir.

Am Morgen kam Sonne auf den Platz. Vieles konnte so trocknen. Alles andere hängte ich außen auf das Gepäck. Wie immer. Wir machten auch an diesem Tag keinen adretten Eindruck.

Michel änderte sein Leben, weil er mit einem Lastwagen zusammengestoßen war und der Motor seines Wagens seine Beine nach hinten geschoben hatte. Als ich ihm in einem Bergdorf in Hochsavoyen begegnete, hatte er gerade seinen ersten Ritt in die Berge hinter sich. Zwei Jahre nach jenem Unfall hatte er es gewagt. „Es musste sein!“, sagte er, zeigte mir die Felsenkette, hinter der er unterwegs gewesen war und ich verstand ihn gut. Seine Familie war anderer Meinung und hatte ihn verantwortungslos und leichtsinnig genannt. In seinem Zustand einfach in die Berge reiten! Das könne er doch nicht machen! Michel war unverletzt von seinem Ritt zurückgekehrt. Und strahlend und glücklich.

Er werde Pferde züchten, erzählte er mir, beschrieb mir den Stand seiner Umbauarbeiten auf dem Hof hier in den Bergen. Er werde das Haus weiter unten im Tal und hinter jenem Pass schließen und ganz hier heraufziehen, seinen Job als Lehrer endlich hinter sich lassen und die Pferdezucht angehen. Formalitäten fehlten noch.

Seine Pläne waren konkret. Er arbeitete längst an den Notwendigkeiten. Er meinte es ernst. Er wird es machen.

Die Überquerung der Westalpen.

Sie seien Gitanes, erklärte mir Romain gleich nach der Begrüßung und dass ich von ihnen Wasser nehmen könne und jetzt gleich zur Suppe kommen solle. Ich hatte das Zelt unter Platanen aufgeschlagen, hatte die Leute in den Wohnwagen dort nur fragend angesehen. Man war mir gleich entgegengegangen. Ich könne hier überall bleiben. Ein Lagerplatz für Nomadenvolk, am Rande einer kleinen Stadt in den Bergen. Sie waren bemüht, mir Vertrauen einzuflößen. Man ließ mich in Ruhe und war zur Stelle, wenn ich etwas brauchte.

Ihre Wohnwagen und Campingbusse bildeten zwei kleine Höfe, in denen Tische standen und Sessel.

Ihr letzter Tag hier an diesem Ort. Sie machten sich bereit, am nächsten Morgen an die Côte d'Azur weiterzufahren. Ein paar Wochen dort und dann, wenn es zu kalt sei, weiter in das Winterquartier im Landesinneren. „Die Berge hier, das ist wichtig für die Kinder, so bekommen sie starke Lungen", erklärte man mir. Deswegen dieser Ort.

Sie waren nie außerhalb von Frankreich. Mit großen Augen hörten sie meinen Erzählungen aus Rumänien und Bulgarien zu, meinen Begegnungen mit den Roma dort. Dass diese so ferne Welt zu Fuß zu durchwandern ist! Mit einem Pferd. Ich musste unwillkürlich daran denken, dass die Überschreitung von Staatsgrenzen auch für Roma in anderen Ländern nie ein Thema war.

Ich fühlte mich sicher in jener Nacht. Mein Pferd teilte meine Meinung, legte sich neben das Zelt, seufzte und schlief. Als ich am Morgen das Lager abbrach, packten auch die Nachbarn. Sie machten noch Fotos vom Pony, als sie sicher waren, dass ich nichts dagegen hatte. Dann geschäftiges Treiben. Jeder tat das Seine. Ich sattelte und die Roma hängten die Wohnwagen an ihre Kleinbusse. Die Kinder in die Autos, prüfende Blicke über das Gelände. Es lag nichts mehr herum. Ich zurrte die Seile über dem Gepäck, Asterix schmatzte zufrieden, die Busse fuhren an, ein Bogen um den Platz, sie öffneten die Fenster, winkten, wünschten uns alles Gute und fuhren hupend davon. Das Pferd war fertig. Ich hängte meine kleine Tasche um, ein prüfender Blick auf meinen Platz, alles in Ordnung, wir zogen weiter.

Ein paar hohe Pässe warteten auf uns. Man kann die Westalpen auch an tieferen Stellen überqueren, wenn man motorisiert ist, alle tieferen Übergänge sind natürlich Übergänge für den großen Straßenverkehr. Ich hatte einfach die kleinste Straße gewählt. Eine Straße war zumindest mit Pferd begehbar, Wanderwege wagte ich in dieser Höhe selten. Selbst wenn man genau nachfragte, erhielt man oft die Antwort, kein Problem mit einem Pferd und steht dann doch vor einer Leiter oder einem Felsübergang.

Ein frischer, strahlender Augusttag, der 116. Tag unserer Reise. Wir wanderten auf einer kleinen, quasi unbefahrenen Straße durch ein Tal, durch das auch eine Bahnlinie, eine Autobahn und eine Schnellstraße führten. Der breite Fluss in seiner Mitte, die Arc. Bauern arbeiteten auf Wiesen und Äckern.

Ein alter Mann stand an der Straße an ein Auto gelehnt. Er winkte mir ein wenig zu, sein halbes Gesicht strahlte mich an. Nebenan wurde gerade Luzerne gemäht. Der Mann grüßte mich, nahm meinen Arm und hielt ihn fest. Er musste einen Schlaganfall gehabt haben, deutete auf seinen Mund und zuckte die Schultern. Was sein Mund nur mehr schwer auszudrücken vermochte, sprach er mit der linken Hand und mit den Augen.

Er findet mein Pony schön und fragt, ob ich denn verheiratet sei. Nein, antworte ich. „Non, je suis seule." Ich muss es wiederholen, ganz laut. Er freut sich, packt die Leine des Pferdchens und meint dann, ich solle mit seinem Sohn zusammenkommen, der sitzt auf dem Traktor und mäht.

Er zeigt mir den Familienbesitz, die Äcker, Wiesen und die Scheunen, und da gleich dahinter da sei der Hof. Ein schöner Hof. Er hält mich fest, als der Traktor auf seiner Mährunde an uns vorbeifährt, lächelt. Sein Sohn ist glücklicherweise zu beschäftigt, um von der Partnervermittlung seines Vaters etwas mitzubekommen und ich überzeuge den Herrn, dass ich nicht in Frage komme, weil ich doch keine Französin sei. Er denkt kurz nach, dann lässt er meinen Arm los. Ich bekomme das Pferdchen zurück.

Ich gehe weiter. Ein Moped überholt mich, bremst ab und bleibt seitlich stehen. Der Mann steigt ab, nimmt den Helm ab und schüttelt den Kopf, sieht mich an und schüttelt wieder den Kopf. „So geht das nicht!", meint er, und schüttelt erneut seinen Kopf. So käme ich ja nirgendwohin, wie solle das denn gehen, so könne ich den Weg ja niemals finden.

So steht er da. Kopfschüttelnd und die Hände in die Hüften gestemmt. Die kleine Straße dieses Tages führt mich geradewegs in das nächste Städtchen. „Alles in Ordnung", versuche ich. „Nein, so geht das nicht. So kommst du ja nie irgendwo an!" Er würde mich ja hinten auf seinem Moped nehmen, aber mit dem Esel ginge das leider nicht. Kopfschütteln. „Nein, mit dem Esel geht das einfach nicht."

„Das ist ein Pferd, und nach rund 4000 km Straße sollte ich den Weg in das Städtchen da vorne schon finden", ich muss lachen. Der Mann findet das überhaupt nicht komisch. Er scheint verzweifelt. Er meint es ernst. Steht da und schüttelt den Kopf. „Nein, den Esel kann ich nicht auf das Moped laden", wiederholt er. Das ginge einfach nicht.

Mir fällt ein zu fragen, ob es bis zur nächsten Brücke denn weit sei. Nein, antwortet er, sie sei gleich da vorne. Ich bedanke mich überschwänglich für diese Auskunft. Er nickt. Er setzt seinen Helm wieder auf. Er wünscht mir guten Mut und fährt weiter.

Frère Philippe begegne ich öfter an diesem Tag. Er wandert auch. Vornübergebeugt und mit beachtlichen X-Beinen. Er sei schon zweimal nach Santiago gewandert und jetzt gehe er nach Assisi. Dass er mit diesen Beinen überhaupt gehen kann, macht mich schon staunen.

Über seinem Rucksack hängt eine Warnjacke und darüber flattert die tibetische Fahne. „Hohe Berge habe ich noch nie überquert", sagt er und wir blicken nach Südosten. Die schneebedeckten Kämme der Westalpen. „Das mache ich jetzt zum ersten Mal."

Im Winter wandert Frère Philippe nicht. Da bleibe er in seiner Wohnung, sagt er. Dann gibt er mir noch eine Telefonnummer für Notfälle. Eine Bruderschaft. Wenn ich Probleme hätte, solle ich da anrufen. Überall in Frankreich. Da würde man mir sofort helfen. „Dass du ankommen mögest!", ist sein Abschiedsgruß. Und dann auch meiner. Mögest du ankommen.

Der Abend war schwierig. Nach der Stadt wollte ich im Dorf dahinter lagern. Das Pferdchen knabberte am Gras unter Bäumen, man beschimpfte mich. Ich ging weiter. Frauen unterhielten sich auf der Gasse. Sie konnten nicht schnell genug weg, sahen mich schweigend an. Ich redete also einfach, solange ich redete, hatten sie Zeit, freundlicher zu werden. Als ich alles gesagt hatte, sah ich um mich, prüfte die Möglichkeiten. Die Frauen waren dran.

Die eine zog sich zusammen, wollte sich eben abwenden und in ihrem Haus verschwinden, die andere sprach mit mir. Ich hatte gewonnen. Konnte auf einem Stückchen Rasen der Gemeinde bleiben und Wasser gab es bei der Kirche. Einer der Orte, die eben Zeit brauchten.

Bis ich mich im Schlafsack verkrochen hatte, waren schon drei Leute gekommen, um mir Wasser für das Pferd anzubieten. Wasser hatte er längst. Aber das Dorf hatte mich angenommen für diese Nacht.

Am Morgen kam der Gärtner der Gemeinde. Er entschuldigte sich dafür, das Pferd womöglich gestört zu haben, und dass er nicht hatte wissen können, dass er solchen Besuch bekommen würde und dann den Rasen selbstverständlich nicht so kurz geschnitten hätte. „Österreich! Da sind die Leute so …", er machte eine ausladende Handbewegung, strahlte. Hier seien sie leider alle ganz, ganz schlecht. Er erklärte mir den Weg. Ein Wanderweg durch den Wald. Hinauf auf einen kleinen Pass. Hinunter zum nächsten Dorf.

Ein strahlend schöner Augusttag in den Alpen.

Valloire. Am Abend erreichten wir Valloire. Hotel reihte sich an Hotel. Swimmingpools und Tennisplätze, Souvenirläden und Eisbuden, Restaurants und Bars. Touristen sahen mich wohlwollend an. Ich kam mir vor wie ein Teil einer Kulisse. Dahinter standen die echten Berge.

Dieser Touristenort war auf meiner Karte die letzte Station vor dem kommenden Gebirgsübergang. Ich musste mich um meinen Grundproviant kümmern und herausfinden, wo ich in den kommenden Tagen Wasser finden konnte. Bestimmt gab es unterwegs Hütten oder Jausenstationen, vielleicht bewirtschaftete Almen. Ich brauchte Informationen über das Gebiet. Sah mich um. Die wohlwollenden Touristen schieden aus. Vielleicht fand ich einen Bergsteiger, der mir Auskunft geben konnte, wo ich unterwegs Wasser bekommen und Menschen treffen konnte.

Badende tranken Cocktails unter Strohschirmen um diverse Hotelswimmingpools, Boutiquen wurden rege frequentiert. Kulisse oder nicht, ich fand mich unpassend hier und mein kleiner Begleiter teilte diese Meinung. Die Menschen fanden ihn süß und ich wurde aufgehalten, um für Fotos zu posieren. Keine Bergsteiger darunter. Dieser Ort hatte keinen Lagerplatz für uns. Die Informationen, einen Lebensmittelladen und dann weg. Asterix legte seine Ohren an.

Mitten im Ort gab es eine Informationsstelle. „Perfekt", dachte ich und band das Pferdchen an einen Lichtmast. Er war sichtlich unzufrieden. Leute brachten schon ihre Kinder. Väter neigen dazu, ihren Kindern zu sagen, dass sie keine Angst haben sollen, ein Pferd tue ihnen schon nichts. Sie irren sich. Kinderhände gehören nicht in Pferdemäuler. Sie mussten ohne mich zurechtkommen. Asterix trippelte herum, als ich in das Büro trat.

Drei Angestellte bemühten sich um die Wünsche der Gäste. Als ich an der Reihe war, sagte ich, dass ich durch jenes Tal und über jene Pässe müsse und Informationen bräuchte. „Wo kann ich Trinkwasser bekommen und wo gibt es dort Menschen."

Die Dame lächelte mich an und wechselte dann zu Englisch, fragte, ob ich ein Hotel bräuchte. Ich verneinte und wiederholte meine Frage nun in Englisch, wahrscheinlich war mein Akzent so schauderhaft gewesen, dass man mich nicht hatte verstehen können. Ihr Lächeln gefror und sie wandte sich an ihre Chefin, die mir nun ebenfalls lächelnd entgegenkam. Was ich denn wünsche, fragte sie und ich wiederholte, sicherheitshalber nun in beiden Sprachen.

„Wie sind Sie denn unterwegs?", fragte sie und ich erklärte, zu Fuß zu gehen. Sie stutzte. Ich fügte hinzu, dass ich mit einem Pferd unterwegs sei. Ihr Gesicht hellte sich auf. „Von wo haben Sie denn das Pferd?" Ich war den benötigten Informationen noch keinen Schritt näher gekommen. „Ich habe mein eigenes Pferd." „Wo ist denn Ihr Pferd?" „Es steht vor der Türe. Das hoffe ich zumindest." Ich eilte zur Türe. Ja, er war noch da, umringt von Touristen. Erwachsene. Entwarnung. Die waren selber schuld. Einen Augenblick später war ich wieder bei der Dame. Das Pferd wieherte. Ich lächelte sie an, wiederholte meine Informationsbedürfnisse: „Wasser, Trinkwasser, und Menschen."

Sie läuft nun hin und her hinter der Theke, die uns trennt. Ihre Angestellten vertiefen sich in ihre Computer. Dann fällt ihr die Wanderkarte ein, die an der Wand hängt. Sie zeigt mir den Weg, den ich nehmen solle. Der zweite Teil des Weges ist unübersehbar ein steiler Steig bergab, die Höhenlinien berühren sich beinahe. „Nein", sage ich, „die Straße passt schon, ich wollte nur wissen, wo ich denn noch Menschen antreffe und vielleicht Trinkwasser finde."

Sie wird nervöser, läuft auf und ab. Ich brauche diese Informationen, muss die Situation irgendwie entspannen. „Nein, ein Hotel gibt es da oben nicht mehr", sagt sie und lächelt wieder bemüht. Ich versuche es anders: „Vielleicht gibt es da oben Hirten, eine Alp? Gibt es vielleicht Vieh da oben?" Sie sieht mich entsetzt an. Das Pferd wiehert an seinem Laternenpfahl. Ich überlege, ob ich vielleicht ein falsches Wort gesagt habe, ob ich vielleicht Wölfe oder Bären oder Bahnstation gesagt habe. Nein, die Worte müssten schon stimmen.

Sie ist jetzt bleich. „Hirten?", fragt sie, sieht mich erschrocken an. „Oder einfach irgendwelche Leute?" Ich habe die Infos noch immer nicht. Undenkbar, die Dame vielleicht sogar nach Quellen zu fragen. So kann ich doch nicht in die Berge ziehen.

Ich versuche es mit einer Touristenkarte, die auf der Theke liegt, tippe mit dem Finger auf etwas am Ende des Tales. „Was ist das hier?" „Nichts", wehrt sie ab „da ist nichts, gar nichts, da sind nur zwei Bars sonst nichts." Bingo. Ich bedanke mich überschwänglich, „also Wasser und Menschen", versuche es an einer anderen Stelle, tippe mit dem Finger darauf.

Nun ist nichts mehr zu machen. Aufgeregt läuft sie hinter ihren Kolleginnen hin und her, sie könne leider nichts für mich tun, dann drückt sie mir eine Touristenkarte in die Hand, die könne ich haben, leider, sonst könne sie nichts weiter für mich tun.

Auf der Karte finde ich später die Markierungen für den Golfplatz, eine Aussichtswarte, Stellen, an denen man offiziell fischen kann und das beheizte Schwimmbad.

Ich lagerte an einem einsamen Flecken weiter hinten im Tal in dieser Nacht. Auf der Flucht vor dem Tourismus waren wir noch ein paar Kilometer weitergegangen. Ein Caterpillar kam uns entgegen, verlor ein großes Blechteil seines Gefährts, bremste abrupt, das Blechteil ratterte auf uns zu und wir flohen durch eine Lücke in der Absperrung der Straße. Ich hatte reagiert wie ein Pferd. Nicht denken, rennen. Asterix war stolz auf uns. Der Caterpillarfahrer war weiß im Gesicht, kam immer wieder zu uns, um zu fragen, ob wir tatsächlich unverletzt seien. Waren wir.

Im nächsten Dorf wollte man uns nicht haben. Auf dem Weg zu den Weideflächen dahinter traf ich einen guten Mann. Sein Hund biss mein Pferd ins Maul. Der Mann zeigte mir, welche Quelle gutes Trinkwasser führte und welche ich nur zum Waschen nehmen sollte, zeigte mir außerdem einen Lagerplatz, die Viehweide eines Freundes, kein Problem.

Ich versorgte das wunde Pferdemaul, er hatte Glück gehabt, errichtete das Lager, holte gutes Quellwasser aus der besten Quelle, nahm ein Bad im Fluss und fühlte mich wie im Paradies, dachte voll Schaudern an den Ferienort weiter unten.

Nachts hatten wir regen Besuch von Wild. Asterix bestand darauf, dass ich aus dem Zelt komme und die Tiere vertreibe. Wenn er seinen Warnlaut ausstößt, habe ich keine andere Wahl. Er würde nicht eher damit aufhören. Ein Warnlaut bedeutet, die Herde muss auf die Beine.

Der Morgen. Kühler Wind und nasse Wiesen. Es versprach, ein guter Tag zu werden. Ein weiter Weg. Der Galibier-Pass. Dann ein Abstieg auf einen anderen Sattel, den Lautaret. Dort könnten wir dann bleiben. 2000 Höhenmeter hatte jener, tief genug, um Gras für das Pferd zu haben und nicht zu kalt für mich selbst. Wenn wir nicht so weit kämen, dann eben einen geschützten Platz weiter oben finden.

Den Zauber der Berge beschreiben ist etwa so, als fotografierte man Sonnenuntergänge. Ich lasse es.

Wir wanderten über diese Pässe, fanden gute Lagerplätze und Trinkwasser, begegneten wundervollen Menschen und anderen. Die Gletscher rundum, die Tiere, wir sahen den Radfahrern bei ihren Erfolgen zu, schützten uns vor den Motorradtouristen, hatten Probleme mit der Polizei und ausreichend zu essen.

Briançon. Vier Tage nach Valloire erreichten wir Briançon. Eine Stadt in den Bergen, vor der nächsten mehrtägigen Gebirgs-Überquerung. Die letzten Tage in Frankreich.

Ein Intermarché kündigte sich an. Diesmal würde ich mich gut versorgen können. Lebensmittel, Kerze, vielleicht Gas.

Ich überquerte den Parkplatz, suchte nach einer Anbindestelle unweit des Einganges und relativ sicher vor unvorsichtigen Autofahrern, fand einen Laternenpfahl mit ein paar Grasbüscheln daneben. So musste es gehen.

Ein Intermarché braucht Zeit. Man kann zwischen ein paar hundert Käsesorten wählen, und die Haferflocken zu finden, ist ein schönes Erlebnis. Die vielen Kassierinnen unterhalten sich gerne mit den Kunden und sind auch gerne bereit, jedes Produkt einzeln mit ihnen zu besprechen.

Als ich nach sehr langer Zeit wieder zu meinem Pferd komme, das am Laternenpfahl Runden dreht, einen Haufen gemacht hat und unablässig nach mir ruft, wird es längst von Eloard bewacht.

Der Sicherheitswächter sieht mich regungslos an. „Das ist also Ihr Pferd", stellt er fest, als ich meinen verängstigten Freund begrüße und reichlich belohne. „Ja", sage ich. Eloard bleibt. Breitbeinig und mit verschränkten Armen bewacht er uns, während ich auf einem Absperrstein den erfolgreich erworbenen Proviant balanciere. Das Messer, das sehe die Polizei nicht gerne, das wolle er mir nur sagen, das Messer, so was hätten sie nicht gerne.

Ein verängstigtes Pferd auf dem Parkplatz eines Intermarchés zu bepacken, während dauernd irgendwer versucht, seinen Namen und sein Alter zu erfahren, ist Schwerarbeit. „Das Messer brauche ich", antworte ich ihm.

Er spricht in sein Headset: „Ja, ich bin da, ja, ich bin noch immer da, ja, ich bleibe da."

Ich quetsche mühsam den Reis zwischen Decke und Fixierseil. Eloard bleibt nicht aus Tierliebe bei uns.

Seine Kinder kommen. Sie küssen ihren Vater und tätscheln das Pferd, der im Augenblick für Zärtlichkeiten von Fremden überhaupt keine Geduld hat. Ich hätte es beinahe übersehen. Die Kinder lassen rechtzeitig von ihm ab und verschwinden unverletzt im Kaufhaus. Eloard runzelt die Stirn. Ich lächle mühsam, hoffe, dass er endlich geht.

„Ja, ich bin noch da, ja, ich bleibe noch da", macht er Meldung in sein Headset, nimmt seine Position wieder ein. Breitbeinig. Verschränkte Arme. Regloses Gesicht. Starrer Blick.

Unablässig werden mir Fragen gestellt. Das Brot. Das Öl. Die Gaskartusche. Die Fixierseile. Ich erkläre noch ein paar Passanten Alter, Name und Herkunft des Pferdchens und habe es dann endlich geschafft, binde ihn los, verabschiede mich von dem Wachmann. Er nickt mir zu, geht zum Kaufhaus, besinnt sich dann, dreht um und wartet, bis wir den Ort verlassen haben.

Um dem nächsten Pass entgegenzuwandern, muss ich die Stadt durchqueren. Enge Gassen, Hände, die das Pferdchen berühren wollen, er braucht dringend Erholung. Bevor ich den Ort verlasse, muss ich ihm noch Wasser anbieten. Ein Brunnenkunstwerk in der Stadt ist an einer Seite ruhig genug, dass sich das schon sehr durstige Pferdchen hinwagt. Wir sind Aliens. Mindestens.

Ein junger Mann spricht mich an, ob er das in die Zeitung bringen dürfe. „Ich kann nicht warten, die Stadt ist schwierig für das Pony." Er beeilt sich und wir wandern bald stadtauswärts, vorbei an den Reichen, vorbei an den Sommerhäusern. Die ersten Wiesen. Abgemäht. Ich brauche nicht einmal jemanden zu fragen. Mittagsrast im Schatten einer Akazie.

Als wir wieder aufbrechen, kommt Amelie. Die magere Dame tänzelt über das Feld auf uns zu, verbeugt sich ein wenig und fragt: „Ist das Pferd vielleicht krank?" „Nein", sage ich, „Ganz gesund." Sie wiegt den Kopf, streichelt ihn und sagt dann: „Du Unglücklicher! Du Schöner! Du Unglücklicher!" Dass es ihm gerade gut gehe, lässt sie nicht gelten. Sie liebe alle Tiere, erklärt sie, habe selber einen Hund gehabt. Dann beschreibt sie mir dessen letzte Tage und wie sein Sterben ausgesehen hat, wendet sich wieder dem Pony zu: „Du Unglücklicher! Du Schöner!" Sie singt ihm nun etwas vor, lächelt mich in den Pausen an. Sie habe ihrem Hund immer etwas vorgesungen, dann sei er gleich schneller gegangen.

Das Gepäck ist fertig verschnürt. Der Unglückliche möchte schon weiter. Amelie begleitet uns ein Stückchen, sie singt und dann tanzt sie dazu.

Wir wandern talauswärts weiter. Dem nächsten Pass zu. Am nächsten Tag sind wir auf dem Izoard. Ein Radrennen. Der Pass ist auch das Ziel. Ich staune, dass man einen solchen Pass mit einem Rad bewältigen kann. Die anderen staunen, dass wir da zu Fuß ankommen. Wir steigen in das nächste Tal ab. Ein letzter hoher Übergang wartet noch auf uns. Trubel der vacances, die Auszeit einer ganzen Nation, wechseln ab mit Stille und Einsamkeit. Wir wandern nach Italien.

Tag 125. Die letzte Nacht in Frankreich verbrachten wir auf einer Wiese unterhalb des Col d'Agnel. Oder Colle d'Agnello. Der Pass bildet die Grenze zwischen Frankreich und Italien.

Auf über 2000 m Anfang September noch so saftige Wiesen zu finden, war eine Überraschung. Ein zauberhafter Lagerplatz. Am Abend besuchte uns eine kleine Schafherde, in der Früh liefen Gämsen über den Platz, erschrocken, uns dort vorzufinden. Der Abend war noch warm. Ein schnelles Bad im eiskalten Wasser des Bergbachs war noch möglich. Was für ein Fest! Das Zelt stellte ich im Windschutz eines großen Heuballens auf.

Die Passtouristen, die Radfahrer und Motorradfahrer hatten die Straße schon verlassen, waren sowieso nicht so viele wie auf anderen Routen. Dieser Pass scheint in den gängigen Routenführern nicht auf, diese Straße war keine von denen, die „man auch schon gemacht hatte". Von West nach Ost oder von Nord nach Süd oder irgendeine ganz besondere Überquerung dieses Gebirges.

Der Bauer, der zu dem Heuballen gehörte, kam später noch vorbei, hielt sein Auto auf der Straße unweit meines Lagers an, kurbelte das Fenster herunter und rief mir von weitem zu, ich solle das Pferd nicht an die Ballen lassen. „Selbstverständlich nicht!" Ich winkte ihm zu. Er fuhr weiter. Der Ballen war längst vom Wild angeknabbert worden.

Die Laute der beginnenden Nacht in den Bergen. Die Pfiffe der wachsamen Murmeltiere verstummten. Inzwischen wussten wohl alle Murmeltiere der Umgebung, dass fremdes Volk unter ihren Hängen lagerte.

Die Kühle der Nacht kam erst allmählich. Der Himmel war offen und funkelnd klar. Leiser Wind strich um uns. Ich tanzte auf den Wiesen und mein Pferd sprang mit mir. An besonderen Plätzen auf unserer Reise hatten wir das schon gemacht. Wenn die Kraft aus allen Poren platzt und die Wildheit Muskeln und Sehnen toben macht.

Wir waren gefährlich füreinander und haben uns doch nie verletzt. Sich an der Wut des anderen freuen und an dessen Freude neu entbrennen.

Dann war es gut. Wir wurden stiller. Die Kälte der Bergnacht legte sich nun doch auf die Wiesen. Wenn ich bei offenem Zelt kochen wollte, und das wollte ich, sollte ich beginnen. Das Pferd widmete sich wieder dem Gras und ich kroch ins Zelt, öffnete die Packtasche mit allem Küchenmaterial und den Vorräten und stellte meinen kleinen Gaskocher auf, dachte kurz daran, dass wir sehr nah an der Straße lagerten, sichtbar für alle, ein im Grunde gefährlicher Platz und hoffte nur, keine unliebsamen Besucher zu bekommen. Heute wäre es keinem gut bekommen.

Die Klänge der Nacht. Mein tapferer Begleiter schlief kaum. Die offene, baumlose Wiese im Gelände war ihm unheimlich. Er versuchte nachts ein paar Mal, mich zu wecken. Ich weiß, dass er vor Hirschen Angst hat. Ich vertrieb also Tiere, die ich nicht sehen konnte und schlief wieder ein. Mir war es wie eine Wiege, meinem Pferd war es nicht geheuer.

Als er am nächsten Morgen endlich sah, was ihn in der Nacht so beunruhigt hatte, die Gämsen, war es zu spät, sich niederzulegen. Wir hatten einen weiten Weg vor uns. Der höchste Pass unserer Reise und danach ein langer Abstieg hinunter zum ersten italienischen Dorf. Am schnellsten waren wir immer vormittags. Wir mussten los.

Italia. Italien.

Was man in Italien eher verschweigen sollte – es hat mich so sehr an Rumänien erinnert. An seine Lebendigkeit, an sein Überschäumen. Die Fähigkeit der Menschen, aus einem Moment ein Fest zu machen. Der Stolz auch. Die Häufigkeit der Polizeikontrollen. Die Härte. Die Wärme auch. Das Dorfleben. Wenn die Stimmführer eines kleinen Dorfes von uns begeistert waren, war es im Handumdrehen auch das ganze Dorf und ich wurde auf Händen getragen, wenn man mich für verachtenswert hielt, konnte ich das Dorf gleich wieder verlassen. In anderen Gegenden Europas genügte es meist, eine Straße weiter zu gehen.

Als ich den Colle d'Agnello überschritten hatte, meinem Pferd zu stolzen 2755 Höhenmetern gratulierte, der höchste Punkt unserer Wanderung, kam uns auf der italienischen Seite Schnee entgegen. Wir hatten knapp zehn Kilometer Abstieg zum ersten Dorf vor uns. Unterwegs hielten immer wieder Autos und Radfahrer an, bewunderten das Pferd und dass wir auf einen so hohen Berg gestiegen waren. Die ersten Worte Italienisch. Ich hörte, wie es hier klang, wenn man das sagte, was man meistens sagte und hörte und sah vielmehr, DASS man hier sagte, was man sagen wollte, dass man stehen blieb, ohne Scheu und strahlte und scherzte. Wie anders als in Frankreich wo man oft sogar Sätze wie „Woher kommen Sie?“ einleitete mit den Worten: „Ohne indiskret sein zu wollen, darf ich Sie fragen …“

Im ersten Dorf warteten schon drei Männer auf mich, machten ihrer Begeisterung laut Luft, sie hatten mich schon auf der Passstraße angesprochen und nun wollten sie unbedingt noch mit mir sprechen. Einer der Männer konnte ein paar Worte Französisch. Ein langsamer Sprachübergang. Gemischtes Volk. Ich konnte noch eine Weile in diesem Landesteil, im Piemont, in der vorigen Sprache bleiben.

Sie wollten mir helfen, einen Platz zu finden, aber zuerst noch einen Kaffee zusammen trinken. Mein Pferdchen war erschöpfter als ich, die dünne Höhenluft bereitet ihm durchaus Schwierigkeiten. Ich wollte ihn möglichst bald abladen, er brauchte Pause. Bars und Cafés waren schon wintergesperrt Anfang September, bei den Dorfleuten wollten sie trotzdem vermitteln für mich. Wir irrten durch ein malerisches Dörfchen, aus Steinbrocken und Steinplatten erbaut, man erzählte mir stolz, es sei von der Unesco geschützt.

Michele und seine Freunde fragten Frauen, die auf schmalen Holzbänken eng gedrängt an Häusermauern saßen, das Abendlicht, das nach dem Regen noch herausgekommen war, aufsaugend, plaudernd. Man wies uns zum Informationsbüro, ja es gebe eines, ja es habe noch offen. Über eine schmale Steinbrücke betraten wir die andere Seite des Dörfchens.

Die Dame im Büro konnte nicht helfen. „Eine Wiese?“ Nein, von einer Wiese wisse sie nichts. Das idyllische Dörfchen war eingerahmt von Wiesen. Sie wollte mich ins nächste Dorf schicken. Nur ein paar Kilometer, dort gebe es bestimmt Wiesen. Nur ein paar Kilometer. Nein, ein paar Kilometer würden wir nicht mehr gehen.

Die Männer waren ratlos. Ich schlug vor, zum Eingang des Dorfes zurückzugehen, da war uns eine kleine, frei laufende Eselherde begegnet, und Ziegen hatte ich auf dem Hang gehört. Da würde ich mich einfach niederlassen. Sie wehrten ab. Dass es so schwer war, einen Platz zu finden, dass ich überhaupt abgewiesen und stehen gelassen wurde, hielten sie schwer aus. Jetzt war das ganze Dorf dran. Alle wurden bedrängt, alle waren freundlich, keiner wusste etwas, dann landeten wir bei Susanna. Sie telefonierte ein bisschen. Michele hatte ihr eine Riesengeschichte erzählt. Ich bekam eine kleine Wiese hinter einem verlassenen Haus. Ihr Mann hatte Ja gesagt, das Pferd könne fressen, was es wolle.

Es fing wieder an zu regnen. Ich musste schnell sein, das Zelt und alles erst einmal hinein, egal wie. Die Männer halfen mir. Der Star von der Passstraße hat es schwer, einen Schlafplatz zu finden und muss dann so hausen. Ich kann mich noch gut an ihre Gesichter erinnern, und an das, was sich so offen darin abspielte.

Ich musste noch mit zu Susanna auf einen Kaffee. Ungern ließ ich den kleinen Helden allein, in einer trockenen Stube zu sitzen war aber auch ein guter Gedanke.

Susanna war eigentlich Französin, das Schifahren hatte sie in dieses Dörfchen geführt und die Liebe hatte sie hier festgehalten.

Später brachen die Männer auf, fuhren zurück in ihr Dorf unten in der Poebene, nicht ohne mich vorher nachdrücklich in ihr Zuhause einzuladen. SIE hätten Wiesen, und wenn ich käme, würden sie ein Fest veranstalten, ihr Dorf liege sowieso auf der Strecke. Dort lag es nicht. Diesen Umweg machte ich ein paar Tage später trotzdem gerne.

Am nächsten Tag wurde mir sehr schnell klar, was die eigentliche Herausforderung in Italien sein würde. Der Straßenverkehr. Nach rund viertausend Kilometern auf europäischen Wegen und Straßen war ich also in Italien und hatte Grund, um unser Leben zu fürchten. Manchmal fiel mir nichts Besseres mehr ein, als die Augen zu schließen und zu hoffen, dass es sich ausgehen würde. Manchmal sah man mich in diesem Land auch tobend und wüst schimpfend. Große Umwege über die Berge, selten das Glück, einen Nebenweg zu finden, die Kanäle der Poebene, wo die letzte Ackerfurche unmittelbar auf den rutschigen Abschuss eines tiefen Kanals trifft. Ich hatte vor, nach all den überwundenen Schwierigkeiten auf unseren Wegen nicht ausgerechnet ein Verkehrsopfer zu werden, versuchte, mit diesem Land klarzukommen.

Wenn wir, einer Hauptstraße ausweichend, zwischen Feldwegen, die plötzlich endeten, Ackerfurchen und Traktorspuren herumirrten, endlich doch wieder umkehren mussten, weil es eben nicht mehr gangbar war, ein Pferd kann nicht gut balancieren, schickte man uns auch oft die Polizei hinterher. Nicht, um uns zu helfen. Wir haben wohl einen ziemlich gefährlichen Eindruck gemacht in den Feldern, obschon wir nichts anderes wollten als weiterzukommen.

In solchen Situationen war ich meistens froh über die Carabinieri, zumindest, wenn sie sich auskannten. Hilfe hatte ich ja nötig. Man überprüfte ungläubig meine Papiere. – Habe ich schon geschrieben, wie kostbar ein österreichischer Pass ist? – Sie stellten erstaunt fest, dass ich durchaus ungefährlich war, halfen mir weiter und versuchten mir dann zu erklären, dass ich durch eine gefährliche Gegend wanderte. Ich sah mich um. Einfamilienhäuser. Bauernhöfe. „Gefährlich?“ Ja, denn hier seien manchmal Rumänen unterwegs und seltener Albaner.

Albanern bin ich nie begegnet und die wenigen Rumänen, mit denen ich außerhalb von Rumänien zu tun hatte, waren durchwegs Lichter auf meinem Weg gewesen, Leute, auf die ich mich verlassen konnte, die überschäumten vor Gastfreundschaft und fast enttäuscht waren, dass ich nicht noch irgendetwas brauchte, womit sie mir weiterhelfen konnten.

Man wies mir also Auswege aus dem Dickicht der Ebenen, allesamt große Umwege, hier hatte eben jede Familie Autos und warnte mich noch einmal, vorsichtig zu sein. Einem freundlichen Carabinieri erklärte ich stolz, dass wir in der Nacht zuvor eine Wildschweinherde von unserem Lagerplatz vertrieben hatten, in Teamarbeit, das Pferdchen und ich. Er zögerte, sagte dann, er rede nicht von Wildschweinen, sah mich eindringlich an. „Ja, Ja, die Rumänen." Ich lachte. Mein Pferd war längst allein weitergegangen. Respekt gegenüber Amtspersonen kennt er nicht. Wenn man nichts Essbares für uns hat, findet er es müßig, so lange zu verweilen. Er kannte die Strecke und hatte offensichtlich dieselbe Meinung zum richtigen Weg.

Der Polizist staunte ihm nach. Ich konnte mich verabschieden. Ich müsse dem Pferd nach, das sehe er ja. Durfte weiter. Trotz Rumänen. Und Albanern.

Auf einer Brücke in den Ausläufern der Alpen, unweit einer Autobahnabfahrt, hatten wir die vielleicht größten Schwierigkeiten mit den herrschenden Autos. Die Brücke war lang, mehrere hundert Meter, sie war dicht befahren, in beide Richtungen. Für das Fußvolk hatte man einen besonders schmalen Seitenstreifen gebaut, nur für schlanke Menschen begehbar, für ein bepacktes Pferd unmöglich.

Auf einer Brücke kann man nicht einfach ausweichen, wenn ein Gefährt die Straße ganz beansprucht. Hohe Metallsperren sollten hier wohl auch verhindern, dass etwas in einer Unfallsituation in den Bach und den Graben darunter fiel.

Es war die einzige Brücke. Wir mussten da durch. Zu laufen machte auch keinen Sinn, sie war zu lang. Ich konnte es nicht riskieren, dass Asterix auch noch durchging, diese lange Engstelle war so schon gefährlich genug.

Die ersten hundert Meter ging es halbwegs gut, ich schloss zwar manchmal die Augen, aber es ging sich alles aus. Die Autos hupten, die Lastwagen zischten. Man wollte mich von der Straße haben. Das Seitengeländer war noch immer hoch, der Graben war noch immer tief. Wir wurden beschimpft und ein besonders eiliger Laster versuchte uns weiterzutreiben, indem er beinah auffuhr. Dann wurden wir geschnitten. Das Blech eines Pkws berührte fast mein Pferd und dann hatte ich genug.

Jetzt gehörte uns die ganze Straße. Ich tobte und brauchte Platz dafür. Beschimpfte den gesamten Straßenverkehr im Allgemeinen und die, die uns in Gefahr gebracht hatten, im Besonderen. Jetzt hielt man Abstand. Der rechte Fahrstreifen gehörte uns ganz, der Verkehr folgte uns im Schritttempo, wenn die andere Seite frei war, überholte man, langsam und in respektvollem Bogen, grüßte uns lächelnd dabei. Ein Polizeiauto war auch in der Reihe, man nickte uns freundlich zu, als ebenfalls ausreichend Platz war, uns zu überholen. So machte man das hier also.

Hier irgendwo entspringt der Po. Der zweite Tag in Italien. Wir wanderten talauswärts, eigentlich einem Nebenfluss folgend, erreichten am späten Nachmittag ein Dörfchen, in dem wir bleiben würden. Touristen waren in den Straßen. Die Steindörfer des Piemonts ziehen auch ein paar Mitteleuropäer an. Man sah uns an, als ob wir gerade gelandet wären von einem Ort im Irgendwo.

Ich wanderte durch die Straßen, brauchte ein freundliches Gesicht, bestimmt würde ich eines finden, sonst müsste das Pferd was finden, aber umgeben von all dem Gestein war er ratlos und nicht bereit, die Führung zu übernehmen.

Ein Hund lief uns kläffend und geifernd nach, viel zu nahe an den Beinen des Pferdes. Ich versuchte, ihn zu vertreiben und erblickte den Besitzer dazu. Schmunzelnd sah er zu, wie sein Köter dem Pferd immer gefährlicher wurde. Gut, dann machte ich es eben selber, vertrieb ihn. Hunde wissen meistens, wann ein Mensch tatsächlich gefährlich für sie ist. Er zog den Schwanz ein und lief zurück zu seinem Herrn. Der hatte aufgehört zu schmunzeln.

Ich fragte Touristen nach einem Laden hier im Ort. Es waren Italiener. Sie freuten sich, halfen mir, stellten Fragen und verbreiteten die Fakten in Windeseile im Dorf. Als ich aus dem Laden trat, einen Sack voll Kekse in der Hand, ich hatte eigentlich genug zu essen und brauchte nur Verwöhnzeug, nickten mir freundliche Gesichter entgegen. Eine Frau fragte mich fast ehrerbietig, ob ich einen Kaffee trinken wolle. Ich wies auf das Pferd, ich könne es hier unmöglich alleine lassen. Kein Problem, sagte sie und verschwand.

Später kam sie wieder, servierte Kaffee und Kekse auf einem Tablett. Für das Pferd habe sie nichts, rief sie dann erschrocken, beriet sich mit den anderen Leuten in der Gasse und verschwand wieder, kam mit einer Tasse Zucker wieder. Ich genoss die Kekse in halbwegs sauberen Händen, wollte nicht, wie sonst, das Pferd Zucker von meiner Hand lecken lassen. Sie goss ihn auf die Steinplatten der Straße. Das Pferdchen war begeistert. Wir würden es gut haben in diesem Land.

Später begleiteten uns zwei Leute zu einem möglichen Nachtplatz. Sie würden für uns fragen, aber bestimmt, ganz bestimmt könne ich dort bleiben. Ich konnte. Wählte einen Baum als Schutz vor dem Regen, errichtete unser Lager.

Einer meiner Gastgeber kam bald, um Fragen zu stellen. Unsere Geschichte gefiel ihm. Später brachte man mir einen Teller voll Gnocchi.

Ein Nachbar wagte sich auch zu uns. So zu lagern, beeindruckte ihn. Mehr noch als die Strecke, die wir hinter uns hatten. Mit den Augen eines Kindes sog er meine Wirklichkeit auf. Dann verabschiedete er sich.

Es war schon dunkel, als er wiederkam. Seine Frau und sein kleines Kind begleiteten ihn. Sie trugen etwas. Die Reaktion meines Pferdes erzählte mir, dass das interessant war, also vielleicht Essbares.

Um mich nicht zu erschrecken, rief er mir schon vom Weg her etwas zu. Ich begrüßte sie laut, sie sollten sich ruhig herwagen. Sie hatten Teller in den Händen. Der Mann trug einen Teller und die Frau trug einen zweiten. Sie zögerten, sprachen kurz miteinander, dann rief er: „Per il cavallo. Per il cavallo!“

Mein Pferd bekommt eigentlich nie etwas auf Tellern serviert. Cavallo schien mein Begleiter zu verstehen, das war diesmal für ihn und nicht für mich. Neugierig wandte er sich den Gästen zu.

Es war Bohnensuppe und Minestrone. Ich versuchte einzuwenden, dass das eigentlich kein Pferdefutter sei. Der Mann winkte ab. „Hier fressen das die Pferde alle gern, nicht wahr? Giovannis Pferde fressen das doch besonders gern!“ Er sah seine Frau an. Sie schien nicht recht zu wissen, was Giovannis Pferde fressen. Er stellte den Bohnenteller hin. Asterix kostete und ließ es sofort wieder bleiben.

Ich wollte mich schon bei den Leuten entschuldigen, er sei solche Kost nicht gewöhnt, da packte er den anderen Teller und schob auch den zum Pferd. Der war nun ein wenig vorsichtiger, ich war schneller. „Das mag er leider auch nicht“, gab den Teller zurück. Der Mann tat mir leid. Er seufzte. „Vielleicht wegen der Fleischstücke darin“, meinte er dann noch und gab es auf.

Dann war es Nacht, dann war es still. Es regnete. Einen trockenen Packplatz hatten wir nicht in der Nähe, vielleicht war der Morgen ohnehin trocken. Tropfen auf dem Zeltdach. Hinlegen und einschlafen war eins.

Der Morgen war trocken. Wir wanderten weiter durch dieses Tal. Rauschende Bäche von überall, zerklüftete Halden dazwischen. Ich fand keinen Zugang, um das Pferd saufen zu lassen. Er meldete längst Durst.

Wir kamen an eine Quelle, unweit des Straßenrandes, das Wasser sammelte sich in einem Naturbecken. Treppen führten hinunter. Nicht viele. Zu viele für Pferdebeine. Wir standen beide am oberen Rand. Das Pferdchen verweigerte die Stufen, sah nur hinunter. Seinen Trinksack hatte ich in diesem Tal des Wassers heute tiefer im Gepäck. Ich hatte nicht erwartet, dass ich ihn hier brauchen würde.

Ein Mann kam zu uns. Er hatte uns von der anderen Straßenseite beobachtet. Jetzt standen wir zu dritt und sahen hinunter, schweigend. Dann meinte er, wir sollten warten, er bringe etwas.

Er verschwand. Ein Campingplatz auf der anderen Straßenseite. Ich erwartete einen Kübel. Wie praktisch.

Der Mann kam zurück. Er trug ein Trinkglas in der Hand, lächelte mich an, „So geht es sicher!"

Mein Pferd hat noch nie aus einem Glas getrunken. Ich musste an Giovannis Pferde denken, die ganz verrückt nach Minestrone und Bohnensuppe sind.

Asterix war noch immer durstig, machte seinen Hals immer länger. Unmöglich von oben sein Maul einzutauchen. Wir machten es später mit einem Plastikteller. Ich trug dem Pferd sechs Portionen herauf und wir konnten weiterwandern. Das Land fing an, mich zu interessieren.

Begegnungen mit der Polizei sind eine Art integraler Bestandteil einer Reise zu Fuß. Sie sind außerdem immer anders.

Wir wanderten durch das Piemont, im Westen der Poebene. Eine Zivilstreife hielt uns auf. Das Auto bog vor mir ein, hielt, blockierte unseren Weg. Zwei Männer stiegen aus. „Kein Problem!", rief der eine. „Kein Problem!" Sie waren schon bei mir. Kein Problem, sagte er, er wolle nur schauen, nur schauen wiederholte er und erklärte, selber auch Pferde zu haben. Er habe sieben Pferde, also kein Problem. Dann muss ihm eingefallen sein, dass ich nicht wissen konnte, dass sich seine Beruhigung auf ihr Polizeisein bezog. „Die Dienstausweise", sagte der Erste zum Zweiten und dann zogen beide umständlich einen Ausweis aus ihren Jackentaschen.

Man könnte einer Fremden da wirklich alles zeigen, wie sollte denn ich an einem Ausweis erkennen, welche gesetzlichen Zuständigkeiten und Befugnisse die Männer hatten?

Dann wurde erst einmal über das Pferd gesprochen und die eigenen Pferde wurden gerühmt. Ich fragte nach der Art der Haltung und freute mich über die Rassen.

Nun wurde er amtlicher, fragte fast beiläufig, wo ich denn die Nächte verbringe. Ich kam gerade von besonders lieben Gastgebern, die mir und ihren Freunden ein Fest bereitet hatten, erklärte dem Polizisten, dass ich für gewöhnlich in Dörfern bleibe und dort mit den Leuten rede und frage, wo ich bleiben könne.

Ich war an diesem Tag gerade zwei Wochen in Italien, mein Italienisch bestand erst aus ein paar mühsam zusammengesetzten Brocken. Die Männer bemühten sich.

Es sei gefährlich hier, sagte der Chef. Er sah sich um. Sein Kollege folgte seinem Blick. Ich sah über die Felder, die ersten Häuser des kommenden Dorfes, den Kirchturm. Ob ich Gas hätte, fragte er dann.

Ich muss gestehen, dass ich erst völlig daneben stand. Gas für meinen Campingkocher aufzutreiben war schon auch ein wichtiges Element der Reise. Die letzten Kartuschen hatte ich fast abenteuerlich erworben.

Der Kollege sprang ein. „Gas! Gas!", sagte er, lächelte mich freundlich an und sprühte aus einer unsichtbaren Spraydose. „Gas. Gas!"

Sein Chef unterbrach ihn und versuchte mir klarzumachen, dass hier nicht alle Leute gut seien, fragte dann, wo ich denn eigentlich herkomme.

Er freute sich. „Da Austria!" Er packte seine Pistole aus, strahlte mich an. Die sei auch aus Österreich. Gute Qualität. „Auch aus Österreich!", wiederholte er und präsentierte sie mir wie unter Kennern.

„Non ho ...", begann ich und er winkte ab. Natürlich hätte ich selber keine Pistole, aber Gas! Gas müsse man haben.

Nun sprühten alle beide aus den unsichtbaren Waffen. Fasziniert von dem Anblick der beiden Beamten, die sich so sehr bemühten mir klarzumachen, was ich bräuchte, um diese Gegend heil zu überstehen, sah ich bestimmt besonders verdutzt aus. Sie legten sich mächtig ins Zeug. „Gas, verstehen Sie, GAS!"

Gas sei mir keine Hilfe, beendete ich das Schauspiel dann. Bei Gas muss man Erster sein. Man muss also angreifen können. Ich kann nicht angreifen.

Der Chef tätschelte noch einmal das Pferdchen. Bellissimo! Dann verabschiedeten sie sich, stiegen in ihren Wagen. Der Kollege zeigte mir noch ein letztes Mal die unsichtbare Spraydose, bevor die Autotür zufiel.

Sie fuhren an, hupten ausgiebig, riefen noch einmal: „Che bello, bellissimo!“, was dem Pferd galt, und fuhren winkend weiter.

Saluzzo, eine Stadt im Piemont. Ich brauche dringend Wegauskunft, spreche zwei Männer am Straßenrand an, die mir freundlich zugenickt haben. Luigi berät sich mit seinem Freund. Sie einigen sich, zeigen in die falsche Himmelsrichtung. Ich nenne also noch ein anderes Dorf, das auch auf meiner Strecke liegt. „Ah! Das meint sie! Nein, aber das ist sehr weit.“ Mein Pferd hat Stress. Wir haben eben einen Jahrmarkt bewältigt und hier donnern Lastwagen vorbei. Ich brauche dringend den richtigen Weg aus der Stadt hinaus. Ob er denn wisse, wo die Straße sei zu diesem Dorf.

Es sei weit, ein Nachbardorf dieser Stadt, ja, aber sehr weit und woher ich denn komme. Ich antworte und versuche noch einmal, den Weg zu erfragen. Die Männer wiegen den Kopf. „Es ist weit. Und wie bist du denn über die Grenze nach Italien gekommen?“ Mein Pferd zerrt an der Leine. Er will weg und ich habe Mühe, ihn am Straßenrand zu halten. Ich nenne den Namen des Passes und dann gleich noch einmal den des Dorfes, in das ich finden möchte.

Luigi beschließt, eine Frau zu fragen, die uns auf einer Parkbank sitzend schon ein Weilchen beobachtet hat. „Wie weit es denn bis Monasterolo?“ Nun debattieren sie über die Kilometermengen, missverstehen sich und einigen sich schließlich auf fünf. „Es sind noch fünf Kilometer. Das ist weit und bist du SO aus Österreich hierhergekommen?“

Mein Pferd rennt im Kreis und ich weiß den Weg noch immer nicht. „Wo ist die Straße? Wo ist die Straße nach Monasterolo?!“ „So? Zu Fuß? Das ist eine weite Reise.“ „Die Straße!“ „Die Straße. Da vorne links“, sagt er „aber es ist weit!“

Sprachverwirrungen. In Italien vermischte ich erstes Italienisch lange mit Rumänisch, im rumänischen Banat freuten sich Ungarn, wenn mir im Kauderwelsch ein paar ungarische Worte dazwischen gerieten, in der Walachei hielt man mich für eine Rumänin aus dem Norden, in Bulgarien versuchte ich es in den ersten Wochen mit Rumänisch und ein paar Brocken Russisch, womit man dort überhaupt keine Freude hatte und verlegte mich dann wieder auf Deutsch.

Wenn ich wütend war, sprach ich nur deutsch. Wenn ich die Geduld verlor, wenn ein Dorf allzu feindlich war, schimpfte ich in meiner Muttersprache.

Im Langhe, einem landschaftlich zauberhaften Teil Italiens – leider nur landschaftlich – hatte ich mich, nach langem, ergebnislosem Versuch, mit einem Menschen über einen Lagerplatz sprechen zu können, auf einer Wiese, weit unterhalb eines Dorfes niedergelassen. Ich würde einfach mit dem Besitzer verhandeln, wenn er sich zeigte, hatte keine andere Wahl mehr. Ein Gewitter war aufgezogen, es dämmerte schon.

Als der Lagerplatz fertig war, kam ein Besitzer, oder Zuständiger, meinte, ich solle verschwinden, egal wohin und am besten dorthin, wo ich hergekommen war. Ich versuchte zu verhandeln, das Gewitter würde gleich losgehen, in Kürze war es dunkel, bot an, für das Gras, das mein Pferdchen auf dieser Spätsommerwiese verbrauchte, zu bezahlen oder den Platz zu tauschen gegen einen anderen, man möge mir nur sagen, WO es denn kein Problem wäre.

Der Mann blieb hart. Ich solle verschwinden. Ich hatte versucht, die Verhandlungen auf Italienisch zu führen und ein paar Worte Rumänisch waren mit hineingerutscht. Der Mann setzte ein Grinsen auf. Österreicherin, wer soll das schon glauben.

Als ich explodierte, als dieser Kerl abbekam, was eigentlich einer Reihe von Begegnungen in diesen Tagen der noblen Härte zustand, sprach ich deutsch. Ich war laut. Die noblen Gäste, dieser noblen Region mussten zwangsläufig mitkriegen, dass etwas Unnobles unter ihren Hängen stattfand. Im Langhe haben reiche

Schweizer eines ihrer vielen Häuser. Der Mann wurde immer kleiner, versuchte mich zu beruhigen. Die schweren Wolken am Abendhimmel waren fast zum Angreifen nah, Blitze zuckten unentwegt, fast pausenloser Donner, mein Pferd war von meinem Auftritt begeistert. Der Mann wusste nun, dass ich keine Rumänin war. Er ging rückwärts. Ich ging ihm nach. Und weil die Situation zu grotesk war, ließ ich von ihm ab und erklärte meine Wut dem Nachbarhügel. Sollte dieser Kerl nur verschwinden. Packen musste ich sowieso. Nach geschriebenem Recht konnte der mich vertreiben. Er lief zu seinem Auto, startete den Motor und verschwand.

Ich baute das Zelt ab, ordnete das Gepäck, bepackte das Pferd, das wieder einmal stand wie ein Fels und verließ den Platz. Auf zum nächsten Dorf. Als ich die Seile über dem Gepäck spannte, kam der Regen. Die Nacht war angebrochen.

Um Mitternacht erreichten wir das nächste Dorf. Müde, durchnässt. Ein kleiner Park. Hier würde man mich erst in der Früh vertreiben bei diesem Wetter, hoffte ich. Es war mir auch egal. Ich hatte genug. Genug von privata und privee. Ich nahm keinem was weg und all das Getue um besetzten Erdboden war einfach unerträglich.

Das Vordach eines Privathauses, das mir im Augenblick unbewohnt erschien, benutzte ich als Packplatz, entdeckte einen kleinen Park nebenan, der möglicherweise privat war, aber bestimmt mehr Schutz bot vor Verkehr und Polizei. Ein Wohnhaus daneben. Noch Licht in den Fenstern. Ich läutete.

Ein Dobermann sprang zähnefletschend an den Gartenzaun. Ich blieb stehen. Ein Gesicht in der Tür. Die Tür wurde wieder geschlossen. Ich wartete. Dann wurde die Tür ein zweites Mal aufgemacht. Ein junger Mann, dahinter das Frauengesicht von vorhin, das sich ängstlich hinter der Schulter des Mannes versteckte.

Ich entschuldigte mich und erklärte, wer ich sei und was ich bräuchte. Sie riefen den Hund zurück. Ich könne bleiben, aber um sieben müsse ich mit dem Pferd weg sein, sonst mache ihr Hund Krach und wenn ihr Hund Krach mache, mache der Nachbarhund auch Krach und dann hätten sie Probleme mit dem Nachbarn.

Ich rechnete die Zeit durch. Abpacken, Zelt aufbauen, fünf Stunden Schlaf könnten sich ausgehen, dann räumen und packen, damit sich das mit den Hunden ausging, bedankte mich.

Am Morgen waren sie freundlich. Die Hundeproblematik wurde gelöst, indem man mit dem Dobermann spazieren ging. Sie stellten ein paar Fragen, brachten mir Trinkwasser, waren seit einer Weile die ersten Menschen, die mir offen ins Gesicht blickten.

Warum nicht zum Meer wandern, fragte ich mich und unterlag dieser Verlockung. Zur Riviera war es nicht weit und Asterix hatte noch nie das Meer gesehen. Was würde mein tapferer Freund wohl dazu sagen? Im September also, noch trunken vom Gang über die Berge, zogen wir südostwärts Richtung Genua. Warum nicht beim Meer vorbeischauen?

Die Riviera ist nicht gerade eine Gegend der idyllischen Naturnähe. Viel Schönes, Faszinierendes gibt es dort. Für Menschen. Mit einem Pferdchen an die Riviera zu wandern …

Ich fand eine kleine Seitenstraße, die über Dörfer, die meine Karte nicht kannte, hoch über der Küste zum Meer führte. Die milchige Ebene unter uns. Der Geruch des Ozeans. Wir lagerten bei einem Weinbauern, der glücklich war über solche Gäste, uns verwöhnte, mir stolz Gemüse und Früchte aus seinem Garten brachte. Dann wanderten wir abwärts, vorbei an pompösen Villen und Abbruchhäusern, tauchten ein in das quirlige und pulsierende Leben der Riviera.

An flanierenden Touristen, Imbissbuden, Badehäuschen und Sonnenschirmen vorbei zog ich mein Pferd zum Meer. Das war alles viel für ihn. Zuviel für ein Pferd. Solange ein Pferd weitergehen kann, kommt es mit vielem zurecht. Ich hielt erst an, als wir die Mole hinter uns hatten und Hufe und Beine im Sand standen. Ich küsste mein Pferd, lachte, tanzte. Er hielt still und schaute, vergaß seinen Stress und schaute. Dann war auch ich still. Touristen näherten sich uns. Es war nicht der Zeitpunkt, irgendwelchen Leuten irgendetwas zu erklären. Wir feierten. Die Berge. Die Ebenen, die Berge, das Meer. Wir feierten. Dann erwachten wir, zogen weiter.

Postlagernd wartete in einer Stadt ein Paket auf mich. Ich hatte eine kleine Stadt gewählt. Kleine Städte an der italienischen Riviera sind eng, verkehrsreich, hektisch, lebendig. Was man bei Paketsendungen leider nicht mit Hilfe von Landkarten planen kann, ist die Wahl des perfekten Postamtes, zu dem man auch mit einem Pferd kommen kann. Womöglich ein kleiner Park daneben, eine Anbindestelle in der Nähe des Eingangs …

Es begann damit, dass ich dieses Postamt finden musste, dass es auf Mittag zuging, der Schließungszeit des Amtes und danach ein Wochenende kam, das ich unmöglich mit dem Pony am Sandstrand verbringen konnte.

Am Beginn der kleinen Stadt sprach ich Leute an. Die zwei Frauen taten, als sei es ein Versehen, zogen kaum die Augenbrauen hoch, als sie mich ignorierten. Ich versuchte es ein zweites Mal. Wie sehr ich es hasste, wie eine Bettlerin behandelt zu werden, die es gar noch wagte, Leute direkt anzusprechen!

Der zweite Versuch scheiterte ebenfalls. Ich war gleich viel schneller beim Wort Posta, damit klar war, dass ein kleiner hilfreicher Hinweis reichte, um mich ein für allemal loszuwerden. Die Frau zuckte zusammen, beschleunigte ihren Schritt und hastete an mir vorbei. Radfahrer. Touristen. Ich war wütend. Ich hatte ein Problem, wenn es mir nicht gelänge, vor Mittag bei diesem Amt zu sein.

Ein Mann hatte die beiden Szenen beobachtet, er ging dieselbe Strecke, ein Stück hinter uns. Ich wandte mich an ihn. „Können vielleicht Sie mir sagen, wo hier das Postamt ist?!"

Er sah mich erschrocken an. Mein Ton war harsch. Ich hatte für Dummheit überhaupt keine Geduld mehr. „Das Postamt! Ich muss das Postamt finden, es schließt bald. Es wird Mittag." Er zeigte mir den Weg. Später half er mir noch zweimal weiter, lotste mich auf dem kürzesten Weg dorthin, bald davon überzeugt, dass ich tatsächlich nichts anderes wollte, als dieses Amt erreichen. Als er sich verabschiedete, wollte er noch rasch wissen woher, wohin, wagte kaum zu fragen. „Wir sind durch Europa gegangen und jetzt gehen wir zum Postamt." Er lächelte. „Durch diesen Garten, dann sehen Sie es."

Nach dem Garten kam der ganz gewöhnliche italienische Wahnsinn. Die Enge und Belebtheit der Gassen gleicht man in Italien üblicherweise mit Geschwindigkeit aus. An einer Kreuzung der Bergstraße mit einer Nebenstraße stand die Post. Wir waren rechtzeitig da. Ein kleiner Parkplatz für einspurige Fahrzeuge bot Platz für das Pferdchen, eine feste Anbindestelle davor. Das würden wir packen. Lastwagen donnerten bergab, Mofas dröhnten an ihnen vorbei. Das Pferd war in kürzester Zeit von Menschen umringt. Ich betrat die Post. Asterix rief schon nach mir, als sich die Tür hinter mir schloss.

Drinnen war alles anders. Man zog Zählkarten und eine Anzeigetafel gebot den jeweils nächsten Kunden und wies auch die Nummer des Schalters an, zu dem die Zählkartennummer kommen durfte. Die Menschen in den Warteschlangen waren allesamt adrett gekleidet. Gesprochen wurde nur an den Schaltern. Man bewegte sich langsam und manierlich. Das Postamt dieser Stadt. Der materialisierte Ausdruck einer unendlichen Sehnsucht nach Ruhe und Ordnung. Es war, als ob man plötzlich ein anderes Land betreten hatte.

Asterix wieherte verzweifelt. Ich lief zurück zur Tür. Das Pferd tänzelte angstvoll. Er hatte einen Haufen gemacht. Ein Mopedfahrer wollte sein Gefährt neben ihn parken, ließ es dann. Ich rief ihn gleich von der Tür aus, er antwortete sofort, ich ging zurück ins Amt.

Ich roch nach Pferd, nach Straße und nach Erde, meine Kleidung war für meine Verhältnisse o.k., verglichen mit den anderen Menschen war ich schlicht dreckig. Und Manierlichkeit …

Als später alle Angestellten zusammen nach meinem Paket suchten, immer wieder kamen, um mir – und zu diesem Zeitpunkt auch allen anderen Kunden – mitzuteilen, dass es auch dort nicht sei und wieder verschwanden, an einem anderen Ort könnte man auch noch nachsehen, war ich wieder in Italien. Ich sprang vom Pferd, das einfach genug hatte und rennen wollte, am liebsten mit mir zusammen einfach türmen aus dem italienischen Straßengeschehen, fort, nur fort, zurück ins Amt, wo alle mitfieberten, ob es den Menschen hinter den Schaltern gelingen würde, das österreichische Paket zu finden. Die Zählkartenordnung hatte man bald nach meinem Eintreten fallen gelassen, die Leute sprachen miteinander italienisch, also laut und lebendig, kommentierten das Geschehen, lieferten Beiträge zur Pferdewelt und zum Postwesen allgemein, drückten auf allerlei Arten ihre Hoffnung aus, es möge sich doch alles zum Guten wenden, das arme kleine Pferd!

Dann kam einer der Postangestellten zurück, triumphierend hielt er ein gelbes Paket in seinen Händen. Ich kenne österreichische Sendungen natürlich von Weitem. „Ja, das ist es!", rief ich lachend, sprang ihm geradezu entgegen. Er überreichte es mir mit einem breiten Grinsen und unter erleichterten und herzlichen Kommentaren der anderen Kunden. Ich lief zu meinem Pferd. Eine Mutter beschimpfte eben einen Autofahrer, wegen seiner durchaus gewöhnlichen Art, hier um die Kurven zu kommen, ihr Kind stand eingeklemmt zwischen Auto und den Hinterhufen des tobenden Pferdes. Ich drehte ihn weg, band ihn so rasch wie möglich los, beantwortete ein Dutzend Fragen, bedankte mich für die guten Wünsche und wir hauten ab, meerwärts.

Vor Genua verließen wir die Riviera, tauchten ein in eine Art Gegenwelt. Der Apennin.

Im September über den Apennin zu wandern, fühlt sich an, als ob man unvorhergesehen in eine Zeitumkehr gerutscht sei oder übrig geblieben wäre oder als ob man sich irgendwie in der Zeit verlaufen hätte. Nicht, dass er ganz menschenleer wäre, aber auf diese ebenfalls Übriggebliebenen zu treffen, war eindrücklich.

Unser Weg führte über zahllose Pässe. Die kürzeren Strecken durch die Täler waren dicht und italienisch befahren. Unmöglich, diese Straßen zu benutzen. Für die Überquerung dieses oft mystisch anmutenden Bergzuges brauchten wir mehrere Wochen, länger als durch alle anderen Gebirge.

Das grasfressende Pferdchen an meiner Seite lebte gut in den ungebrauchten Gebieten zwischen den Siedlungen. In der Nähe der Dörfer hatte ich manchmal Probleme.

Nach einem langen Anstieg zu einem Pass und auf der Suche nach Weilern, die zwar nicht auf meiner Karte, aber auf Hinweistafeln im Tal existierten, tauchten endlich Häuser auf. Wir waren weit gegangen an diesem Tag, von einem anderen Pass abgestiegen, durch das Tal zwischen den beiden Bergrücken gewandert, wieder aufgestiegen und nun auf der Suche nach einem guten Übergang und zu dieser Stunde vor allem nach einem Nachtlager.

Unterhalb des Dorfes ließ ich Asterix grasen. Ich hatte mir angewöhnt, nicht allzu erschöpft an einem Ort, von dem ich etwas brauchte, anzukommen. Eine Pause, bevor man sich den Bildern der Menschen, den Verhandlungen, den Abweisungen, den Peinlichkeiten oder den hundert Fragen stellt.

Ich sah Bewegung im Dorf, immerhin gab es da Menschen. Es war eine Frau. Sie lief hin und her und dann rief sie uns etwas zu. Wir waren noch zu weit entfernt, ich konnte sie nicht verstehen, war auch nicht sicher, ob es freundlich oder unfreundlich war. Dann fuchtelte sie mit den Armen, zeigte auf das Pferd und nun war ich sicher, dass sie keine Freude mit uns hatte. Andere Frauen kamen dazu. Gezeter.

Am Abend zuvor hatte man mir erklärt, dass um diese Zeit keiner mehr mähte, was jetzt wuchs, ließ man stehen. Ich hatte keine große Lust, dem Pferd die paar Grashalme zu verwehren. Ein paar noch, dann würde ich ihn wieder auf die Straße führen.

Das Gezeter verstummte erst, als ich der Frau im Dorf ins Gesicht sah. Breitbeinig stand sie da, die Hände in den Hüften, ihren riesigen Bauch wie eine Waffe vor sich her tragend, hämisches Grinsen. Sie schwieg, sie nickte den anderen Frauen zu, die sie bestätigten, ebenfalls schweigend. Dann war ich auf ihrer Höhe, gespannt, was sie mir zu sagen hätten. Sie sagten nichts. Ich wünschte ihnen einen buon giorno. Keine erwiderte den Gruß. Zwei sahen jetzt zu Boden. Wir gingen weiter. Hätte ich hier um Nachtlager fragen sollen?

Ich sah nach oben. Ich könnte wild lagern. Wie weit würde das Bächlein oben noch ein Bächlein sein? Ich könnte das Lager errichten und später nur mit den Wassersäcken absteigen. Es dämmerte schon. Nicht denken. Weiter.

Zwei Kilometer weiter gab es noch einen Weiler. Gut. Hier würden wir bleiben. Hier würde ich auch ein Gezeter weich kriegen.

Es gab keines. Es gab überhaupt keinen Menschen. Zwei Hunde und die Spuren von frischem Schafmist verrieten mir, dass zumindest zeitweilig jemand da sein musste, der die Tiere versorgte. Ich klopfte an sämtliche Türen, rief zu allen Fenstern, die nach bewohnten Räumen aussahen. Nichts rührte sich. Ich begann von vorne.

Die Sonne war längst hinter der gegenüberliegenden Bergkette untergegangen. Ich musste abpacken und hoffen, hoffen, dass man mir keine Schwierigkeiten machte, rechnete kurz nach, wie weit es bis zur nächsten Polizeistation sei und entschied, dass es denen zu dumm sein müsse hier auf den Berg heraufzukommen wegen unbefugtem Betreten, entschied mich für einen Grasplatz auf dem sichtlich Maschinen gefahren waren, dachte an die schrecklichen Frauen im Weiler darunter und war froh, dass es mitten im Dorf einen Brunnen gab.

Im Licht eines phantastischen Farbspieles am Himmel richtete ich uns ein. Die Farben wurden blasser. Ich fütterte das Pferd, das zufrieden war mit unserem Platz, weil er die Schafe gerochen und wohl auch gehört hatte, und machte es mir vor dem Zelt gemütlich. Die Spätsommerhitze hatte den Boden aufgewärmt, in der Nacht fielen die Temperaturen schon gegen den Gefrierpunkt, die Abende waren an guten Stellen noch warm. Dies war eine gute Stelle.

Motorengeräusch. Ein Auto fuhr den Berg herauf, rumpelte über den steinigen Weg, bog am Ortsanfang ein, der Motor verstummte. Ich wartete. Es dauerte nicht lange. Sandro sah nach, wo das Pferd war, das zu dem fremden Haufen Mist im Dorf gehörte. Seinen Namen erfuhr ich am nächsten Tag, auf der anderen Seite des Berges.

Als Sandro sah, dass zu dem Pferd eine Frau gehörte, wurde er sofort langsamer, blieb dann stehen, schien schon umkehren zu wollen. Ich grüßte ihn, stand auf, kam ihm entgegen und fragte, ob es denn in Ordnung sei, dass wir hier lagerten, ich hätte keinen Menschen finden können. Ja, ja, kein Problem. Er duckte sich. Aus dem Ducken wurde eine kleine Verbeugung. Hatte er Angst vor mir? Ich musste unwillkürlich an das weibliche Volk im Weiler darunter denken.

Dass ich noch Wasser brauchte, dass er mir also helfen konnte, half ihm aus seiner Verlegenheit. Wo der Brunnen war, wusste ich längst, aber ich war froh, ihm folgen zu können, wollte wissen, mit wem ich dieses Bergdörfchen heute teilte.

Er machte mir eine kurze Führung durch sein Dorf, er würde den Besitzern des Bodens auf dem wir lagerten von uns erzählen und wir hätten keine Schwierigkeiten zu erwarten, bestimmt nicht, kein Problem, gute Leute, die nur an manchen Tagen hier heraufkämen. Meistens wohne er alleine hier heroben. Nur im Juli und im August, da seien die Häuser voll, da sei es eben so schön hier, viel schöner als in den Städten. Er lächelte, wagte kaum, mir ins Gesicht zu blicken.

Sandro hatte keine Angst vor mir, er war nur besonders bemüht, mir keine Angst zu machen, war regelrecht erschrocken über mein Alleinsein. Als Frau! Wie gerne hätte ich mit dem freundlichen Mann länger geredet. Leider gelang es mir nicht, ihn in dieser kurzen Zeit davon zu überzeugen, dass ich ihn für harmlos hielt. Er würde mit den Besitzern reden, wenn sie doch noch heute Abend auf den Berg heraufkommen wollten, bestimmt, und gute Nacht. Dann verschwand er.

Ich spannte eine Wäscheleine, hängte den Wassersack an einen Caterpillar, sah mich nach dem sichersten Toilettenplatz um, pflockte das Pferdchen an einen Platz weiter entfernt vom Zelt, würde ihn später unmittelbar neben das Zelt hängen. Wir mochten es beide, die Möglichkeit zu haben, den anderen in der Nacht zu hören, setzte Reis auf den Gaskocher. Der glitzernde Himmel. Die nun schon fast ganz verblichene Silhouette der Berge im Westen.

Die Besitzer des Bodens auf dem wir lagen, kamen noch an diesem Abend. Sandro war schon bei ihnen, als sie ausstiegen. Wenige Augenblicke später waren sie bei mir. Der Mann entschuldigte sich, mich zu so später Stunde noch zu stören, aber diesen Gast wollte er sich doch gerne anschauen und das Pferdchen solle ich doch an eine fettere Stelle binden, der brauche doch was zu fressen! Er reichte mir seine Hand. Seine Frau kam dazu, begrüßte mich und zog ihn ins Haus. Sie verabschiedeten sich und wenn ich Probleme hätte, solle ich nur kommen. Sandro stand dabei und lächelte. Es war Stolz. Er war stolz darauf, gute Leute im Dorf zu haben, die eine Fremde so höflich behandelten. Wie gerne hätte ich diesen freundlichen Hüter des Dorfes besser kennengelernt. Einer der Momente, an denen es mir leid tat, eine Frau zu sein, wäre ich ein Mann, hätte er Grappa mit mir getrunken und erzählt.

Domenico. Als ich das einsame Bergdörfchen und seinen freundlichen Hüter Sandro verlassen hatte, verirrte ich mich bald, konnte die Wegbeschreibungen mit den Wegen und Pfaden, die ich sah, nicht mehr in Einklang bringen, entschied mich für einen ausgetretenen Pfad, der mich zumindest in die richtige Richtung führen könnte. Ein Weidezaun kreuzte diesen Pfad. Ein Wanderer kam schon durch. Nicht ein Packpferd. Es half nichts, ich musste wieder einmal einen Zaun demontieren, hatte ja schon ausreichend Erfahrung damit, das ohne Werkzeug zu schaffen.

Ich war eben dabei, den Zaun wieder einigermaßen aufzustellen, als ein Geländewagen über die Schotterpiste von einer andern Seite des Berges heraufgefahren kam. Es war Domenico. Ihm gehörten der Zaun und das Vieh im Wald darunter.

Domenico hatte seinen Job aufgegeben und hier heroben als Kleinbauer angefangen. Im Alter von vierzig Jahren hatte er einfach genug, übernahm den kleinen Hof. Geld bringe es keines und Urlaub könne man mit so einer Landwirtschaft natürlich auch nicht machen. Wir saßen in seiner Küche, Domenico hatte Pasta gemacht, Wein aus dem Keller geholt und nun erzählte er. Er freue sich, einmal Freunde im Tal zu treffen, und dann freue er sich, wieder hier herauffahren zu dürfen.

Wir sprachen über den sichersten Umgang mit Wildschweinen, seine Tipps waren mir in den kommenden Wochen sehr hilfreich und ich erklärte ihm die Stellen unterwegs, wo ich welchen begegnet war. Dann stieg ich ab.

Im Tal sah man uns an, als ob wir aus ferner Wildnis kämen. In der Apotheke weigerte sich die Verkäuferin lange, mir Insulin zu verkaufen, dazu benötige man einen Kühlschrank. So gehe das nicht. Ich hatte keine Lust, sie über Kühlsysteme für Wanderer aufzuklären, blieb einfach hartnäckig, erhielt schließlich, was ich brauchte, verließ die kleine Stadt und wanderte auf der anderen Seite wieder bergwärts.

Am Abend hatten wir Besuch von Wildschweinen. Ich konnte sie vertreiben und in den folgenden Tagen und Wochen erledigten wir das in Teamarbeit. Asterix weckte mich, wenn ein Rudel in der Nähe war. Ich brüllte. Sie verschwanden und wir konnten beide weiterschlafen. Mein tapferer Begleiter hatte bald keine Angst mehr vor ihnen. Er konnte sich darauf verlassen, dass ich die Tiere unmittelbar nach seinem Warnsignal vertreiben würde.

Wieder ein einsames Bergdörfchen. Wieder ein einsamer Wächter. Mario sah mich an, als ob alle Fernsehschauergeschichten plötzlich wahr geworden wären. In Gestalt einer Frau in Ponybegleitung.

„Ich brauche einen Lagerplatz für die Nacht“, spreche ich ihn an. Er schweigt, sieht mich groß an, dann deutet er auf meine nackten Füße. „Schuhe?“, fragt er. „Nein, Schuhe brauche ich keine, ich brauche einen Lagerplatz“, versuche ich es erneut. Er schweigt. Ob er vielleicht einen Platz wisse, auf dem ich bleiben könne mit dem Pferdchen. Wir sind umzingelt von abgeernteten Wiesen. Der Mann ist der Einzige, den ich hier fragen kann. Ich bleibe also einfach stehen, warte.

Nach einer langen Weile sagt er: „Kannst hier überall bleiben. Nur den Salat im Garten darf das Pony nicht fressen.“ „Selbstverständlich nicht.“

Ich wähle einen Platz, den offenbar auch die Wildschweine gerne besuchen. Es ist der trockenste und geschützteste Platz rundum. Wir haben es alle gern gut, aber heute müsst ihr woanders schlafen.

Später muss ich noch einmal zurück zu Mario. Er ist jetzt freundlicher, hilft mir, Trinkwasser in meinen Wassersack zu gießen. „Hast du denn keine Angst vor den Banditen?“ Ich sehe mich um. Die Einsamkeit des Apennins. „Hier?“ „Nein, hier nicht. Aber im Tal unten schon. Das sagen sie doch immer im Fernsehen.“

Die Fremdenangstkampagne in Italiens Medien. Das sollte mir in den nächsten Wochen noch oft begegnen.

Der Gang über die kleinen Straßen und unzähligen Pässe durch dieses Gebirge dauerte viel länger, als ich erwartet hatte. Auch die Temperaturunterschiede zur Riviera verblüfften mich geradezu. Hatte ich nicht vor ein paar Tagesreisen noch im Meer gebadet?

Ich wachte auf. Die Decke über meinem Schlafsack war verrutscht und diese Kältebrücke hatte mich geweckt. Asterix stand noch ganz still vor dem Zelt. Die Morgendämmerung hob erst langsam an. Das Pferdchen hätte schon bald das Zelt angestupst, ich hätte mich gemeldet und dann wäre er noch eine Runde grasen gegangen. Er wusste, dass ich ein Weilchen brauchte, um wach genug zu sein, den Schlafsack zu verlassen, das Zelt zu öffnen und ins Freie zu treten.

Wenn es möglich war, bekam er an dieser Stelle unseres morgendlichen Ablaufes einen anderen Graseplatz, danach streckten wir uns. Für mich bedeutete das Yoga oder etwas Wärmenderes, je nach Wetter und Temperatur.

Irgendwann hatte mein treuer Freund begonnen, mit mir mitzumachen. Ein Pferd kann kaum auf dem Kopf stehen. Aber es kann eine ganze Menge. Asterix streckte sich also, bis seine Brust beinahe den Boden berührte, dann hob er den Rücken, dehnte sich zu einem Bogen. Dann streckte er seine Hinterbeine, eines nach dem anderen und anschließend spannte er seine Brust. Und dann war es genug und er widmete sich dem Gras und hoffte, dass ich das Meine auch bald erledigt hatte, was bedeutete, dass er seine Portion Hafer bekam, in einem Plastiksack serviert. Danach war mein eigenes Frühstück an der Reihe, während Asterix seinen Morgenschlaf schlief.

Ich öffnete das Innenzelt und der Geruch nach Frost kam mir entgegen. Das Außenzelt war hart gefroren. Das Kondenswasser meines Atems hatte eine dicke Eisschicht auf der Innenseite gebildet. Ich zog meinen dicken Pullover an, kletterte aus dem Zelt und lief erst einmal ein paar Runden. In ein, zwei Stunden würde die Sonne wahrscheinlich den Lagerplatz berühren und dann wäre alles leicht.

Es wurde ein kalter aber sonniger, wunderschöner Tag. Zur Mittagszeit legte ich mich im Schutze eines Strohballens in die Sonne. Schlief ein wenig. Die Wärme der Sonne auf dem Körper.

Ein paar Tage später stiegen wir ab in die Poebene, bei Rizzolo, südlich von Piacenza. Wir wanderten weiter in Richtung Ostnordost.

Der Brutkasten der Pianura, der sich beinahe von einem Moment auf den anderen entwickelt. Der Atem stockt, die Insekten kommen und ein tiefer Unwille macht sich breit. Alles zugleich, wie eingeschaltet. Der warme Oktober in der Poebene. Die unzähligen Kanäle. Die endlosen Äcker. Die unermüdliche Polizei und die Bevölkerung voller Angst.

An einem Tag wurde ich gleich zweimal aufgehalten. Immer wieder wollte man meine Papiere sehen. Ich verlor die Geduld. „Was ist an mir so gefährlich?" Der Beamte reagierte verschnupft. Ich erklärte ihm, dass ich bereits zum zweiten Mal an diesem Tag überprüft würde. Zu meiner Überraschung war ihm das sichtlich unangenehm. Asterix machte sich währenddessen über meinen Rucksack her. Erfolgreich. Ich nahm ihm das Säckchen mit den Rosinen wieder aus dem Maul und wir durften weiter.

Im Labyrinth der Poebene zwischen zahllosen Kanälen, unüberwindbaren Ackerstreifen und den großen Straßen begegnete ich Beppo.

Ob er das Pferd denn verdursten lassen wolle, das vor seiner Tür stehe! Beppo war der Barbesitzer eines kleinen Dorfes und so wurde er auf die Straße gerufen. Er kam prompt, versorgte das

Pferdchen mit einem Kübel Wasser und mich mit Kaffee. Ich fragte also nach einer wenig befahrenen Straße zum nächsten Dorf.

Inzwischen waren viele Männer bei uns und jeder hatte dazu eine andere Meinung. Es wurde laut gestritten. Beppo fasste mich also am Arm und zog mich in die Bar, bat den jungen Mann hinter dem Tresen um Papier. Der überlegte einen Moment lang, nahm dann ein nicht mehr aktuelles Fußballplakat von der Anschlagtafel, faltete es und breitete es auf dem Tisch vor Beppo aus. Der war zufrieden und fing an zu zeichnen. „Ich bin der Präsident des Fischereiverbandes", erklärte er mir mit Hinweis auf die Männer draußen vor der Bar, die anderer Meinung waren als er. „Ich werde mich da wohl am besten auskennen!"

Beppo zeichnete Kanäle und Brücken, beschrieb mir die Durchmesser der Wasserwege und um das Ganze zu vervollständigen, malte er das Kreuz der Himmelsrichtungen an den oberen Rand.

Ich versuchte später, mich an seinen Plan zu halten, scheiterte. Straßenkreuzungen hatte er beim Zeichnen des Planes völlig ignoriert und die Richtungen des Himmels schien er nicht zu kennen. Nur die Kanäle und Brücken stimmten. Immer wieder wurde ich unterwegs nun von Männern aus dem Dorf aufgehalten. Das sei der falsche Weg. Aber auch Beppo blieb dran, fuhr mir nach. „Das stimmt schon so!", sagte er. „Ich kenne mich schließlich am besten aus hier. Ich bin der Präsident des Fischereiverbandes!" Den Plan habe ich noch. Konnte mich nicht von ihm trennen.

Malenka, das Mädchen, das mit dem Flugzeug als Kind in dieses Land und in dieses Dörfchen in der Poebene gekommen war. „Mit dem Flugzeug aus der Ukraine", und ihre Freundinnen nickten dazu, ja, mit einem Flugzeug. Ein Waisenkind. Sie dachte nach, was mir helfen könnte und brachte mir am späten Abend ein Comic-Heftchen in Italienisch. Das würde mir helfen. Ihr bedeutungsvoller Blick, als sie es mir mit diesen Worten überreichte. Später kam sie noch einmal und als die anderen Jugendlichen des Dorfes gerade beschäftigt waren, fragte sie, ob ich Geld brauchte.

Sie würde mir welches geben, damit ich etwas Gutes essen könne, kein Problem. Ich hatte gutes Essen, brauchte ihr Geld nicht. Das Comic-Heftchen habe ich noch.

Auf einer gut befahrenen Brücke in der Emiglia Romana, auf der man die einzelnen Fahrstreifen durch Betonmäuerchen trennt und für die Fußgänger abgesichertere Bereiche ausspart, hielt ein kleiner Lieferwagen an. Ein Mann lehnte sich aus dem Fenster und ein enthusiastischer italienischer Wortschwall kam mit. Ich verstand nicht viel, also sprach er einfacher und langsamer.

Er werde das auch machen, das sei mit seinem Sohn besprochen, er habe auch zwei Pferde und er würde mit seinem Sohn abhauen und in die Welt gehen, das hätten sie so besprochen, alles zurücklassen, den Hof und die Frauen und abhauen.

Er lachte und strahlte. Stand auf der Brücke, blockierte die Wege der anderen, die noch nicht abhauen wollten und wollte dann noch ein paar Dinge von mir wissen. Er selber würde selbstverständlich reiten, das sei doch bequemer als zu Fuß zu gehen, er habe ja große Pferde. Er schien mich zu bemitleiden, dass mein Pferdchen zu klein war, um mich auf meinem eigenen Abhauen zu tragen.

„Ich gehe sehr gerne zu Fuß!" Er lachte wieder. Einer, der lieber fahren wollte und hinter dem Lieferwagen warten musste, fing zu hupen an. Der zukünftige Reisende sah kaum hin, wiederholte seine Pläne, und weil sie mir so konkret schienen, fragte ich, wann es denn losginge, dachte selbst an den beginnenden Herbst und ob er vielleicht bis zum Frühling warte oder sich schon sehr bald nach Süden aufmachte.

Er zögerte, sah durch seine Frontscheibe auf das andere Ufer, schwieg kurz. Er seien noch ein paar Dinge zu tun, aber das würden sie bestimmt machen! „Ja, ganz sicher! Mein Sohn geht mit mir, das haben wir so ausgemacht. Einfach in die Welt!"

Ich wünschte ihm alles Gute. Bevor er weiterfuhr, bot er mir noch seinen Hof als Lagerplatz an, der sei gleich da drüben, ein paar Kilometer flussaufwärts. Ich wollte in eine andere Richtung weiterwandern, verabschiedete mich. Er lachte, fuhr hupend weiter. Die, die noch nicht abhauen wollten, durften weiterfahren.

Wird er gehen? Es lag vielleicht daran, dass ich einen Bubentraum lebte. Gerade die Männer erzählten mir oft, dass sie immer schon von so etwas geträumt hatten, als sie noch jung waren, vor allem noch Kinder.

Es lag vielleicht daran, dass ich selbst einen gängigen Traum lebte, dass Menschen mir ihre Träume erzählten. Nicht nur Wander- oder Abenteuerträume. So vieles. So Unterschiedliches. Immer Einfaches. Seltsamerweise immer Einfaches. Das nicht Gelebte. Das noch Mögliche. Wenn einer durch Europa wandern kann, dann kann man auch anderes verwirklichen. Also erzählten sie mir, holten mich von der Straße und erzählten mir, fuhren mir nach oder stellten ihre Motoren ab und erzählten.

Ich bin fast so vielen Träumen begegnet wie Menschen. Abgelegte Träume, was man einmal wollte und dann doch nie konnte, begleitende Träume, was man machen würde, wenn …, Träume, die in aller Schlichtheit einfach gelebt wurden und Träume, die in Umsetzung waren.

An diesen Orten der gerade umgesetzten Träume lud man mich oft ein zu bleiben. Nicht nur für eine Nacht oder zwei, sondern für eine lange Zeit. Ich könne bleiben. Der Hof in Medina, Ungarn. Das Haus in Savoyen, das man mir anbot, hier könne ich bleiben und schreiben. Das Museum unter der Koralm in der Weststeiermark.

Während ich noch durch die Poebene wanderte, bekam ich eine Einladung nach Slowenien. Hier könne ich den Winter verbringen und ein neues Zuhause haben. Ganz nah an der Grenze zu Österreich. Ich stimmte zu.

Ende Oktober. Das zweite halbe Jahr war um. Im Hinterland von Venedig war es genug. Ich begann, mich umzusehen und umzuhören. Ich brauchte einen Transporter nach Slowenien.

Ich traf einen freundlichen Mann auf der Straße. Er hielt mich nicht für gefährlich, lächelte mich an und berührte das Pferdchen.

Zudem hatte er kein Problem mit meinem holprigen Italienisch. Wir sprachen miteinander und ich fragte nach einem Pferdehof. Vielleicht hatte man dort einen Transporter oder zumindest Kontakte, die mir helfen könnten.

„Da drüben, die haben vielleicht Transporter. Da sind Büffel, aber auch ein paar Pferde, frag mal nach." Ich ging zu den Büffeln. Eine Acienda. Man hörte meine Geschichte, überlegte, versuchte einen Transport zu organisieren, beschenkte mich mit Büffelmozzarella, war am Ende ratlos. Ich bedankte mich nach einer langen Pause, wanderte ein paar Straßen weiter.

Nadja kam uns mit dem Rad entgegen, blieb stehen und sprach mich an. Ich erzählte also auch ihr, dass ich ein Jahr zu Fuß gegangen sei und dass es genug sei und dass ich einen Pferdetransporter suchte.

Sie nahm mich sofort mit nachhause. Drei Tage war ich Gast ihrer Familie, lagerte in ihrem Garten.

Hinter dem Schuppen standen Sergios Pferde, Quarterhorses, wie er mir stolz erklärt hatte. Und ein paar seiner Trekkingtouren hatte er aufgezählt. Am Abend darauf hatten meine Gastgeber einen Riesenspaß damit, dass der arme Sergio völlig zerstört sei. Er, der Held der Trekkingtouren, und dann käme ich daher, eine Frau mit einem kleinen Pony, die durch halb Europa zu Fuß gegangen war.

Die Frauen im Dorf bedrängten den armen Sergio. Die Chefin der Acienda, Nadja und andere. Dass ich nach einer so langen Reise nachhause wollte und keine Möglichkeit hatte mit dem Pony, das ließ ihnen keine Ruhe.

Nadja, ihr Mann Fabio, ihr Sohn Filippo. Die Abende verbrachten wir mit Philosophieren und wenn Filippo nicht da war, um zu übersetzen, dann eben auf Italienisch. Es war mir vorher nie gelungen, einen Zugang zu dieser Sprache zu finden. Jetzt, da ich ein wenig von der Straße gelernt hatte, liebte ich sie. Und auch dieses Volk. Und fürchtete mich auch. Vor ihrer Angst. All die kläffenden Hunde, all die Gitter, die Menschen, die in manchen Teilen des Landes sofort in ihre Häuser flüchteten, wenn sie uns entdecken. Auf den letzten Strecken dieses Weges, hier im Veneto, waren meine Gesprächspartner an manchen Tagen nur kläffende Hunde und diensteifrige Carabinieri gewesen.

Und nun verstand ich, was ich schon wusste, aber bisher nicht recht begriffen hatte. Die Fremdenangstkampagne in Italiens Medien. Es gab die guten Fremden und die schlechten Fremden. Rumänen und Albaner waren die Schlechten, die slawischen Völker waren irgendwo dazwischen, Schweizer, Österreicher und der größte Teil Westeuropas, das waren die Guten. Ganz einfach. Eine Besucherin der Familie gestand mir in diesen Tagen verschämt, dass ihr Schwiegersohn ein Rumäne sei.

Sergio gab nach. Was hätte er auch anderes tun können. Zum Dank wurde er wieder von allen Frauen geliebt.

Er würde mich in das Friaul bringen. Er hatte dort zu tun und ob er nun mit oder ohne Trailer fahre, das sei ja egal. Also morgen.

Ich war nervös, lagerte im Garten, warf Spinnen und anderes aus meinem Zelt hinaus, aß, als ob ich im Gebirge wäre, vertrieb die Katzen, schlief und ging und ging. Unmöglich, es von einem Tag auf den anderen einfach zu lassen. Gehen. Gehen, der leichteste Teil dieser Wanderung.

Ich war nervös. Nach all den unvorhersehbaren Zeiten, nach all der Nacktheit, die ich täglich gelebt hatte, war ich aufgeregt, mein Pferdchen zu verladen und ein paar Autobahnkilometer durch Italien zu fahren. Lächerlich.

Meine Gastgeber schliefen schon. Filippo, der Sohn, der gerade ein Teilexamen bravourös hinter sich gebracht hatte, war ausgegangen. Ich konnte mich morgen früh noch von allen verabschieden, kannte schon die Zeiten, an denen die Männer das Haus verließen. Zuerst Filippo, dann, eine halbe Stunde später, sein Vater Fabio, der zuvor noch die Pferde fütterte. Heute früh war es ihm noch wichtig gewesen, den Mist meines Pferdchens wegzuräumen. Es bedeute, dem Leben zu dienen. Ein Pferd, das sei Leben. Dann fuhr er zur Arbeit.

Vom Veneto in das Friaul. Von dort irgendwie weiter nach Jarenina in Slowenien. Ich konnte diesen Namen auf der Landkarte nicht finden. Ein kleines Dorf an der Grenze. Mehr wusste ich nicht. Und dass es nicht weit weg war vom nächsten österreichischen Bahnhof und dass ich somit Freunde und Vertrautes wiedersehen konnte. Eine Stunde mit dem Zug, vielleicht ein wenig mehr.

Am nächsten Morgen verluden wir meinen tapferen Gefährten in den Trailer, wovon er gar nicht viel hielt. Er hätte es vorgezogen, unseren Haushalt bis nach Slowenien zu tragen. Ich weiß.

Ein großer Pferdehof in Cividale, Friaul. Wir lagerten auf einer Koppel, teilten sie mit einem Fohlen und seiner kranken Mutter.

Stück für Stück näherten wir uns dem Winterquartier. In Cividale verwöhnte man mich. Sergio hatte mich dem Chef hier, Franco, in die Hand gegeben. So nannte er es: „Jetzt bist du in Francos Hand", und der hatte milde gelächelt. Ich wusste, er würde etwas für mich finden. Vorerst hieß es zu warten.

Franco herrschte über Hof und Stallungen, ein Reitbetrieb, ein Quarterhorse-Gestüt. Er war hin und her gerissen zwischen sprachloser Bewunderung über das, was ich gerade hinter mir hatte und dem krampfhaften Begehren, es als unbedeutend abzutun. „Was soll da schon sein! Du gehst, dann suchst du dir eine Unterkunft und basta."

Ich versuchte zu erklären, dass das Gehen, das Wandern der leichteste Teil sei, dass die Schwierigkeiten einer solchen Wanderung ganz woanders lägen. Ließ mich dazu hinreißen, von der Gewalt zu sprechen. Den vielen Arten von Gewalt, denen ich begegnet war.

Franco schüttelte den Kopf, befahl mir, noch vom Wein zu nehmen und lud mich ein zu einem Ritt am nächsten Tag. Eine große Gruppe würde unterwegs sein und ich solle doch mit, wenn ich reiten könne.

Er gab mir eine zuverlässige Stute. Asterix durfte nicht mit. Reiten durch die Colli Friulani. Ein idyllisch schöner Tag zwischen Weingärten, durch lichte Wälder, über Felder und Hügel.

Edo führte zusammen mit Franco die Trekking-Tour. Den zweiten Teil der Tour, die Rückkehr aus den Weinbergen, erledigte er stockbesoffen. Er hatte ein wunderbares Pferd und war ein sicherer Reiter, aber wenn man sich so gar nicht mehr gerade halten kann, ist auch das Reiten schwierig.

Franco war immer wieder zurückgeritten, half ihm wieder aufs Pferd und Edo kam unverletzt mit uns an. Geschrei und Streitlust am Abend. Am nächsten Morgen versorgte er wieder die Tiere.

Am dritten Tag ergab sich eine Mitfahrgelegenheit für mich und Asterix. Milan fuhr mit seinem Transporter leer heim. Er wohnte in der Nähe von Ljubljana. Wieder ein Stück weiter.

Slovenija. Slowenien.

Milan lud mich bei seinem Freund ab. Der vermiete Zimmer und habe einen Stall und ob ich denn am nächsten Tag gehen oder fahren möchte. „Fahren", antwortete ich.

Er wollte mich loswerden. Er hatte vielleicht eine aussichtsreiche Verabredung. Verabschiedete sich: „See you tomorrow. See you tomorrow."

Ob er denn wiederkomme. Ich hatte die Hoffnung auf eine Weiterfahrt noch nicht aufgegeben. Nein, er wisse jetzt noch nichts. Dann wieder: „See you tomorrow!" Er wollte keine Bezahlung für die Fahrt in sein Dorf, er wollte nur schnell fort.

Wir zogen also am nächsten Morgen weiter. Dichter Regen hatte uns in Slowenien empfangen. Ich versuchte nach einer weiteren Transportmöglichkeit zu fragen. Dort konnte und wollte aber keiner etwas für uns tun. Ich kehrte die offene Garage aus, in der wir geschlafen hatten, bepackte das Pferd. Endlich wieder. Weiter.

Noch war ich zerrissen zwischen dem dringenden Wunsch, uns der Jahreszeit entsprechend besser zu versorgen und also bald einen Transport nach Šentilj und Jarenina zu finden und dem Hunger nach Weiterziehen. Es regnete ununterbrochen an diesem Tag.

Wenn das Wasser in den Schuhen zwischen den Zehen gluckert, ist es Zeit, die Tagesreise zu beenden. Also lagerten wir schon am Nachmittag unter einer riesigen freistehenden Scheune, die zu einem alten, unbewohnten Schloss gehörte. Ich spannte Seile und hängte die nassen Sachen auf.

Der Nachbarhof war bewohnt. Die Frau sagte: „Ja, für eine Nacht kein Problem." Später könne ich mit dem Wassersack zu ihr kommen. Kein Problem.

Wir waren also versorgt. Ich stellte das Zelt auf, räumte ein, setzte Kaffee auf. Ich würde einen Transport finden. Bestimmt.

Der Nachbarhof. Matej griff zum Telefon und rief ein paar Leute an. Er fragte mich: „Verträgt sich dein Pferd gut mit Schweinen?" Mir fiel keine Antwort ein. Er beendete das Telefongespräch und berichtete. „In einer Woche fährt ein Schweinetransporter nach Österreich. Der würde dein Pferdchen mitnehmen." Ich stutzte, stellte mir meinen Freund eingepfercht zwischen hunderten Schweinen vor. „Ich glaube, das schafft mein Pferd nicht. Pferde sind ein bisschen sensibel", versuchte ich das Angebot höflich abzulehnen.

Zwei Gauner brachten uns am nächsten Morgen nach Jarenina. Der Preis für den Transport hatte sich über Nacht verdoppelt. Die Sachen waren gepackt, wir waren reisefertig, also stimmte ich zu.

Ein Anhänger mit Planendach, flatternd und scheppernd auf einer Autobahnfahrt. Asterix kam tropfnass vor Angst an. Ich führte ihn sofort auf die erste Wiese, lehnte meine Sachen an die Hauswand, bezahlte die Transporteure, setzte mich zwischen die Gepäckstücke in die Sonne, brach Nüsse auf, die zum Trocknen an der Mauer lagen, Brot aus meinen Taschen.

Ein Mann hatte mir die Hintertüre aufgemacht. Es sei jetzt keiner da. Damit war unser Gespräch beendet.

All die Nächte zusammen mit meinem Pferd. Er hat mir die Sprache seiner Art beigebracht und selbst viel von der Sprache meiner Art gelernt.

Meine letzte Zeltnacht hier im Winterquartier. Ich wachte am noch lichtlosen Morgen auf, weil ich das Pferdchen träumen gehört hatte. Fröhliches Schnauben direkt an der Zeltwand. Ich fragte mich, wen er wohl im Traum begrüßte, drehte mich um und schlief wieder ein. Als es dämmernd hell wurde, öffnete ich das Außenzelt und sah zuerst seine Hufe. Asterix, mein tapferer Gefährte, lag vor dem Eingang.

Unsere letzte gemeinsame Nacht für eine lange Weile. Es war Zeit, das Leben im Freien zu lassen und in ein Haus zu ziehen. Allerheiligen.

Juni 2009

Mittwoch, Nachmittag.
Kako pridem v …? Wie komme ich nach…? Eine Liste der notwendigsten Fragen, Sätze, die ich in den ersten Wochen hier durch den Norden Sloweniens bestimmt brauchen werde. Ein wenig eingehört habe ich mich schon in den letzten Monaten, kann simplen Gesprächen folgen. Die Notwendigkeit ist der bessere Lehrer. Unterwegs muss ich sprechen.

Pohorje, Karawanken und dann einen Bogen nach Norden. Die Berge. Die lockenden Alpen haben vorerst gewonnen. Ich werde also nicht nach Süden gehen, sondern durch den Norden Sloweniens eine Schleife nach Westen wandern. Das ist der Plan heute. Darf sich ändern. Ich vermute, dass ich zumindest ein gutes Stück nach Westen gehe und dann kann ich mich noch immer anders entscheiden.

Die Pferde. Amadeas Regenmantel passt. Ein wenig verloren sieht das Fohlen darin noch aus, aber es wird ihn bald ausfüllen. Der zufriedene Blick des erfahrenen Asterix, als ich sein Mädchen einpacke. Ich führe die beiden zurück auf die Koppel. Barfuss auf den sonnenwarmen Wiesen. Ich freue mich.

Werde ich wiederkommen? Wird hier im Herbst überhaupt noch Platz sein für uns? Wird es ein neuer Ort sein? In wieder einem anderen Land? Für die Pferde ist wichtig, dass die Herde zusammenbleibt, alles andere ist nebensächlich. Und für mich? Ich bin mir vielleicht schon wieder selber in die Falle gegangen, suche einen Platz, wo ich hingehören könnte. Wie albern. Wie natürlich. Das ist unser Baum und dort ist euer Baum. Wie albern auch das.

Der Winter war gut hier. Der Frühling berauschend. Das Fohlen sollte erst ein Jahr alt sein, dann packt es die Reise schon. Asterix, der Treue, ist längst bereit weiterzuziehen. Ich sattle ihn, belade ihn, um seine Tragemuskeln zu trainieren und das Pferdchen ist zufrieden. Versteht nicht ganz, warum wir immer wieder heimkehren von unseren Touren.

Beim nächsten Neumond ziehen wir weiter.

Donnerstag

Supermarkt in Šentilj. Es war Amadeas Premiere. Sie hat den Laternenpfahl bekommen und Asterix den Baum. Wenn sie zwischen Parkplatz und Tankstelle, zu der auch große Lastwagen fahren, einen Panikanfall bekommt, gibt's eine Katastrophe. Ich weiß, dass der erfahrene Asterix sich verantwortlich fühlt und dem Fohlen Zuversicht signalisieren wird. Sonst war ja er es, der rufend und um gute Nerven ringend irgendwo auf mich gewartet hat. Jetzt kümmert er sich nur um Amadea. Ich komme wieder, atemlos vor unterdrückter Sorge. Sie grasen beide friedlich, beobachten alles was rundum geschieht und haben längst Bewunderer. Angestellte des Marktes rufen ihnen von der Hintertüre Liebkosungen und Komplimente zu. Ich verpacke Erworbenes und Eltern bringen ihre Kinder.

Freitag, Abend

Den Pflock ausgetauscht, die Knoten neu gesichert. Weitere starke Schnüre für solche Arbeiten im Reparatursack. Die Lebensmittel sind für den Anfang komplett. Alle Taschen und Säcke geklebt oder genäht. Neue Fäden im Nähzeug. Ganze Reisekleidung gewaschen, genäht, vorbereitet. Die Hufe der Pferde ein wenig ausgeschnitten. Neue Taschenlampe besorgt. Innenschlafsack geflickt. Den Gaskocher ausprobiert. Halfterzeug gebürstet. Satteltеppich gewaschen. Neues Schaffell für den Bauchgurt geschnitten und ausprobiert. Die Enden der rumänischen Decke mit Feuer geendelt. Mit den Pferden gespielt und getobt. Unter Bäumen liegen und ruhig werden. Still werden.

Ganz plötzlich und zu ganz unpassenden Momenten am Tag träume ich vom ersten Blick aus dem Zelt am frühen Morgen, vom stillen Nachthimmel, von Wegen und Begegnungen, von der simplen Zufriedenheit, wenn abends alle versorgt sind.

Genug Gras für die Nacht. Das Gepäck trocken unterm Zeltdach. Gas im Kocher. Die Hufe in Ordnung. Ausreichend Wasser für alle. Eine Kerze, die Licht macht zum Schreiben. Die Bilder des Tages. Die Geräusche des Lagerplatzes. Die sich ausbreitende Nacht. Undenkbar, nicht wieder loszuziehen.

Und dieser Ort? Ich könnte bleiben. Ich könnte wiederkehren. Bis irgendwem irgendetwas Besseres einfällt mit dem Haus, den Wiesen. Bleiben. Längst nenne ich es Paradies. Aber muss man nicht gestorben sein, um in einem Paradies zu BLEIBEN?

Ich denke an die unzähligen Menschen, die in ihren Königreichen verweilen, froh, nicht in Bewegung sein zu müssen, weil sie es gut haben, weil sie etwas verlieren könnten.

Wie oft wird man schon in ein Paradies eingeladen? Die Pferde auf den Koppeln. Der Wind, der über die Hügel braust.

Der Zauber des Aufbruchs aber. Der Wind. Die Wolken. Der Dank für jeden guten Moment. Das Erleben erst, das echte Erleben der Momente. Bin ich schon gestorben, weil mir dieses Paradies hier auch eine Versuchung ist?

Wenn ich Asterix die Paradiesfrage stellte, wäre es einfach. Wandern ist besser als nicht wandern. Fraglos. Ich bereite unseren Aufbruch vor. Wir kommen wieder oder nicht.

Samstag

All die Dörfer. All die Menschen. Banales und Groteskes. Der Kerl in der Walachei, den ich schließlich schreiend und tobend vertrieb, weil er auf höflichere Abweisungen seiner Anmache nicht reagiert hatte und der also rückwärts stolpernd den Platz verließ, sich pausenlos bekreuzigend und unablässig stammelnd: „Jesus, Maria!" Die Kinder, die mir weiterhalfen, als die Erwachsenen sich von mir abwandten. Jaques, der Franzose in Rumänien, der hier war, weil es in Frankreich keine echten Dörfer mehr gäbe, in Rumänien aber schon. Alexander in Ungarn, der mich aus johlender Männermenge mitnahm, zu sich nachhause, zu seiner Familie, die Leute im Dorf seien leider so. Der Wanderer im Apennin, der mir die wichtige Frage stellte: „Und wie wäschst du deine Wäsche?"

Die Hügel, die Berge, die Ebenen. Die Gerüche. Die Stille. Der Lärm. Die Wildnis. Die Menschen.

Übermorgen ziehen wir weiter.

Wer

Asterix
Shetland/Islandpony
Jahrgang 1998
Stockmaß 102 cm

Petra
Jahrgang 1967
Größe 180 cm

Zeiten

2007 Mai – November, Osteuropa
2008 Mai – Oktober, Westeuropa

Kilometer

etwa 5000 km
davon etwa 2000 im Osten
etwa 3000 im Westen

Länder

Ungarn, Rumänien, Bulgarien, Österreich, Schweiz, Deutschland, Frankreich, Italien, Slowenien

Gebirge

Südkarpaten, Balkan, Ostalpen, Jura, Westalpen, Apennin

Ebenen und Hügelländer

Puszta, Banat, Walachei, Poebene u. v. a.

Flüsse

Drau, Olt, Donau, Rhone, Rhein, Po, Adige u. v. a.

Sprachen

Deutsch, Ungarisch, Rumänisch, Bulgarisch, Schwyzerdütsch, Französisch, Italienisch, Slowenisch

Tagesausgaben im Durchschnitt
3,– Euro

Materialliste
Sattel
Satteldecke
Felle
Schweifriemen
Halfter, Führleine
Pflock, Pflockseil, Sicherungsseil
Fixierseile
Hafersack
Pferdemantel
Putzzeug
Trinksack

2 große Satteltaschen
2 kleine Satteltaschen
Regenplane + Seile

Zelt
Isomatte
Zelttuch
Schlafsack
Innenschlafsack
Decke
kleine Plane
Zeltunterboden

Taschenlampe
2 Feuerzeuge
Kerze
Räucherstäbchen
Stricke
Wassersack

kleine Karabiner
Seife, Waschzeug
2 Reisehandtücher
Medikamentenbox
Kühlsäckchen
Reparaturzeug
Nähzeug
Zeitungspapier

Gas-Kocher
Kochgeschirr
Teller
Häferl
Holzbesteck
Gaskartusche
Reissack
Zuckersack
Kaffee und Kaffeekocher
Ölflasche
Salz, Kräuter
2 Küchentücher
Polenta oder Haferflocken
2 Wasserflaschen
Flachmann

Trekkingschuhe
Turnschuhe
Regenponcho
Windjacke
1 Fleecepullover
2 Trekkinghosen
1 weiche Hose
1 kurze Hose
2 Paar Socken
1 Paar Stutzen

Wäsche
Badezeug
1 Hemd
1 Pullover
2 Unterhemden
1 dünner Wollpullover
Handschuhe
Mütze
1 Paar dicke Wollsocken

Rucksack
Papiere, Geld
Gürtel
Messer
Gürteltasche
Sonnenschutz
Kappe
Kopftuch
Stofftier Snoopy
großes Tuch
Flöte
Jonglierzeug
Schreiblesebuch

Schreibzeug
Tagebuch
Briefpapier, Kuverts
Adressenmappe
Bücher
Karten
Wörterbuch

Covergestaltung: Peter Eberl, www.hai.cc
Gesamtherstellung: Leykam Buchverlag

ISBN 978-3-7011-7702-8
www.leykamverlag.at